房地产工程与经营管理系列教材

U0863608

市政给排水设计与造价管理

主编　何忱宸　蒋美玲　苏　锦　雷双宝

北京交通大学出版社
·北京·

内 容 简 介

全书共 7 章，分别为绪论、市政给水管网系统设计、净水厂设计、市政排水管道系统设计、污水处理厂设计、市政管网工程造价和市政给排水管道造价管理。本书适合工程管理、市政工程给排水、市政工程造价、城市给排水、土木工程等相关专业的师生教学，也可为一线市政工程给排水设计人员、市政工程造价员等提供参考。

图书在版编目（CIP）数据

市政给排水设计与造价管理 / 何忱宸等主编 ； 邓封兴， 蔡源浇副主编. -- 北京 ： 北京交通大学出版社， 2024. 8. -- ISBN 978-7-5121-5298-4

Ⅰ. TU723.3； TU991

中国国家版本馆 CIP 数据核字第 20242RD318 号

市政给排水设计与造价管理
SHIZHENG JI-PAISHUI SHEJI YU ZAOJIA GUANLI

责任编辑：李运文
出版发行：北京交通大学出版社　　电话：010-51686414　　http://www.bjtup.com.cn
地　　址：北京市海淀区高梁桥斜街 44 号　　邮编：100044
印 刷 者：北京时代华都印刷有限公司
经　　销：全国新华书店
开　　本：185 mm×260 mm　　印张：15.25　　字数：385 千字
版 印 次：2024 年 8 月第 1 版　　2024 年 8 月第 1 次印刷
定　　价：49.80 元

本书如有质量问题，请向北京交通大学出版社质监组反映。对您的意见和批评，我们表示欢迎和感谢。
投诉电话：010-51686043，51686008；传真：010-62225406；E-mail：press@bjtu.edu.cn。

本书编委会名单

主　编　何忱宸　中国市政工程西南设计研究总院有限公司

蒋美玲　烟台市规划设计研究院有限公司

苏　锦　中国华西工程设计建设有限公司广州分公司

雷双宝　四川省第八地质大队（四川华行地质设计院有限公司）

副主编　邓封兴　广东省建筑设计研究院集团股份有限公司

蔡源浇　中国市政工程西南设计研究总院有限公司

参编者　董楚楚　深圳市城市规划设计研究院股份有限公司

郭　维　潍坊市市政工程设计研究院有限公司江门分公司

严敏辉　潍坊市市政工程设计研究院有限公司江门分公司

张洳铭　中国市政工程华北设计研究总院有限公司

阮美玲　上海市青浦区供水管理所

梁燕明　广东省高州市建筑工程总公司

前　言

市政给排水设施是城市基础设施的重要组成部分，关系着城市地面水的排除、城市污水的处理，促使水资源得以良性循环，对居民居住环境有十分重要的意义。排水系统是水循环中水质与水量的连接点，再生水利用是良好的水循环中的桥梁。污水的资源化、污水的再生和利用既提高了水的利用率，又有效地保护了水环境，有利于实现城市水系统的健康、良性循环。

市政工程属于线性工程，工程造价存在非常多的影响因素，做好工程造价管理，能够使财政资金使用的有效性得到显著提高，更好地满足市政工程项目建设需要。其中，市政给排水设计是市政给排水工程建设中的重点环节，做好造价管理工作，在建设过程中能够节约更多生产资源，使市政给排水管道建设的经济效益得到有效提升。

编者在参考《城市给水工程规划规范》（GB 50282—2016）、《室外排水设计标准》（GB 50014—2021）、《建设工程工程量清单计价规范》（GB 50500—2013）、《市政工程工程量计算规范》（GB 50857—2013）等相关规范的基础上，对市政给排水工程、市政工程造价的基础知识进行阐述，结合实践案例分析市政给水系统设计、排水系统设计、净水厂和污水厂设计；从市政管网和给排水管道两个方面分析市政工程造价计算和管理的相关内容。

全书总共 7 章，分别为绪论、市政给水管网系统设计、净水厂设计、市政排水管道系统设计、污水处理厂设计、市政管网工程造价和市政给排水管道造价管理。本书适合市政工程给排水、市政工程造价、城市给排水等相关专业的师生教学，也可为一线市政工程给排水设计人员、市政工程造价员等提供参考。

鉴于编写时间仓促，加之编者知识水平和专业能力有限，全书难免存在错漏之处，敬请广大专家和读者批评指正。

编　者

2024.3

目 录

第1章 绪 论

1.1 市政给水工程概述

1.1.1 给水系统的分类

给水系统是保证城市生活、消防、工矿企业用水的，由各种构筑物、设备和输配水管网组成的系统。根据系统的性质，给水系统分类如下。

1）按水源的种类分类

按水源的种类，给水系统可分为地表水给水系统、地下水给水系统和海水给水系统。地表水给水系统指以江河、湖泊、水库等地表水为水源的给水系统，一般水量较大，但因易受污染，水质一般较差，不能直接使用，必须进行适当净化来改善水质。地下水给水系统指以潜水、承压水、泉水等地下水为水源的给水系统。地下水埋藏于地下，流动于地层之中，水质常较地面水为佳，有时不经净化或经简单净化即可供使用，因此具有经济、安全的特点，但一般水量较小。海水给水系统指以海水为水源的给水系统，一般用于特殊用途的供水。

2）按使用目的分类

按使用目的，给水系统可分为生活给水系统、生产给水系统、消防给水系统和特殊给水系统。

（1）生活给水系统。

生活给水系统是指提供生活用水的给水系统，包括居住建筑、公共建筑、生活福利设施等生活饮用水，洗涤、烹饪、清洁卫生以及工业企业内部职工的生活用水及淋浴用水等。生活用水量的多少随当地的气温、生活习惯、生活水平、供水压力、收费方法等而有所不同。生活用水可分为饮用水和非饮用水两部分，生活用水水质关系到人们的身体健康。生活饮用水的水质必须达到《生活饮用水卫生标准》（GB 5749—2022）规定的要求，非饮用水水质要求可较饮用水低。供水压力要满足城市内大多数建筑用水点的压力要求。

（2）生产给水系统。

生产给水系统是指提供工业生产用水的给水系统，包括工业企业生产过程中的工艺用水和冷却用水，如发电厂汽轮机、钢铁厂高炉等的冷却水，锅炉蒸汽用水，纺织厂和造纸厂的洗涤、空调、印染用水等。工业企业部门很多，生产工艺多种多样，生产用水的水量、水质和水压的要求也有很大的差异，而且生产工艺的改革也会对水量及水质的要求带来很大的变化。因此，在确定生产用水的水量和水质时，必须由工艺设计部门提供用水量、水质和所需压力的要求。

（3）消防给水系统。

消防给水系统是指提供消防用水的给水系统。消防用水是扑灭火灾的用水，只是在发生火灾时才由给水管网供给，消防用水对水质没有特殊要求。一般城市消防给水均采用低压制消防系统，即当发生火灾时，由消防车自管网中取水加压进行灭火。工业企业内也有采用高压制消防系统的，即当发生火灾时，提高整个管网的水压，以保证必需的灭火水柱。有关火灾次数、消防用水量以及相应管网压力，应按消防规范确定。

（4）特殊给水系统。

特殊给水系统是指特殊用途的独立给水系统，如中水给水系统、直饮水给水系统。城市给水系统一般同时提供城市生活、生产和消防用水。

3）按服务对象分类

按服务对象，给水系统可分为城市、工业、农业等给水系统。城市（市政）给水的服务对象是城市生活、生产和消防。大城市中的工业生产用水，如水质和水压与生活饮用水相近或相同，可直接由城市管网供给；如要求不同，可对用水量大的工程采用分质和分压给水，以节省城市水厂的建造和运转管理费用。小城市中的工业生产用水在总水量中所占比重不大，一般只设一个给水系统。工业给水的服务对象是工矿企业，在一般情况下，城市内的工业用水可由城市水厂供给，但如工厂远离城市或用水量大但水质要求不高，或城市无法供水，则工厂自建给水系统。在一般工业用水中，冷却水占了极大比例，为了保护水源和节约电能，要求将水重复利用，于是出现直流式、循环式和循序式等系统，这也是工业给水系统的特点。农业给水常被称为农业水利。

4）按供水方式分类

按供水方式，给水系统可分为重力给水系统（自流供水系统）、压力给水系统（水泵供水系统）和混合给水系统。当水源位于高地且有足够的水压可直接供应用户时，可利用重力输水，如采用蓄水库为水源，常采用重力给水系统。压力给水系统是常见的供水系统，系统中需设置加压设备，如水泵等。混合给水系统即整个系统部分靠压力给水，部分靠重力给水。

1.1.2　市政给水系统的组成

给水系统是从天然水源取水，将原水净化处理达到用户所要求的水质标准后，经输配水管网系统将水输送到用水区域，并按用户所需的水压向用户供水。市政给水系统由取水工程、净水工程和输配水工程以及泵站组成。一般包括下列工程设施。

1. 取水构筑物

取水构筑物是指从选定的水源取水的构筑物，包括地表水和地下水取水设施。

2. 给水处理构筑物

将经取水构筑物的来水（原水）进行处理，以符合用户对水质的要求。给水处理构筑物一般集中布置在水厂内。给水处理构筑物选择的基本依据是原水水质和出水目标。根据原水水质，水处理分为地表水处理和地下水处理及海水淡化。地表水处理的对象主要是浊度；地下水作为生活用水和一般工业用水时，通常只进行消毒处理，有时还需要软化、除铁、除锰、除氟等；海水淡化则是除去海水中的盐分而获得淡水的工艺过程，有从海水中分离出淡水和除去海水中盐的两种方法。

3. 泵站

按照用以将所需水量提升到要求的高度，泵站可分为抽取原水的一级泵站、输送清水的二级泵站和设于管网中的增压泵站等。

4. 输水管渠和配水管网

输水管渠是将原水送到水厂或将水厂处理后的清水送到配水管网的管道或渠道，输送过程中不取出使用；配水管网是将处理后的水送到各个用水区域的全部管道系统，沿线向用户配水。配水管网包括环状管网和树状管网。环状管网布置成环，供水安全性能好，造价高；树状管网布置成枝杈状，安全性能差，造价低。

5. 调节构筑物

调节构筑物是指用以贮存水量，以调节用水流量的变化，平衡水量供需关系的各种类型的贮水构筑物。调节构筑物包括清水池和管网调节构筑物。清水池被设于给水处理构筑物和二级泵站之间，清水池、给水处理构筑物和二级泵站一般设于一个厂区，统称为净水厂。管网调节构筑物包括高地水池和水塔，它兼有保证水压的作用。高地水池和水塔通常被布置在较高的地区。根据城市地形特点，管网调节构筑物可设在管网起端、中间或末端，分别构成给水系统的网前水塔、网中水塔和对置水塔。

其中，泵站、输水管渠和配水管网以及调节构筑物等总称为输配水系统，从给水系统整体来说，它是投资最大的子系统，占给水工程总投资的70%～80%。

图 1.1 为市政地面水源给水系统示意图。取水构筑物从江河取水，经一级泵站送往给水处理构筑物，经过处理后的清水贮存在清水池中。二级泵站从清水池取水，经输水管渠送往管网供应用户。在一般情况下，从取水构筑物到二级泵站都属于自来水厂的范围。有时为了调节水量和保持管网的水压，可根据需要建造水库泵站、水塔或高地水池。

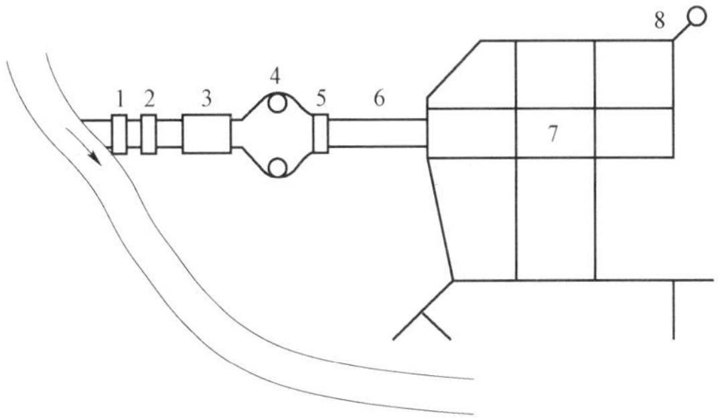

1—取水构筑物；2—一级泵站；3—给水处理构筑物；4—清水池；5—二级泵站；6—输水管渠；7—配水管网；8—水塔。

图 1.1 市政地面水源给水系统示意图

给水管线遍布在整个给水区内，根据管线的作用，可将其划分为干管和分配管。前者主要用于输水，管径较大；后者用以配水到用户，管径较小。

以地下水为水源的给水系统，常用管井等取水，如地下水水质符合《生活饮用水卫生标准》（GB 5749—2022），可省去水处理构筑物，从而使给水系统比较简化。市政地下水源给水系统示意图如图 1.2 所示。

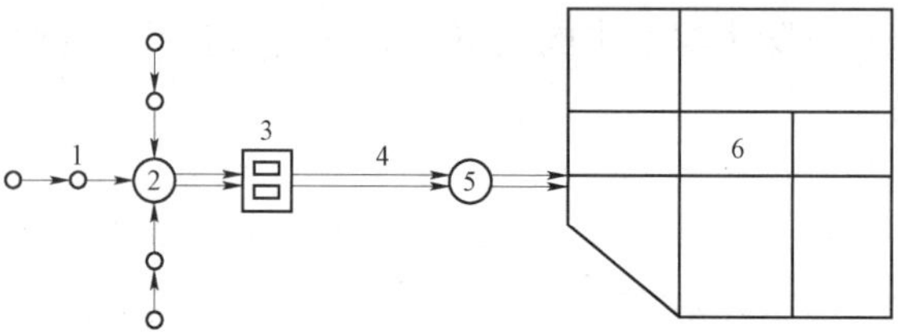

1—管井群；2—水池；3—泵站；4—输水管渠；5—水塔；6—配水管网。

图 1.2　市政地下水源给水系统示意图

1.1.3　市政给水系统的布置和影响因素

1. 给水系统的布置方案

给水系统的布置就是合理地选择给水系统的构成单元及其形式、内容和位置。布置方案是给水系统规划设计的基本内容，也是最重要的内容，对给水系统的经济技术指标影响非常大。合理的布置方案是供水安全、造价和运行费用的最佳结合点，是近期目标和远期目标的最佳结合点，它既能够保证供水安全，又能够节省造价和运行费用；既满足近期目标，又照顾到中远期发展，应综合各种因素来研究确定。

2. 给水系统的布置形式

市政给水系统的布置，应根据城市总体规划布局、水源特点、当地自然条件及用户对水量、水质和水压的不同要求等方面的因素确定。此外，每个给水系统构成单元都有多种形式和位置选择，各种构成单元组合在一起，使得给水系统的布置形式千变万化、多种多样。但常见的布置形式主要有以下几种。

1）统一给水管网系统

当城市给水系统的水质均按生活用水标准，用统一的给水管网供应各类建筑做生活、生产和消防用水，则称此类给水系统为统一给水管网系统。这类给水管网系统适用于新建中小城市用水户较集中，地形较平坦，且对水质、水压要求也比较接近的情况。统一给水管网系统调度管理灵活，动力消耗较少，管网压力均匀，供水安全性较好。

根据向管网供水的水源数目，统一给水管网系统可分为单水源给水管网系统和多水源给水管网系统两种形式。

（1）单水源给水管网系统。

单水源给水管网系统，即只有一个水源地，处理过的清水经过泵站加压后进入输水管和管网，所有用户的用水来源于一个水厂清水池（清水库）。较小的给水管网系统，如企事业单位或小城镇给水管网系统，多为单水源给水管网系统，其系统简单，管理方便。

（2）多水源给水管网系统。

多水源给水管网系统，即有多个水厂的清水池（清水库）作为水源的给水管网系统，清水从不同的地点经输水管进入管网，用户的用水可以来源于不同的水厂。

较大的给水管网系统，如大中城市甚至跨城镇的给水管网系统，一般是多水源给水管网系统。多水源给水管网系统的特点是调度灵活，供水安全可靠（水源之间可以互补），就近给水，动力消耗较小，管网内水压较均匀，便于分期发展。但随着水源的增多，其管理的复杂程度也会相应提高。

2）分系统给水管网系统

分系统给水管网系统和统一给水管网系统一样，也可采用单水源或多水源供水。根据具体情况，分系统给水管网系统又可分为分区给水管网系统、分压给水管网系统和分质给水管网系统。

（1）分区给水管网系统。

分区给水管网系统是根据城市和工业区的特点将给水系统分成几个系统，每一个系统有单独的泵站和管网，可以独立运行，又可保持系统间的相互联系，以保证供水的安全性和调度的灵活性。采用分区给水管网系统，其技术上的原因是使管网的水压不超过水管能承受的压力，因为一次加压往往使管网前端的压力过高，但经过分区后，各区水管承受的压力下降，并使漏水量减少；经济上的原因是分区可节约供水的动力费用和管网投资，但设施分散会造成管理不便。一般在给水区范围很大、地形高差显著或远距离输水时，均需考虑采用分区给水管网系统。

提示：管网分区的方法有两种。一种是城镇地形较平坦，功能分区较明显或因自然分隔而分区，如城镇被河流分隔导致两岸工业和居民用水分别供给而自成给水系统，但随着城镇的发展，又考虑将管网相互连通，从而成为多水源给水系统。另一种是因地形高差较大或输水距离较远而分区，又有串联分区和并联分区两类。当采用泵站加压（或减压措施）从某一区域取水，向另一区域供水时的系统，称为串联分区系统；对于地形起伏较大的城镇，其高、低压区域采用由同一水厂分压供水的系统，即在不同压力要求的区域由不同泵站（或泵站中不同水泵）供水的系统，称为并联分区系统。大型管网系统可能既有串联分区又有并联分区，从而更加节约能量。

（2）分压给水管网系统。

分压给水管网系统是由于用户对水压要求的不同而分成两个或两个以上的给水系统，如图 1.3 所示。符合用户水质要求的水，由同一泵站内的不同扬程的水泵提供不同压力的水，分别通过高压、低压输水管网供给不同用户。当城市用户对水压要求差别很大时，如果统一供水，水压没有差别，势必造成高压用户因压力不足而增加局部增压设备，这种分散增压不但增加管理工作量，而且能耗也大；而采用分压给水管网系统，可减少设备用量，减少动力费用。

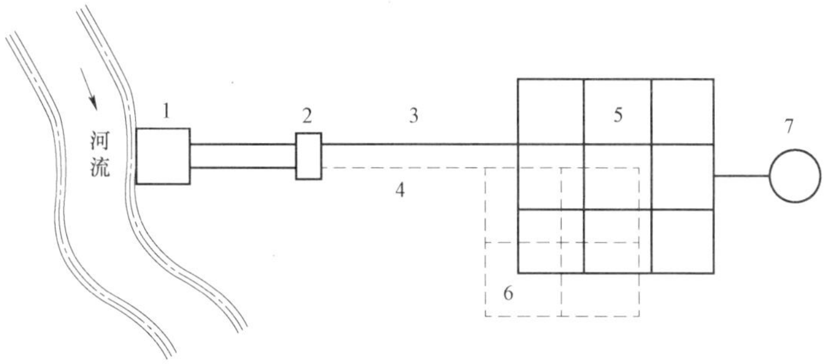

1—净水厂；2—二级泵站；3—低压输水管；4—高压输水管；5—低压管网；6—高压管网；7—水塔。

图 1.3　分压给水管网系统

分压给水管网系统又可采用并联分压给水管网系统和串联分压给水管网系统。并联分压给水管网系统是根据高、低压供水范围和压差值由泵站组合完成的。串联分压给水管网系统仍多为低压给水管网向高压管网供水并加压到高压管网，而形成分压串联。

（3）分质给水管网系统。

根据用户对水质要求的不同而分成两个或两个以上的给水系统并分别供给各类用户，这样的给水管网系统被称为分质给水管网系统。

当一座城市的用水因生产性质对水质要求不同，特别用水大户，其对水质的要求低于生活用水标准，则适宜采用分质给水管网系统。分质给水管网系统，既可以是同一水源，经过不同的处理，以不同的水质和压力供应工业和生活用水；也可以是不同的水源，例如地面水经沉淀后供工业生产用水，地下水经加氯消毒供生活用水等。这种给水系统显然因分质供水而节省了净水运行费用，缺点是需要设置两套净水设施和两套管网，管理工作复杂。选用这种给水系统应进行技术、经济分析和比较。

3）循环和循序给水系统

循环给水系统是指使用过的水经过处理后循环使用，只从水源取得少量循环时耗损的水，这种系统应用较多。循序给水系统是在车间之间或工厂之间，根据水质重复利用的原理，水源水先在某车间或工厂使用，用过的水又到其他车间或工厂应用，或经冷却、沉淀等处理后再循序使用，这种系统不能普遍应用，原因是水质较难符合循序使用的要求。如城市工业区中某些生产企业生产过程所排放的废水水质尚好，适当净化还可循环使用，或循序供其他工厂生产使用，这无疑是一种节水给水系统。

4）区域给水系统

随着工业的日益发展，沿一条河流建设的城市或工业企业越来越多，其相互间的距离越来越小。在有些情况下，选择的水源很难说是处于城市的上游或下游，且水源又可能或多或少地受到了污染。因此，为避免污染，将水源设在一系列城市或工业区的上游，统一取水，经水质净化后，用输配水管道送给沿河各城市或工业区使用，这种从区域性考虑形成的给水系统称为区域给水系统。

区域给水系统是按照水资源合理利用和管理相对集中的原则，供水区域不局限于某一城镇，而是包含了若干城镇及周边的村镇和农村集居点，形成一个较大的供水区域。区域给水系统可以由单一水源和水厂供水，也可由多个水源和水厂组成。这种供水系统的水源免受城市排水污染，水源水质是稳定的，但开发投资较大。

对于规模较大的城镇以及联合企业的供水系统，还可能同时具有几种供水系统，例如既有分质又有分区的系统等。

3. 影响给水系统布置的因素

市政给水系统采用何种布置形式，要根据城市规划、水源、地形，以及用户对水量、水质和水压要求，并考虑原有给水工程设施条件，从全局出发，通过技术、经济比较进行决定。

1）城市规划的影响

给水系统的布置应密切配合城市的建设规划，做到通盘考虑、分期建设，既能及时供应生产、生活和消防用水，又能适应今后发展的需要。

水源的选择、给水系统布置和水源卫生防护地带的确定，都应以城市的建设规划为基础。

城市规划和给水系统设计的关系极为密切。例如，根据城市规划人数、居住区房屋层数和建筑标准、城市现状资料和气候等自然条件，可以确定给水工程的设计规模；根据当地农业灌溉、航运、水利等规划资料及水文和水文地质资料，可以确定水源和取水构筑物的位置；根据城市功能分区、街道位置、用户对水量水压和水质的要求，可以选定水厂、调节构筑物、泵站和管网的位置；根据城市地形条件和供水压力可确定是否需要分区供水；根据用户对水质的要求可确定是否分质供水等。

2）水源的影响

任何城市都会因水源种类、水源距给水区的远近、水质条件的不同而影响到给水系统的布置。给水水源分地下水源和地表水源两种。地下水源包括浅层地下水、深层地下水和泉水等，它在我国北方地区较多被采用。地表水源包括江水、河水、湖泊水、水库水、海水等，它在我国南方比较普遍被采用。

当地如有丰富的地下水，则可在城市上游或就在给水区内开凿管井或大口井，井水经消毒后，由泵站加压送入管网，供用户使用。给水水源如处于适当的高程，能借重力输水，则可省去一级泵站或二级泵站，或同时省去一级、二级泵站。城镇附近的山上有泉水时，建造泉室供水的给水系统最为简单、经济。取用蓄水库水时，也可利用高程由重力流输水，输水能量费用可以节省。以地表水为水源时，一般从流经城市或工业区的河流上游取水。因地表水多半是浑浊的，并且难免受到污染，如作为生活饮用水则必须加以处理。受到污染的水源，水处理过程比较复杂，因而会提高给水成本。

提示：城市附近的水源丰富时，往往随着用水量的增长而逐步发展成为多水源给水系统，从不同部位向管网供水。多水源给水系统可以从几条河流取水，或从一条河流的不同位置取水，或同时取地表水和地下水，或取不同地层的地下水等。我国许多大中城市，如北京、上海、天津等地的水源系统，都是多水源的给水系统。这种系统的特点是便于分期发展，供水比较可靠，管网内压力也比较均匀，但随着水源的增多，设备和管理工作相应增加；与单一水源相比，通常仍较为经济合理。

随着国民经济的发展，用水量越来越大。但是由于某些地区的河道，在枯水季节河水量锐减甚至断流，水体污染日趋严重，有些城市的地下水位出现不同程度的下降，某些沿海城市受到海水倒灌的影响等，致使很多城市或工矿企业因就近缺乏水质较好、水量充沛的水源而必须采用跨流域、远距离取水的方式来解决给水问题。

3）地形的影响

地形对给水系统的布置有很大影响。如地形平坦、城市规模不大、工业用水量较小且对水压无特殊要求，适合采用统一给水系统。地形起伏较大或城市各区相隔较远，适合采用分区给水系统或局部加压给水系统。城市较大且被河流分割时，一般适合先分别供给、自成给水系统，随着城市的发展，再考虑将河流两岸管网相互连通，成为多水源的给水系统。取用地下水时，可考虑就近凿井取水的原则而采用分地区供水的系统，这种布置节省投资并且便于分期建设。

4）用水要求和用户分布

满足用水要求是城市给水的基本任务，用户的分布对城市给水系统布置的影响很大，应认真研究其规律和特点，有针对性地进行布置。

1.2 市政排水工程概述

1.2.1 市政排水工程的任务与作用

1. 市政排水工程的任务

市政排水工程的基本任务是保护环境免受污染，以促进工农业生产的发展和保障人民的健康与正常生活，其主要内容包括收集各种污水并及时输送至适当地点；污水经妥善处理后排放或再利用。

2. 市政排水工程的作用

市政排水工程是市政工程的基础设施之一，在城市建设中起着十分重要的作用，具体如下。

① 排水工程的合理建设有助于保护和改善环境，消除污水的危害，保障人民的健康。

② 排水工程作为国民经济的一个组成部分，也具有重要意义。水是非常宝贵的自然资源，它在人民日常生活和工农业生产中都是不可缺少的，虽然地球表面的70%以上被水覆盖，但其中可用的淡水量仅为地球总水量的0.325%左右。许多河流的水都不同程度地被其上下游的城市重复使用着。如果水体受到污染，势必降低淡水水源的使用价值。排水工程正是保护水体免受污染，以充分发挥淡水水源的经济效益的基本手段之一。同时，城市污水资源化后，可被重复用作城市生活和工业用水，这是节约用水和解决淡水资源短缺的一个重要途径。

③ 污水的妥善处置与合理利用，是保证工农业生产正常进行的必要条件之一。此外，污水利用本身也有很大的经济价值，如有控制地利用污水灌溉农田，会提高产量、节约化肥、促进农业生产；对工业废水中有价值原料的回收，不仅消除了污染，而且为国家创造了财富，降低了产品成本；将含有机物的污泥发酵，不仅可以获得高效能源，而且可以更好地利用污泥做农肥、建筑材料或铺路材料等。

总之，在现代化城市建设中，市政排水工程对保护环境、促进工农业生产和保障人民的健康具有巨大的现实意义和深远的影响。应当充分发挥排水工程在我国经济建设中的积极作用，使经济建设、城乡建设与环境建设同步规划、同步实施、同步发展，以达到经济效益、社会效益和环境效益的统一。

1.2.2 排水系统的体制及选择

城市和工业企业中的生活污水、工业废水和雨水，也可以采用一个管渠系统来排除，可以采用两个或两个以上各自独立的管渠系统来排除，这些不同排除方式所形成的排水系统，称作排水系统的体制（简称排水体制）。排水系统的体制一般分为合流制和分流制两种类型。

1. 合流制排水系统

合流制排水系统是将生活污水、工业废水和雨水混合在同一个管渠内排除的系统。最早出现的合流制排水系统，是将排出的混合污水不经处理直接就近排入水体，国内外很多老城市以往都是采用这种合流制排水系统。但污水由于未经无害化处理就排放，会使受纳水体遭受严重污染。

现在常采用的是截流式合流制排水系统。这种系统是在河流岸边建造一条截流干管，同时在合流干管与截流干管相交前或相交处设置溢流井，并在截流干管下游设置污水处理厂。晴天和初降雨时所有污水都排送至污水处理厂，经处理后排入水体，随着降雨量的增加，雨水径流也增加，当混合污水的流量超过截流干管的输水能力后，就有部分混合污水经溢流井溢出，直接排入水体。

提示：截流式合流制排水系统较前一种方式前进了一大步，但仍有部分混合污水未经处理直接排放，成为水体的污染源而使水体遭受污染，这是它的严重缺点。国内外在改造老城市的合流制排水系统时，常采用这种排水系统。

2. 分流制排水系统

分流制排水系统是将生活污水、工业废水和雨水分别在两个或两个以上各自独立的管渠内排除的系统。排除生活污水、城市污水或工业废水的系统称为污水排水系统，排除雨水的系统称为雨水排水系统。由于排除雨水的方式不同，分流制排水系统又分为完全分流制和不完全分流制两种排水系统。在城市中，完全分流制排水系统具有污水排水系统和雨水排水系统；而不完全分流制排水系统只具有污水排水系统，未见雨水排水系统，雨水沿天然地面、街道边沟、水渠等原有渠道系统排泄，或者为了补充原有渠道系统输水能力的不足而修建部分雨水道，待城市进一步发展再修建雨水排水系统，以转变成完全分流制排水系统。

在工业企业中，一般采用分流制排水系统。然而，工业废水往往由于成分和性质很复杂，不但与生活污水不宜混合，而且彼此之间也不宜混合，否则将造成污水和污泥处理复杂化，给废水重复利用和有用物质回收也会造成很大困难。所以，在多数情况下，采用分质分流、清污分流的几种管道系统来分别排除。但如生产污水的性质和成分同生活污水类似，可将生活污水和生产污水用同一管道系统来排放。生产废水可直接排入雨水管道或循环使用。在具有循环给水系统和局部处理设施的分流制排水系统中，为生活污水、生产污水、雨水分别设置独立的管道系统。含有特殊污染物质的有害生产污水，不允许与生活污水或其他生产污水直接混合排放，应在车间附近设置局部处理设施。如条件允许，工业企业的生活污水应直接排入城市污水管道，而不作单独处理。

3. 排水系统体制的选择

一座城市中的排水系统，有时是混合制排水系统，即既有分流制又有合流制的排水系统。混合制排水系统一般是在具有合流制的城市需要扩建排水系统时出现的。在大城市中，各区域的自然条件以及修建情况可能相差较大，因地制宜地在各区域采用不同的排水体制也是合理的。

合理地选择排水系统的体制，是城市和工业企业排水系统规划与设计的重要课题。它不仅从根本上影响排水系统的设计、施工和维护管理，而且对城市和工业企业的规划与环境保护影响深远，同时也影响排水系统工程的总投资和初期投资费用，以及维护管理费用。通常，排水系统体制的选择应满足环境保护的需要，根据当地条件通过技术经济比较确定。而环境保护是选择排水体制时应考虑的主要问题。

从环境保护方面来看，如果采用合流制将城市生活污水、工业废水和雨水全部截流送往污水厂进行处理，然后再排放，对控制和防止水体的污染是有利的。但这时就要求截流主干管尺寸足够大，污水厂容量也增加很多，建设费用也相应地增加。采用截流式合流制时，因为有暴雨径流，原来沉淀在合流管渠的污泥被大量冲走，经溢流井溢入水体，即所谓的“第一次冲刷”；同时，雨天时也有部分混合污水经溢流井溢入水体。实践证明，采用截流式合流制的城市水体仍然遭受污染，甚至会达到不能容忍的程度。为了改善截流式合流制这一严重缺点，应将雨天时溢流出的混合污水予以贮存，待晴天时再将贮存的混合污水全部送至污水厂进行处理。雨水和污水的混合贮存池可设在溢流出水口附近，或者设在污水处理厂附近，以减轻城市水体污染。有的是在排水系统的中、下游沿线适当地点建造调节，处理（如沉淀池等）设施，对雨水径流或雨污混合污水进行贮存调节，以减少合流管的溢流次数和溢水量，去除某些污染物以改善出流水质，在暴雨过后再由重力流或提升设备经管渠将其送至污水厂处理后再排放至水体，或者将合流制排水系统改建成分流制排水系统等。

分流制排水系统将城市污水全部送至污水厂进行处理。但初雨径流未加处理就排入水体，对城市水体也会造成污染，有时还很严重，这是它的缺点。近年来，国外对雨水径流的水质调查发现，雨水径流特别是初降雨水径流对水体的污染相当严重，甚至提出对雨水径流也要严格控制。分流制排水系统虽然具有这一缺点，但它比较灵活，容易适应社会发展的需要，一般能符合城市卫生的要求，所以在国内外获得了较广泛的应用。

从造价方面来看，国外已有的经验认为合流制排水管道的造价比完全分流制一般要低20%～40%，可是合流制的泵站和污水厂建设费用却比分流制的要高。从初期投资来看，不完全分流制初期只需要建污水排水系统，因而可节省初期投资费用，还可缩短工期，发挥工程效益也快。而合流制和完全分流制的初期投资比不完全分流制要大。所以，我国过去很多新建的工业基地和居住区采用了不完全分流制排水系统。

从维护管理方面来看，晴天时污水在合流制管道中为非满管流，雨天时才接近满管流，因而晴天时合流制管道内流速较低，易于产生沉淀。但据经验，管中的沉淀物易被暴雨水流冲走，这样合流管道的维护管理费用可降低。但是，晴天和雨天时流入污水厂的水量变化很大，增加了合流制排水系统污水厂运行管理的复杂性。而分流制排水系统可以保持管内的流速，减少发生沉淀，同时，流入污水厂的水量和水质比在合流制排水系统中的变化小得多，污水厂的运行易于控制。混合制排水系统的优缺点介于合流制和分流制排水系统两者之间。

总之，排水系统体制的选择是一项很复杂、很重要的工作。应根据城镇及工业企业的规划、环境保护的要求、污水利用情况、原有排水设施、水质、水量、地形、气候和水体等条件，从全局出发，在满足环境保护的前提下，通过技术、经济比较，综合考虑后确定。

1.2.3 排水系统的组成

排水系统是指排水的收集、输送、处理和利用，以及排放等设施以一定方式组合成的总体。下面就城市生活污水、工业废水和雨水等市政排水系统的主要组成部分进行介绍。

1. 城市生活污水排水系统

城市生活污水排水系统由下列几个主要部分组成。

1）室内污水管道系统及设备

其作用是收集生活污水，并将其排送至室外居住小区的污水管道中。在住宅及公共建筑内，各种卫生设备既是人们用水的容器，也是承受污水的容器，还是生活污水排水系统的起端设备，生活污水从这里经水封、支管、立管和出户管等室内管道系统流入室外居住小区的管道系统。在每一出户管道与室外居住小区管道相接的连接点设置检查井，供检查和清通管道之用。

2）室外污水管道系统

分布在地面以下的依靠重力流输送污水至泵站、污水厂或水体的管道系统称为室外污水管道系统。它分为居住小区污水管道系统及街道污水管道系统。

（1）居住小区污水管道系统。

该系统敷设在居住小区内，连接建筑物出户管的污水管道系统，被称为居住小区污水管道系统。它分为接户管、小区污水支管和小区污水干管。接户管是指布置在建筑物周围接纳建筑物各污水出户管的污水管道。小区污水支管是布置在居住小区内与接户管连接的污水管道，一般布置在小区内道路下。小区污水干管是指在居住小区内，接纳各居住小区内小区支管流来污水的管道，一般布置在小区道路或市政道路下。居住小区污水排入城市排水系统时，其水质必须符合《污水排入城镇下水道水质标准》（GB/T 31962—2015）。居住小区污水排出口的数量和位置要征得城市市政部门的同意。

（2）街道污水管道系统。

该系统敷设在街道下，用以排除居住小区管道流来的污水。在一个市区内它由支管、干管、主干管组成。支管用于汇集并输送居住小区干管流来的污水或集中排出的污水。在排水区界内，常按分水线划分为几个排水流域。在各排水流域内，干管用于汇集并输送由支管流来的污水，也常称流域干管。主干管是汇集输送由两个或两个以上干管流来的污水的管道，其中市郊干管是通过主干管把污水输送至总泵站、污水处理厂或通至水体出水口的管道，一般在污水管道系统设置区的范围之外。

（3）管道系统上的附属构筑物。

管道系统上的附属构筑物有检查井、跌水井、倒虹管等。

3）污水泵站及压力管道

污水一般由重力流排除，但往往受到地形等条件的限制而发生排除困难，这时就需要设置泵站。泵站分为局部泵站、中途泵站和总泵站等。负责压送从泵站出来的污水至高地自流管道或至污水厂的承压管段，被称为压力管道。

4）污水处理厂

供处理和利用污水、污泥的一系列构筑物和附属构筑物的综合体被称为污水处理厂，在城市中常被称为污水厂，在工厂中常被称为废水处理站。城市污水厂一般设置在城市河流的下游地段，并与居民点或公共建筑保持一定的卫生防护距离。若采用区域排水系统，每个城镇就不需要单独设置污水厂，而是将全部污水送至区域污水厂进行统一处理。

5）出水口及事故排出口

污水排入水体的渠道和出口称出水口，它是整个城市污水排水系统的终点设备。事故排出口是指在污水排水系统的中途，在某些易于发生故障的管段前面（例如在总泵站的前面）所设置的辅助性出水渠，一旦发生故障，污水就通过事故排出口直接排入水体。

2. 工业废水排水系统

在工业企业中，用管道将厂内各车间及其他排水对象所排出的不同性质的废水收集起来，将其送至废水回收、利用和处理构筑物。经回收、处理后的水可再利用或排入水体，或排入城市排水系统。若某些工业废水不经处理就被允许直接排入城市污水管道，就不需设置废水处理构筑物。

工业废水排水系统由车间内部管道系统和设备、厂区管道系统、污水泵站及压力管道、废水处理站组成。

3. 雨水排水系统

雨水排水系统由建筑物的雨水管道系统和设备、居住小区或工厂雨水管道系统、街道雨水管道系统、排洪沟和出水口等组成。

收集屋面的雨水可用雨水斗或天沟，收集地面的雨水用雨水口。地面上的雨水经雨水口流入居住小区、厂区或街道的雨水管道系统。雨水排水系统的室外管道系统基本上和污水排水系统相同。同样，在雨水管道系统中也设有检查井等附属构筑物。雨水一般既不处理也不利用，直接排入水体。此外，因雨水径流量较大，一般应尽量不设或少设雨水泵站，但在必要时也要设置。

提示：合流制排水系统的组成与分流制相似，同样有室内排水设备，室外居住小区管道系统，街道管道系统。住宅和公共建筑的生活污水经庭院和街道管道流入街道管道系统。雨水经雨水口进入合流管道。在合流管道系统的截流干管处设置溢流井。

对于每一个具体的排水系统来说，上述各排水系统的组成部分并不一定都完全具备，必须结合当地条件来确定排水系统所需要的组成部分。

1.3 市政工程造价管理概述

1.3.1 市政工程造价

1. 市政工程的概念

供城市生产和人民生活的公用工程，通常称为市政公用设施，简称市政工程。市政工程包括城市的道路、公共交通、给排水、防洪、供气、供热、园林、环卫等市政工程的土建、管道、设备安装工程，这些工程都是国家投资（包括地方投资）兴建，是城市的基础设施。

2. 市政工程建设的特点

1）市政工程产品的特点

（1）单项工程造价高。市政工程工程量大、造价高，少则数十万元、数百万元，多则数千万元、数亿元，甚至数十亿元。

（2）产品的固定性。市政工程产品是建在地上的，工程建设后它的位置便固定下来，不能移动。

（3）产品的多样性。市政工程有道路、桥涵、隧道、给排水、防洪、供气、供热、园林、环卫等市政工程的土建、管道、设备安装工程，类型多样。

（4）结构复杂而且单一，但每个工程的结构不尽相同。特别是桥梁、地铁、水厂等工程，结构相当复杂，但每个工程项目又各不相同。

（5）干支线配合，系统性强。道路、给排水管网等工程的干支线要相互配合，成为一个有机、协调的系统。

2）市政工程施工的特点

（1）施工流动性大。由于市政工程产品具有固定性的特点，不可移动，因此在施工生产中，人员、机械设备及材料等就必须围绕产品进行流动。

（2）施工周期长。市政工程造价高、工程量大，施工工期少则几个月，多则几年。

（3）需个别设计、个别组织施工。每个市政工程的结构不尽相同，需分别进行设计和组织施工。

（4）施工协作性强。市政工程施工环节多，工序复杂，需建设、设计、施工、监理等密切配合，需材料、动力、运输等部门通力协作。

（5）受外界干扰及自然因素的影响大。市政工程大多位于市区，易受到周围居民及结构物、构造物等外界因素的干扰。同时，市政工程大多露天作业，容易受到气候、地形等自然因素的影响。

3. 工程造价的概念及特点

1）工程造价的概念

工程造价就是工程的建造价格，是建设工程按照确定的建设项目内容、建设规模、建设标准、功能要求、使用要求等全部建成后经验收合格并交付使用所需的总费用。

在市场经济条件下，工程造价有两种含义。

第一种含义：对于投资者、业主、项目法人而言，工程造价是指工程建设投资费用（或叫建设成本），是进行某项工程建设花费的全部费用，即该工程项目有计划地进行固定资产再生产、形成相应无形资产和铺底流动资金的一次性费用总和。投资者选定一个投资项目，为了获得预期的效益，需通过项目评估、决策、设计招标、工程招标、工程施工直至竣工验收等一系列的投资管理活动。投资者在投资管理活动中所支付的全部费用就形成了固定资产和无形资产，所有这些开支就构成了工程造价。建设项目工程造价就是建设项目总投资中的固定资产投资。

第二种含义：对于发包方、承包方而言，工程造价是指工程的承发包价格（或叫工程价格），即为建成一项工程，预计或实际在土地市场、设备市场、技术劳务市场以及承包市场等交易活动中所形成的建筑安装工程的价格和建设工程总价格。在这一含义中，以建设工程项目这种特定的商品作为交易对象，通过招投标或其他交易方式，在进行多次预估的基础上，最终由市场形成的价格。

工程造价的第二种含义也是建设项目总投资中的建筑安装工程费用。

2）工程造价的特点

工程造价具有五个方面的特点，具体内容如下。

（1）工程造价的大额性。

建设工程不仅实物形体庞大、构造复杂，而且工程造价高昂。一个工程项目的造价少则数十万、数百万元人民币，多则数千万、数亿、数十亿元人民币，特大的工程项目造价可达百亿、千亿元人民币。

（2）工程造价的个别性和差异性。

任何一项建设工程项目都有其特定的用途、功能、规模，同时每项工程所处的地区、地段、水文地质、周边环境等条件不同，因而工程内容和实物形态具有个别性和差异性，再加上不同地区构成投资费用的各种价值要素的差异，从而造成工程造价的个别性和差异性。

（3）工程造价的动态性。

建设工程从投资决策到交付使用，有一个较长的建设时期。在此期间，会出现许多影响工程造价的因素，如设计变更、设备及材料价格的变动、利率及汇率的变化等，使得工程造价在建设期内处于不确定状态，直至竣工决算后才能最终确定工程的实际造价。

（4）工程造价的层次性。

建设项目的组成具有层次性，一个建设项目由一个或多个单项工程构成，一个单项工程由一个或多个单位工程构成，一个单位工程由一个或多个分部工程及分项工程构成。与此相对应，工程造价也具有层次性，它包括分项工程造价、分部工程造价、单位工程造价、单项工程造价、建设项目总造价。

（5）工程造价的兼容性。

工程造价的兼容性首先表现在它具有两种含义（见上文中的“工程造价的概念”），其次表现在工程造价构成因素的广泛性和复杂性。

4. 工程造价的计价特征

工程造价的特点，决定了工程造价的计价具有以下几个特征。

1）计价的单件性

工程建设产品的个别性、差异性决定了每项工程都必须单独计算造价，也就是说，只能根据各个建设工程项目的具体设计资料和当地的实际情况等单独计算工程造价。

2）计价的多次性

建设工程一般规模大、建设期长、造价高，而且受建设所在地的自然条件影响大，消耗的人力、物力和财力巨大，因此要按建设程序分阶段进行。相应地，计价也要在不同建设阶段多次进行，以保证工程造价计算的准确性和控制的有效性。多次性计价是逐步深化、逐步细化和逐步接近实际造价的过程。

3）计价的组合性

工程造价的计价是分部分项工程组合而成的，这一特征和建设项目的组合性有关。一个建设项目是一个工程综合体，它可以分解为多个单项工程，单项工程可分解为多个单位工程，单位工程可分解为多个分部工程，分部工程可分解为多个分项工程。可以看出，建设项目的这种组合性决定了计价的过程也是一个逐步组合的过程。其计算过程和计算顺序是：分部分项工程造价—单位工程造价—单项工程造价—建设项目总造价。

4）计价方法的多样性

由于多次计价有各不相同的计价依据，且对多次计价的精确度要求不同，因而计价方法呈现多样性特征。如计算和确定概算、预算造价有两种基本方法，即单价法和实物量法；计算和确定投资估算的方法有设备系数法、生产能力指数估算法等。不同的方法各有利弊，适用条件也不同，在计价时要注意加以选择。

5）计价依据的复杂性

影响造价的因素多，因此计价依据复杂、种类繁多，主要包括项目建议书、可行性研究报告、设计文件、投资估算指标、概算定额、预算定额、相关的费用定额和指标、政府规定的税费，以及物价指数和工程造价指数等。

5. 工程造价的职能

工程造价具有一般商品价格的职能和工程造价的职能，具体分解如图 1.4 所示。

6. 工程造价的分类

按工程建设阶段的不同，工程造价可分为以下七类。

1）投资估算造价

投资估算造价一般是指在建设项目投资前期（规划、项目建议书、可行性研究报告）阶段，通过编制估算文件预先测算和确定出拟建项目的投资总额。投资估算造价是拟建项目决策、筹资和控制造价的主要依据。

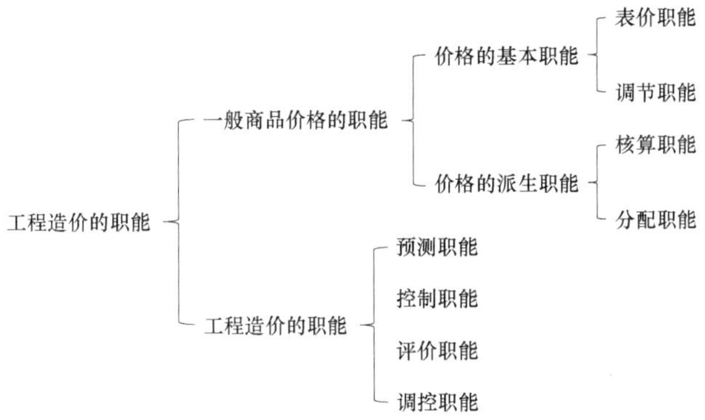

图 1.4 工程造价的职能分解

2）概算造价

概算造价是在初步设计阶段，根据设计意图，通过编制工程概算文件预先测算和确定的工程造价，不得随意突破。概算造价又分为初步设计概算造价和修正概算造价两种。

初步设计概算造价是指在初步设计阶段，由设计单位根据设计图纸、概算定额、各类费用定额、建设地区的自然条件和技术经济条件等资料，预先计算和确定建设项目从筹建至竣工验收的全部建设费用。

修正概算造价是指在采用初步设计、技术设计和施工图设计的三阶段设计时，在技术设计阶段根据技术要求，通过编制修正概算文件预先测量和确定的造价。修正概算造价比初步设计概算造价准确，但受初步设计概算造价控制。

3）预算造价

预算造价是指在施工图设计阶段，根据施工图纸，通过编制预算文件预先测算和确定的工程造价。

预算造价比概算造价更为详尽和准确，但受概算造价控制。

4）招标控制价

招标控制价是指采用工程量清单招标时，招标人能够接受的最高交易价格。国有资金投资的工程建设项目应实行工程量清单招标，并应编制招标控制价。招标控制价超过被批准的概算时，招标人应将其报给原概算审批部门审核。投标人的投标报价高于招标控制价的，其投标将被拒绝。

招标控制价应由具有编制能力的招标人或受其委托的具有相应资质的工程造价咨询人编制。

5）投标报价

投标报价是由投标单位根据招标文件及有关定额和招标项目所在地区的自然、社会、经济条件及施工组织方案和投标单位自身条件，计算完成招标工程所需各项费用并经过调整确定后填报在投标书中的工程造价。投标报价由投标人自主确定，但不得低于工程成本。

投标报价是投标文件中最重要的组成部分和主要内容，是投标工作的关键和核心，也是决定投标人能否中标的主要依据。报价过高，中标率就会降低；报价过低，尽管中标率增加，但可能无利可图，甚至承担工程亏本的风险。因此，合理确定投标报价是投标人在投标竞争中能否获胜的前提条件。中标单位的报价将直接成为工程承包合同价的主要基础，并对将来的施工过程起着严格的制约作用。

在通常情况下，中标单位的投标报价（有的工程需经过修正）即为该投标工程的合同价。它是完成合同工程的预期造价，但不是工程完工后的实际造价。按合同类型的计价方法不同，合同价可分为固定合同价、可调合同价、成本加酬金合同价。

6）结算价

结算价是指在合同实施阶段的工程估算时，施工单位按合同调价范围和调价方法，对实际发生的工程量、设备和材料差价等进行调整计算后的价格。工程竣工结算价是按合同约定完成了全部承包工作后，建设单位与施工单位根据合同约定，按照工程实际完成情况和工程量清单，结算工程造价的最终价格。

7）竣工决算价

竣工决算价也称实际造价，是指工程实际发生的全部费用，包括直接费、间接费和利润。它是确定新增固定资产价值、全面反映建设成果的文件，是竣工验收和移交固定资产的依据。

7. 工程造价的相关概念

1）建设项目总投资

建设项目总投资指投资主体为完成项目建设和运营所需的全部投资，包括建设投资、建设期贷款利息和流动资金。生产性建设项目总投资包括固定资产投资和包含铺底流动资金在内的流动资产投资两部分。非生产性建设项目总投资只有固定资产投资。

2）建设项目总造价

建设项目总造价是指项目总投资中的固定资产投资总额。

3）固定资产投资

固定资产投资是设备购置费、安装工程费、建筑工程费和固定资产其他费用的总和。建设项目的固定资产投资与建设项目的工程造价存在密切的关系，它通常被理解为建设项目的工程造价。

4）建筑安装工程造价

建筑安装工程造价即建筑安装工程投资，是建筑安装产品价值的货币表现，亦称为建筑安装工程费，是指建筑安装工程竣工并投入使用所需的全部费用。

1.3.2 市政工程造价的构成和计算

参考国家现行标准《工程造价术语标准》（GB/T 50875—2013），市政工程造价是指市政工程项目在建设期预计或实际支出的建设费用。市政工程造价的构成与计算相关内容如下。

1. 建筑安装工程费用构成和计算

1）建筑安装工程费用的总体构成

建筑安装工程费用是指为完成工程项目建造、生产性设备及配套工程安装所需的费用，主要包括建筑工程费用和安装工程费用。

（1）建筑工程费用。

① 各类房屋建筑工程和列入房屋建筑工程预算的供水、供暖、卫生、通风、煤气等设备费用及其装饰工程的费用，列入建筑工程预算的各种管道、电力、电信和电缆导线敷设工程的费用。

② 设备基础、支柱、工作台、烟囱、水塔、水池、灰塔等建筑工程以及各种炉窑的建筑工程和金属结构工程的费用。

③ 为施工而进行的场地平整，工程和水文地质勘察，原有建筑物和障碍物的拆除以及施工临时用水、电、气、路和完工后的场地清理，环境绿化、美化等工作的费用。

④ 矿井开凿、井巷延伸、露天矿剥离，石油、天然气钻井，修建铁路、公路、桥梁、水库、堤坝、灌渠及防洪等工程的费用。

（2）安装工程费用。

① 生产、动力、起重、运输、传动，以及医疗、实验等各种需要安装的机械设备的装配费用，与设备相连的工作台、梯子、栏杆等设施的工程费用，附属于被安装设备的管线敷设工程费用，以及被安装设备的绝缘、防腐、保温、油漆等工作的材料费和安装费。

② 为测定安装工程质量，对单台设备进行单机试运转，对系统设备进行系统联动无负荷试运转工作的调试费。

2）不同费用构成要素下的建筑安装工程费用的计算

按照费用构成要素划分，建筑安装工程费用的计算内容主要包括人工费、材料费（包含工程设备费，下同）、施工机械使用费、企业管理费、利润、规费和税金等，相关计算内容如下。

（1）人工费。

建筑安装工程费中的人工费是指按照工资总额构成规定，支付给直接从事建筑安装工程施工作业的生产工人和附属生产单位工人的各项费用。计算人工费的基本要素有两个，即人工工日消耗量和人工日工资单价。

人工工日消耗量是指在正常施工生产条件下，生产建筑安装产品（分部分项工程或结构构件）必须消耗的某种技术等级的人工工日数量。它由分项工程所综合的各个工序劳动定额包括的基本用工、其他用工两部分组成。

人工日工资单价是指施工企业平均技术熟练程度的生产工人在每个工作日（国家法定工作时间内）按规定从事施工作业应得的日工资总额。

（2）材料费。

建筑安装工程费中的材料费是指工程施工过程中耗费的各种原材料、辅助材料、构配件、零件、半成品或成品、工程设备（工程设备指构成或计划构成永久工程一部分的机电设备、金属结构设备、仪器装置及其他类似的设备和装置）的费用。计算材料费的基本要素是材料消耗量和材料单价。

材料消耗量是指在合理使用材料的条件下，生产建筑安装产品（分部分项工程或结构构件）必须消耗的一定品种、规格的原材料、辅助材料、构配件、零件、半成品或成品等的数量。它包括材料净用量和材料不可避免的损耗量。

材料单价是指建筑材料从其来源地运到施工工地仓库直至出库形成的综合平均单价，其内容包括材料原价（或供应价格）、材料运杂费、运输损耗费、采购及保管费等。

（3）施工机械使用费。

建筑安装工程费中的施工机械使用费是指施工作业所发生的施工机械、仪器仪表使用费或其租赁费。

施工机械使用费（或其租赁费）是指施工机械作业发生的使用费（包括租赁费），计算内容包括施工机械台班消耗量和施工机械台班单价。

仪器仪表使用费（或其租赁费）等于工程施工所需使用的仪器仪表的摊销和维修费用之和。

（4）企业管理费。

企业管理费一般采用取费基数乘以费率的方法计算，取费基数有 3 种，分别是以分部分项工程费为计算基础、以人工费和机械费合计为计算基础及以人工费为计算基础。

市政工程造价管理机构在确定计价定额中的企业管理费时，应以定额人工费或定额人工费与机械费之和作为计算基数，其费率根据历年积累的市政工程造价资料，辅以调查资料确定，并计入分部分项工程和措施项目费。

（5）利润。

利润是指施工企业完成自己承包的工程所获得的盈利，由施工企业根据自身需求并结合建筑市场实际情况确定。利润在税前建筑安装工程费的比例可按不低于 5%且不高于 7%的费率计算。利润应列入分部分项工程和措施项目费中。

（6）规费。

规费是指根据政府规定应计入建筑安装工程造价内的由工程承包人缴纳的所有费用。规费的计算包括社会保险费和住房公积金。

社会保险费包括养老保险费、失业保险费、医疗保险费、生育保险费、工伤保险费。

住房公积金是指企业按国家规定标准为职工缴纳的住房公积金。

社会保险费和住房公积金应以定额人工费计算基础，根据工程所在省（自治区、直辖市）或行业建设主管部门规定的费率计算。社会保险费和住房公积金费率可以按每万元发承包价的生产工人人工费和管理人员工资含量与工程所在地规定的缴纳标准综合分析取定。

（7）税金。

建筑安装工程税金是指按国家税法规定的应计入建筑安装工程造价的增值税（原为营业税）、城市维护建设税、教育费附加及地方教育费附加。

参考《中华人民共和国增值税暂行条例》，建筑安装企业增值税税率一般为 11%，具体征收率可能会因地区和政策的不同而有所差异，小规模建筑安装企业（或选择简易计税办法的建筑安装项目）的增值税征收率为 3%。

城市维护建设税是为筹集城市维护和建设资金，稳定和扩大城市、乡镇维护建设的资金来源，而对有经营收入的单位和个人征收的一种税。城市维护建设税是按应纳增值营业税额乘以适用税率确定。城市维护建设税的纳税地点在市区的，其适用税率为增值税的 7%；所在地为县镇的，其适用税率为增值税的 5%。所在地为农村的，其适用税率为增值税的 1%。城市维护建设税的纳税地点与增值税纳税地点相同。

教育费附加按应纳增值税额乘 3%确定。

地方教育费附加通常是按应纳增值税额乘 2%确定，各地方有不同规定的，应遵循其规定。

在市政工程造价的计算过程中，上述税金通常一并计算。

3）不同造价形式下的建筑安装工程费用的计算

建筑安装工程费用按照工程造价形成由分部分项工程费、措施项目费、其他项目费、规费和税金组成，相关计算内容如下。

（1）分部分项工程费。

分部分项工程费是指按照各专业工程的分部分项工程应予列支的各项费用。各类专业工程的分部分项工程划分应遵循现行国家或行业计量规范的规定。分部分项工程费通常用分部分项工程量乘以综合单价进行计算。

（2）措施项目费。

措施项目费是指完成建筑工程施工，发生于该工程施工前和施工过程中的技术、生活、安全、环境保护等方面的费用。措施项目及其包含的内容应遵循各类专业工程的现行国家或行业计量规范。措施项目费的计算主要包括以下几项内容。

① 安全文明施工费。

安全文明施工费是指工程施工期间按照国家现行的环境保护、建筑施工安全、施工现场环境与卫生标准及有关规定，购置和更新施工安全防护用具及设施、改善安全生产条件和作业环境所需要的费用。安全文明施工费计算通常包括：环境保护费、文明施工费、安全施工费、临时设施费。

② 夜间施工增加费。

夜间施工增加费是指因夜间施工所发生的夜班补助费、夜间施工降效、夜间施工照明设备摊销及照明用电等费用。夜间施工增加费计算内容包括：夜间固定照明灯具和临时可移动照明灯具的设置、拆除费用；夜间施工时，施工现场交通标志、安全标牌、警示灯的设置、移动、拆除费用；夜间照明设备摊销及照明用电、施工人员夜班补助、夜间施工劳动效率降低等费用。

③ 非夜间施工照明费。

非夜间施工照明费是指为保证工程施工正常进行，在地下室等特殊施工部位施工时采用的照明设备的安拆、维护及照明用电等费用。

④ 二次搬运费。

二次搬运费是指由于施工现场条件限制而发生的材料、成品、半成品等一次运输不能达到堆放地点而必须进行二次或多次搬运的费用。

⑤ 冬（雨、风）季施工增加费。

冬（雨、风）季施工增加费是指冬季或雨季施工需增加的临时设施、防滑、排除雨雪，人工及施工机械效率降低等费用。冬（雨、风）季施工增加费由冬（雨、风）季施工时增加的临时设施（防寒保温、防雨、防风设施）的搭设、拆除费；冬（雨、风）季施工时，对砌体、混凝土等采用的特殊加温、保温和养护措施费用；冬（雨、风）季施工时，施工现场的防滑处理，对影响施工的雨、雪的清除费用；冬（雨、风）季施工时增加的临时设施、施工人员的劳动保护用品、冬（雨、风）季施工劳动效率降低等费用组成。

⑥ 地上、地下设施以及建筑物的临时保护设施费。

地上、地下设施以及建筑物的临时保护设施费是指在工程施工过程中，对已建成的地上、地下设施和建筑物进行的遮盖、封闭、隔离等必要保护措施所发生的费用。

⑦ 已完成工程及设备保护费。

已完成工程及设备保护费是指竣工验收前，对已完成工程及设备采取的覆盖、包裹、封闭、隔离等必要保护措施所发生的费用。

⑧ 脚手架费。

脚手架费是指施工需要的各种脚手架搭、拆、运输费用以及脚手架购置费的摊销（或租赁）费用。

⑨ 混凝土模板及支架（撑）费。

它是指混凝土施工过程中需要的各种钢模板、木模板、支架等的支拆、运输费用及模板、支架的摊销（或租赁）费用。混凝土模板及支架（撑）费由混凝土施工过程中需要的各种模板制作费用；模板安装、拆除、整理堆放及场内外运输费用；清理模板黏结物及模内杂物、刷隔离剂等费用组成。

⑩ 垂直运输费。

垂直运输费是指现场所用材料、机械从地面运至相应高度以及职工人员上下工作面等所发生的运输费用。垂直运输费由垂直运输机械的固定装置、基础制作、安装费；行走是垂直运输机械轨道的铺设、拆除、摊销费等组成。

⑪ 超高施工增加费。

当单层建筑物檐口高度超过 20 m 或多层建筑物超过 6 层时，可计算超高施工增加费。超高施工增加费由建筑物超高引起的人工工效降低以及由于人工功效降低引起的机械降效费；高层施工用水加压水泵的安装、拆除及工作台班费；通信联络设备使用及摊销费等组成。

⑫ 大型机械设备进出场及安拆费。

它是指机械整体或分体自停放场地运至施工现场或由一个施工地点运至另一个施工地点，所发生的机械进出场运输、转移费用及机械在施工现场进行安装、拆卸所需的人工费、材料费、机械费、试运转费和安装所需的辅助设施的费用。由安拆费和进出场费组成。

安拆费包括施工机械、设备在现场进行安装拆卸所需人工、材料、机械和试运转费用以及机械辅助设施的折旧、搭设、拆除等费用。

进出场费包括施工机械、设备整体或分体自停放地点运至施工现场或由一施工地点运至另一个施工地点期间所发生的运输、装卸、辅助材料等费用。

⑬ 施工排水、降水费。

它是指将施工期间有碍施工作业和影响工程质量的水排到施工场地以外，以及防止在地下水位较高的地区开挖深基坑出现基坑浸水，地基承载力下降在动水压力作用下还可能引起流砂、管涌和边坡失稳等现象，而必须采取有效的降水和排水措施费用。该费用由成井和排水、降水两个独立的费用项目组成。

成井费：主要包括准备钻孔机械、埋设护筒、钻机就位、泥浆制作、固壁，成孔、出渣、清孔等费用；对接上、下井管（滤管），焊接，安防，下滤料，洗井，连接试抽等费用。

排水、降水费：主要包括管道安装、拆除，场内搬运等费用；抽水、值班、降水设备维修等费用。

⑭ 其他。

根据项目的专业特点或所在地区不同，可能会出现其他的措施项目。如工程定位复测费和特殊地区施工增加费等。

（3）其他项目费。

其他项目费包括暂列金额、计日工费和总承包服务费。

暂列金额是指建设单位在工程量清单中暂定并包括在工程合同价款中的一笔款项。用于施工合同签订时尚未确定或者不可预见的所需材料、工程设备、服务的采购或事件，施工中可能发生的工程变更、合同约定调整因素出现时的工程价款调整以及发生的索赔、现场签证确认等的费用。暂列金额由建设单位根据工程特点，按有关计价规定估算，施工过程中由建设单位掌握使用、扣除合同价款调整后的金额（如有余额，归建设单位）。

计日工费是指在施工过程中，施工企业完成建设单位提出的施工图纸以外的零星项目或工作所需的费用，以工作日为单位计算报酬。计日工费由建设单位和施工企业按施工过程中的签证计价。

总承包服务费是指总承包人为配合、协调建设单位进行的专业工程发包，对建设单位自行采购的材料、工程设备等进行保管以及施工现场管理、竣工资料汇总整理等服务所需的费用。

（4）规费和税金。

规费和税金的构成和计算与按照费用构成要素划分建筑安装工程费用项目组成部分是相同的。

2. 设备及工器具购置费用的构成和计算

设备及工器具购置费用是由设备购置费和工器具及生产家具购置组成的，它是固定资产投资中的积极部分。在生产性工程建设中，设备及工器具购置费用占工程造价比例的增大，意味着生产技术的进步和资本有机构成的提高。

1）设备购置费与工器具购置费

设备购置费是指购置或自制的达到固定资产标准的设备、工器具及生产家具等所需的费用。它由设备原价和设备运杂费构成。设备原价指国产设备或进口设备的原价；设备运杂费指除设备原价之外的关于设备采购、运输、途中包装及仓库保管等方面支出费用的总和。

工器具购置费是指新建或扩建项目初步设计规定的，保证初期正常生产必须购置的没有达到固定资产标准的设备、仪器、工卡模具、器具、生产家具和备品备件等的购置费用。一般以设备购置费为计算基数，按照部门或行业规定的工具、器具及生产家具费费率计算。

2）国产设备标准原价与非标准原价

国产设备原价一般指的是设备制造厂的交货价或订货合同价。它一般根据生产厂或供应商的询价、报价、合同价确定，或采用一定的方法计算确定。国产设备原价分为国产标准设备原价和国产非标准设备原价。

（1）国产标准设备原价。

国产标准设备是指按照主管部门颁布的标准图纸和技术要求，由我国设备生产厂批量生产的，符合国家质量检测标准的设备。国产标准设备原价有两种，即带有备件的原价和不带有备件的原价。在计算时，一般采用带有备件的原价。国产标准设备一般有完善的设备交易市场，因此可通过查询相关交易市场价格或向设备生产厂家询价得到国产标准设备原价。

（2）国产非标准设备原价。

国产非标准设备是指国家尚无定型标准，各设备生产厂不可能在工艺过程中采用批量生产，只能按订货要求并根据具体的设计图纸制造的设备。非标准设备由于单件生产、无定型标准，所以无法获取市场交易价格，只能按其成本构成或相关技术参数估算其价格。非标准设备原价有多种不同的计算方法，如成本计算估价法、系列设备插入估价法、分部组合估价法、定额估价法等。但无论采用哪种方法，都应该使非标准设备计价接近实际出厂价，并且计算方法要简便。成本计算估价法是一种比较常用的估算非标准设备原价的方法。按成本计算估价法，非标准设备的原价由材料费、加工费、辅助材料费、专用工具费、废品损失费、外购配套件费、包装费、利润、税金和非标准设备设计费组成。

3）进口设备原价

进口设备的原价是指进口设备在进口到目的国之前的所有成本，即设备抵达买方边境、港口或车站，交纳完各种手续费、税费后形成的价格。抵岸价格通常是由进口设备到岸价格和进口从属费构成。

进口设备到岸价格，即设备抵达买方边境港口或边境车站且交完关税以后的价格。在国际贸易中，交易双方所使用的交货类别不同，则交易价格的构成内容也有所差异。进口从属费包括银行财务费、外贸手续费、进口关税、消费税、进口环节增值税等，进口车辆还需缴纳车辆购置税。

（1）进口设备的交易价格相关术语。

在国际贸易中，较为广泛使用的交易价格术语有 FOB、CFR 和 CIF。

① FOB。

FOB（free on board），意为装运港船上交货，亦称为离岸价格。FOB 术语是指货物离开出口国口岸包含的最终价格，通常包括国内采购费、国内运输费、出口关税、港口费用等。在这个过程中的风险转移，以在指定的装运港货物越过船舷时为分界点。费用划分与风险转移的分界点相一致。

在 FOB 交货方式下，卖方的基本义务包括办理出口清关手续，自负风险和费用，领取出口许可证及其他官方文件；在约定的日期或期限内，在合同规定的装运港，按港口惯常的方式，把货物装上买方指定的船只，并及时通知买方；承担货物在装运港越过船舷之前的一切费用和风险；向买方提供商业发票和证明货物已交至船上的装运单据或具有同等效力的电子单证。

在 FOB 交货方式下，买方的基本义务有负责租船订船，按时派船到合同约定的装运港接运货物，支付运费，并将船期、船名及装船地点及时通知卖方；负担货物在装运港越过船舷后的各种费用以及货物灭失或损坏的一切风险；负责获取进口许可证或其他官方文件，以及办理货物入境手续；受领卖方提供的各种单证，按合同规定支付货款。

② CFR。

CFR（cost and freight），意为成本加运费，或称为运费在内价。CFR 是指在装运港货物越过船舷卖方即完成交货，卖方必须支付将货物运至指定的目的港所需的运费和费用，但交货后货物灭失或损坏的风险，以及由于各种事件造成的任何额外费用，此时即由卖方转移到买方。与 FOB 相比，CFR 的费用划分与风险转移的分界点是不一致的。

在 CFR 交货方式下，卖方的基本义务有提供合同规定的货物，负责订立运输合同，并租船订舱，在合同规定的装运港和规定的期限内，将货物装上船并及时通知买方，支付运至目的港的运费；负责办理出口清关手续，提供出口许可证或其他官方批准的文件；承担货物在装运港越过船舷之前的一切费用和风险；按合同规定提供正式有效的运输单据、发票或具有同等效力的电子单证。

在 CFR 交货方式下，买方的基本义务有承担货物在装运港越过船舷以后的一切风险及运输途中因遭遇风险所引起的额外费用；在合同规定的目的港受领货物，办理进口清关手续，交纳进口税；受领卖方提供的各种约定的单证，并按合同规定支付货款。

③ CIF。

CIF（cost insurance and freight），意为成本加保险费、运费，习惯称到岸价格。在 CIF 术语中，卖方除负有与 CFR 相同的义务外，还应办理货物在运输途中最低险别的海运保险，并应支付保险费。如买方需要更高的保险险别，则需要与卖方明确地达成协议，或者自行作出额外的保险安排。除保险这项义务之外，买方的义务与 CFR 相同。

（2）进口设备到岸价格的计算。

进口设备到岸价格的计算一般包括离岸价格、国际运费和运输保险费。

① 离岸价格。

离岸价格一般指装运港船上交货价（FOB）。设备货价分为原币货价和人民币货价，原币货价一律折算为美元，人民币货价按原币货价乘以外汇市场美元兑换人民币汇率中间价确定。进口设备货价按有关生产厂商询价、报价、订货合同价计算。

② 国际运费。

国际运费即从装运港（站）到达我国目的港（站）的运费。我国进口设备大部分采用海洋运输，小部分采用铁路运输，个别采用航空运输。

运费费率或单位运价参照有关部门或进出口公司的规定执行。

③ 运输保险费。

对外贸易货物运输保险是由保险人（保险公司）与被保险人（出口人或进口人）订立保险契约，在被保险人交付议定的保险费后，保险人根据保险契约的规定对货物在运输过程中发生的承保责任范围内的损失给予经济上的补偿。

其中，保险费费率按保险公司规定的进口货物保险费费率计算。

（3）进口从属费的计算。

进口从属费的计算一般包括银行财务费、外贸手续费、关税、消费税、进口环节增值税和车辆购置税。

① 银行财务费。

银行财务费一般是指在国际贸易结算中，中国银行为进出口商提供金融结算服务所收取的费用，可简化计算，如式（1.1）所示。

$$\text{银行财务费}=\text{离岸价格}\times\text{人民币汇率}\times\text{银行财务费费率} \tag{1.1}$$

② 外贸手续费。

外贸手续费是指按规定的外贸手续费费率计取的费用，外贸手续费费率一般取 1.5%。

③ 关税。

关税是由海关对进出国境或关境的货物和物品征收的一种税，计算如式（1.2）所示。

$$\text{关税}=\text{到岸价格}\times\text{人民币汇率}\times\text{进口关税税率} \tag{1.2}$$

到岸价格作为关税的计征基数时，通常又可称为关税完税价格。进口关税税率分为优惠和普通两种。优惠税率适用于与我国签订关税互惠条款的贸易条约或协定的国家的进口设备；普通税率适用于与我国未签订关税互惠的贸易条约或协定的国家的进口设备。进口关税税率按我国海关总署发布的进口关税税率计算。

④ 消费税。

消费税仅对部分进口设备（如新车、摩托车等）征收，一般计算如式（1.3）所示。

$$应纳消费税税额=\frac{到岸价格\times人民币汇率+关税}{1-消费税税率}\times消费税税率 \tag{1.3}$$

消费税税率根据规定的税率计算。

⑤ 进口环节增值税。

进口环节增值税是对从事进口贸易的单位和个人，在进口商品报关进口后征收的税种。我国增值税条例规定，进口应税产品均按组成计税价格和增值税税率直接计算应纳税额。增值税根据规定的税率计算。

⑥ 车辆购置税。

进口车辆需缴纳进口车辆购置税，其如式（1.4）所示。

$$进口车辆购置税=(关税完税价格+关税+消费税)\times车辆购置税率 \tag{1.4}$$

4）设备运杂费的计算

（1）设备运杂费的构成。

设备运杂费是指国内采购设备自来源地、国外采购设备自到岸港运至工地仓库或指定堆放地点发生的采购、运输、运输保险、保管、装卸等费用。其通常包括下列内容。

① 运费和装卸费。

运费和装卸费分为：国产设备由设备制造厂交货地点起至工地仓库（或施工组织设计指定的需要安装设备的堆放地点）止所发生的运费和装卸费；进口设备则由我国到岸港口或边境车站起至工地仓库（或施工组织设计指定的需安装设备的堆放地点）止所发生的运费和装卸费。

② 包装费。

包装费是指在设备原价中没有包含的，为运输而进行的包装支出的各种费用。

③ 设备供销部门的手续费。

设备供销部门的手续费按有关部门规定的统一费率计算。

④ 采购与仓库保管费。

采购与仓库保管费是指采购、验收、保管和收发设备所发生的各种费用，包括设备采购人员、保管人员和管理人员的工资、工资附加费、办公费、差旅交通费、设备供应部门办公和仓库所占固定资产使用费、工具用具使用费、劳动保护费、检验试验费等。这些费用可按主管部门规定的采购与保管费费率计算。

（2）设备运杂费的计算。

设备运杂费一般计算如式（1.5）所示。

$$设备运杂费=设备原价\times设备运杂费费率 \tag{1.5}$$

设备运杂费费率按各部门及省（自治区、直辖市）有关规定进行确定。

3. 工程建设其他费用的构成和计算

工程建设其他费用，是指从工程筹建起到工程竣工验收交付使用止的整个建设期间，除建筑安装工程费用和设备及工器具购置费用以外的，为保证工程建设顺利完成和交付使用后能够正常发挥效用而发生的各项费用，具体包括建设用地费和与项目建设有关的其他费用。

1）建设用地费

任何一个建设项目都固定在一定地点与地面相连接，必须占用一定量的土地，也就必然要发生为获得建设用地而支付的费用，这就是建设用地费。建设用地费是指为获得工程项目建设土地的使用权而在建设期内发生的各项费用，包括通过划拨方式取得土地使用权而支付的土地征用及迁移补偿费，或者通过土地使用权出让方式取得土地使用权而支付的土地使用权出让金。

（1）建设用地取得的基本方式。

建设用地的取得，实质是依法获取国有土地的使用权。根据《中华人民共和国城市房地产管理法》规定，获取国有土地使用权的基本方式有两种：一是出让方式；二是划拨方式。

① 通过出让方式获取国有土地使用权。

国有土地使用权出让，是指国家将国有土地使用权在一定年限内出让给土地使用者，由土地使用者向国家支付土地使用权出让金的行为。

土地使用权出让最高年限按不同用途确定：居住用地70年；工业用地50年；教育、科技、文化、卫生、体育用地50年；商业、旅游、娱乐用地40年；综合或者其他用地50年。

通过出让方式获取国有土地使用权又可以分成两种具体方式：一是通过招标、拍卖等竞争出让方式获取国有土地使用权；二是通过协议出让方式获取国有土地使用权。

通过竞争出让方式获取国有土地使用权：按照国家相关规定，工业（包括仓储用地，但不包括采矿用地）、商业、旅游、娱乐和商品住宅等各类经营性用地，必须以招标、拍卖方式出让。

通过协议出让方式获取国有土地使用权：按照国家相关规定，出让国有土地使用权，除依照法律、法规和规章的规定应当采用招标、拍卖或者挂牌方式外，还可采取协议方式；以协议方式出让国有土地使用权的出让金不得低于按国家规定所确定的最低价；协议出让底价不得低于拟出让地块所在区域的协议出让最低价。

② 通过划拨方式获取国有土地使用权。

国有土地使用权划拨，是指县级以上人民政府依法批准，在土地使用者缴纳补偿、安置等费用后将该幅土地交付其使用，或者将土地使用权无偿交付给土地使用者使用的行为。

国家对划拨用地有着严格的规定：下列建设用地的国有土地使用权，确属必需的，可以由县级以上人民政府依法批准划拨：（一）国家机关用地和军事用地；（二）城市基础设施用地和公益事业用地；（三）国家重点扶持的能源、交通、水利等基础设施用地；（四）法律、行政法规规定的其他用地。

依法以划拨方式取得土地使用权的，除法律、行政法规另有规定外，没有使用期限的限制。

（2）取得建设用地所需的费用。

建设用地如通过行政划拨方式取得，则须承担征地补偿费用或对原用地单位或个人的补偿、安置等费用；若通过市场机制取得，则不但承担以上费用，还须向土地所有者支付有偿使用费，即土地出让金。下文主要介绍征地补偿费用、拆迁补偿费用和土地出让金。

① 征地补偿费用。

建设征用土地费用由土地补偿费、青苗补偿费和地上附着物补偿费、安置补助费构成。

土地补偿费：指用地单位在征地时按照法律规定或协议给予被征地农民或集体组织的补偿费用。征用耕地的补偿费包括土地补偿费、安置补助费以及地上附属物和青苗的补偿费。其中征用耕地的土地补偿费，为该耕地被征用前三年平均年产值的六至十倍。

青苗补偿费和地上附着物补偿费：青苗补偿费是因征地时对其正在生长的农作物受到损害而作出的一种赔偿。在农村实行承包责任制后，农民自行承包土地的青苗补偿费应付给本人，属于集体种植的青苗补偿费可纳入当年集体收益。凡在协商征地方案后抢种的农作物、树木等，一律不予补偿。地上附着物是指房屋、水井、树木、涵洞、桥梁、公路、水利设施、林木等地面建筑物、构筑物、附着物等。视协商征地方案前地上附着物价值与折旧情况确定，应根据“拆什么，补什么；拆多少，补多少，不低于原来水平”的原则确定。如附着物产权属个人，则该项补助费付给个人。地上附着物的补偿标准由省（自治区、直辖市）规定。

安置补助费：省（自治区、直辖市）应当制定公布区片综合地价，确定征收农用地的土地补偿费、安置补助费标准，并制定土地补偿费、安置补助费分配办法。

② 拆迁补偿费用。

为了公共利益的需要，国家可以征收国有土地上单位和个人的房屋，并依法给予拆迁补偿，维护被征收人的合法权益；征收个人住宅的，还应当保障被征收人的居住条件。.

征收农用地以外的其他土地、地上附着物和青苗等的补偿标准，由省（自治区、直辖市）制定。对其中的农村村民住宅，应当按照先补偿后搬迁、居住条件有改善的原则，尊重农村村民意愿，采取重新安排宅基地建房、提供安置房或者货币补偿等方式给予公平、合理的补偿，并对因征收造成的搬迁、临时安置等费用予以补偿，保障农村村民居住的权利和合法的住房财产权益。县级以上地方人民政府应当将被征地农民纳入相应的养老等社会保障体系。被征地农民的社会保障费用主要用于符合条件的被征地农民的养老保险等社会保险缴费补贴。被征地农民社会保障费用的筹集、管理和使用办法，由省（自治区、直辖市）制定。

征收土地应当依法及时足额支付土地补偿费、安置补助费以及农村村民住宅、其他地上附着物和青苗等的补偿费用，并安排被征地农民的社会保障费用。

征收农用地的土地补偿费、安置补助费标准由省（自治区、直辖市）通过制定公布区片综合地价确定。制定区片综合地价应当综合考虑土地原用途、土地资源条件、土地产值、土地区位、土地供求关系、人口以及经济社会发展水平等因素，并至少每三年调整或者重新公布一次。

大中型水利、水电工程建设征收土地的补偿费标准和移民安置办法，由国务院另行规定。

③ 土地出让金。

土地使用权出让是指国家以土地所有者的身份将土地使用权在一定年限内让与土地使用者，并由土地使用者向国家支付土地使用权出让金的行为。

土地使用权出让应当签订出让合同。土地使用权的出让，由市、县人民政府负责，有计划、有步骤地进行。土地使用权出让的地块、用途、年限和其他条件，由市、县人民政府土地管理部门会同城市规划和建设管理部门、房产管理部门共同拟定方案，按照国务院规定的批准权限报经批准后，由土地管理部门实施。

基准地价、标定地价和各类房屋的重置价格应当定期确定并公布。具体办法由国务院规定。国家实行房地产价格评估制度。

房地产价格评估，应当遵循公正、公平、公开的原则，按照国家规定的技术标准和评估程序，以基准地价、标定地价和各类房屋的重置价格为基础，参照当地的市场价格进行评估。

集体经营性建设用地使用者应当按照约定及时支付集体经营性建设用地价款，并依法缴纳相关税费，对集体经营性建设用地使用权以及依法利用集体经营性建设用地建造的建筑物、构筑物及其附属设施的所有权，依法申请办理不动产登记。

2）与项目建设有关的其他费用

与项目建设有关的其他费用主要包括建设管理费、研究试验费、勘察设计费、环境影响评价费、场地准备及临时设施费、引进技术和引进设备其他费、工程保险费、特殊设备安全监督检验费和其他相关费用，具体内容如下。

（1）建设管理费。

建设管理费是指建设单位为组织完成工程项目建设，在建设期内发生的项目管理、技术服务和质量监督等相关活动的费用。

建设管理费主要包括建设单位（业主）管理费和工程监理费。

① 建设单位（业主）管理费。它是指建设单位（业主）为进行建设项目的立项、筹建、建设、竣（交）工验收、总结等工作所发生的费用。包括工作人员工资、工资性津贴、施工现场津贴、职工福利费、住房公积金、工会经费、基本养老保险费、基本医疗保险费、失业保险费、工伤保险费、办公费、会议费、差旅交通费、劳动保护费、工具用具使用费、固定资产使用费、必要的办公及生活用品购置费、必要的通信设备及交通工具购置费、零星固定资产购置费、招募生产工人费、技术图书资料费、业务招待费、设计文件审查费、工程招标费、合同契约公证费、法律顾问费、咨询费、完工清理费、建设项目信息化费、竣（交）工验收试验检测费、印花税和其他管理性开支。

② 工程监理费。它是指建设单位（业主）委托工程监理单位实施工程监理的费用。依法必须实行监理的建设工程施工阶段的监理收费实行政府指导价；其他建设工程施工阶段的监理收费和其他阶段的监理与相关服务收费实行市场调节价。

建设单位（业主）管理费按照工程费用之和（包括设备工器具购置费和建筑安装工程费用）乘以建设单位（业主）管理费费率计算。

建设单位（业主）管理费费率按照建设项目的不同性质、不同规模确定。有的建设项目按照建设工期和规定的金额计算建设单位管理费。如采用监理，建设单位（业主）部分管理工作量转移至监理单位。监理费用应根据委托的监理工作范围和监理深度在监理合同中商定或按当地或所属行业部门有关规定计算；如建设单位采用工程总承包方式，其总包管理费由建设单位与总包单位根据总包工作范围在合同中商定，从建设管理费中支出。

（2）研究试验费。

研究试验费是指为建设项目提供或验证设计数据、资料等进行必要的研究实验及按照相关规定在建设过程中必须进行试验、验证所需的费用。包括自行或委托其他部门研究试验所需人工费、材料费、试验设备及仪器使用费等。这项费用按照设计单位根据本工程项目的需要提出的研究试验内容和要求计算。在计算时要注意不包括以下项目。

① 应由科技三项费用（即新产品试制费、中间试验费和重要科学研究补助费）开支的项目。

② 发生的费用及技术革新的研究试验费。

③ 应由勘察设计费或工程费用中开支的项目。

（3）勘察设计费。

勘察设计费是指对工程项目进行工程水文地质勘察、工程设计所发生的费用，包括工程勘察费、初步设计费（基础设计费）、施工图设计费（详细设计费）、设计模型制作费。此项费用应按规定计算。

（4）环境影响评价费。

环境影响评价费是指按照《中华人民共和国环境保护法》《中华人民共和国环境影响评价法》等规定，在工程项目投资决策过程中，对其进行环境污染或影响评价所需的费用。包括编制环境影响报告书（含大纲）、环境影响报告表，以及对环境影响报告书（含大纲）、环境影响报告表进行评估等所需的费用。

（5）场地准备及临时设施费。

① 场地准备及临时设施费的构成。

建设项目场地准备费包括为使工程项目的建设场地达到开工条件，由建设单位组织进行的场地平整等准备工作而发生的费用。

建设单位临时设施费包括建设单位为满足工程项目建设、生活、办公的需要，用于临时设施建设、维修、租赁、使用所发生或摊销的费用。

② 场地准备及临时设施费的计算。

a. 场地准备及临时设施费应尽量与永久性工程统一考虑。

b. 新建项目的场地准备及临时设施费应根据实际工程量估算，或按工程费用的比例计算。改扩建项目一般只计拆除清理费，如式（1.6）所示。

$$\text{场地准备和临时设施费}=\text{工程费用}\times\text{费率}+\text{拆除清理费} \tag{1.6}$$

c. 发生拆除清理费时可按新建同类工程造价或主材费、设备费的比例计算。凡可回收材料的拆除工程采用以料抵工方式冲抵拆除清理费。

d. 此项费用不包括已列入建筑安装工程费用中的施工单位临时设施费用。

（6）引进技术和引进设备其他费。

引进技术和引进设备其他费是指引进技术和设备发生的但未计入设备购置费中的费用，具体包括引进项目图纸资料翻译复制费、备品备件测绘费；出国人员费用；来华人员费用；银行担保及承诺费。

引进项目图纸资料翻译复制费、备品备件测绘费：可根据引进项目的具体情况计列或按引进货价（FOB）的比例估列；引进项目发生备品备件测绘费时按具体情况估列。

出国人员费用：出国人员费用包括买方人员出国设计联络、出国考察、联合设计、监造、培训等发生的差旅费、生活费等。依据合同或协议规定的出国人次、期限以及相应的费用标准计算。

来华人员费用：包括卖方来华工程技术人员的现场办公费、往返现场交通费用、接待费用等。依据引进合同或协议有关条款及来华技术人员派遣计划进行计算。来华人员接待费用可按每人次费用指标计算。引进合同价款中已包括的费用内容不得重复计算。

银行担保及承诺费：指引进项目由国内外金融机构出面承担风险和责任担保所发生的费用，以及支付贷款机构的承诺费用。应按担保或承诺协议计取，投资估算和概算编制时可以担保金额或承诺金额为基数乘以费率计算。

（7）工程保险费。

工程保险费是指在合同执行期内，施工企业按合同条款要求办理保险的费用，包括建筑工程一切险和第三方责任险。

根据不同的工程类别，分别以其建筑、安装工程费乘以建筑、安装工程保险费费率计算。民用建筑（住宅楼、综合性大楼、商场、旅馆、医院、学校）占建筑工程费的2‰～4‰；其他建筑（工业厂房、仓库、道路、码头、水坝、隧道、桥梁、管道等）占建筑工程费的3‰～6‰；安装工程（农业、工业、机械、电子、电器、纺织、矿山、石油、化学及钢铁工业、钢结构桥梁）占建筑工程费的3‰～6‰。

（8）特殊设备安全监督检验费。

特殊设备安全监督检验费是指安全监察部门对在施工现场组装的锅炉及压力容器、压力管道、消防设备、燃气设备、电梯等特殊设备和设施实施安全检验收取的费用。此项费用按照建设项目所在省（自治区、直辖市）安全监察部门规定的标准计算。无具体规定的，在编制投资估算和概算时可按受检设备现场安装费的比例估算。

（9）其他相关费用。

其他相关费用指国务院行政主管部门及省级人民政府规定的其他与公路建设相关的费用，按其相关规定计算。

3）与未来生产经营有关的其他费用

与未来生产经营有关的其他费用主要包括联合试运转费、专利及专有技术使用费和生产准备及开办费，具体内容如下。

（1）联合试运转费。

联合试运转费是指新建或新增加生产能力的工程项目，在交付生产前按照批准的设计文件规定的工程质量标准和技术要求，对整个生产线或装置进行负荷联合试运转或局部联动试车所发生的费用净支出，即试运转支出大于试运转收入的差额部分费用。试运转支出包括试运转所需原材料、燃料及动力消耗、低值易耗品、其他物料消耗、工具用具使用费、机械使用费、保险金、施工单位参加试运转人员工资以及专家指导费等；试运转收入包括试运转期间的产品销售收入和其他收入。联合试运转不包括应由设备安装工程费用开支的调试及试车费用，以及在试运转中暴露出来的因施工原因或设备缺陷等发生的处理费用。

（2）专利及专有技术使用费。

专利及专有技术使用费主要包括：国外设计及技术资料费、引进有效专利费、专有技术使用费和技术保密费；国内有效专利费、专有技术使用费；商标权、商誉和特许经营权费等。

在专利及专有技术使用费计算时应注意以下问题。

① 按专利使用许可协议和专有技术使用合同的规定计列。

② 专有技术的界定应以省、部级鉴定批准为依据。

③ 项目投资中只计算需在建设期支付的专利及专有技术使用费。协议或合同规定在生产期支付的使用费应在生产成本中核算。

④ 一次性支付的商标权、商誉及特许经营权费按协议或合同规定计列。协议或合同规定在生产期支付的商标权或特许经营权费应在生产成本中核算。

⑤ 为项目配套的专用设施投资，包括专用铁路线、专用公路、专用通信设施、送变电站、地下通道、专用码头等，如由项目建设单位负责投资但产权不归属本单位的，应做无形资产处理。

（3）生产准备及开办费。

生产准备及开办费指在建设期内建设单位为保证项目正常生产而发生的人员培训费、提前进厂费以及投产使用必备的办公、生活家具用具及工器具等的购置费用，主要包括以下几项。

① 人员培训费及提前进厂费。包括自行组织培训或委托其他单位培训的人员工资、工资性补贴、职工福利费、差旅交通费、劳动保护费、学习资料费等。

② 为保证初期正常生产（或营业、使用）所必需的生产办公、生活家具用具购置费。

③ 为保证初期正常生产（或营业、使用）所必需的第一套不够固定资产标准的生产工具、器具、用具购置费。不包括备品备件费。

生产准备费及开办费的计算：新建项目按设计定员为基数计算，改扩建项目按新增设计定员为基数计算。

生产准备费及开办费可采用综合的生产准备费指标进行计算，也可按费用内容的分类指标计算。

4. 预备费和建设期贷款利息的计算

1）预备费的计算

按我国现行规定，预备费包括基本预备费和价差预备费。

基本预备费是指针对项目实施过程中可能发生难以预料的支出而事先预留的储备费，又称工程建设不可预见费，主要指设计变更及施工过程中可能增加工程量的费用。

价差预备费是指为应对估算基准日至项目完工期间可能发生的市场价格波动而预留的储备费。也称为价格变动不可预见费。价差预备费的内容包括人工费、设备费、材料费、施工机械的价差费、建筑安装工程费及其他费用调整，以及因利率、汇率调整等增加的费用。价差预备费一般根据国家规定的投资综合价格指数，按估算年份价格水平的投资总额为基数，采取复利方法计算。

2）建设期贷款利息的计算

建设期贷款利息主要是指在建设期内发生的为工程项目筹措资金的融资费用及债务资金利息。

当总贷款是分年均衡发放时，建设期利息的计算可按当年借款在年中支用考虑，即当年贷款按半年计息，上年贷款按全年计息。

1.3.3 工程造价管理

1. 工程造价管理的含义

工程造价有两种含义，相应地，工程造价管理也包括工程建设投资费用管理和工程价格管理两种含义。

工程建设投资费用管理属于工程建设投资管理范畴，是指在工程建设过程中，对投资费用进行计划、控制和监督，以确保工程建设顺利进行、投资费用合理。这一含义既涵盖了微观层次的项目投资费用的管理，也涵盖了宏观层次的投资费用的管理。

工程价格管理属于价格管理范畴。在社会主义市场经济条件下，价格管理分两个层次。在微观层次上，价格管理是生产企业在掌握市场价格信息的基础上，为实现管理目标而进行的成本控制、计价、定价和竞价的系统活动。在宏观层次上，价格管理是政府根据社会经济发展的要求，利用法律手段、经济手段和行政手段对价格进行管理和调控，以及通过市场管理规范市场主体价格行为的系统活动。工程价格管理是指在整个工程建设过程中，对工程造价进行计划、组织、控制和核算，以确保工程按期、保质、保量、低成本地建成。

2. 工程造价管理的基本内容

工程造价管理的基本内容包括工程造价的合理确定、工程造价的有效控制、工程造价的提高效益。

1）工程造价的合理确定

工程造价的合理确定，就是在建设程序的各个阶段，合理确定投资估算造价、概算造价、预算造价、招标控制价、投标投价、结算价、竣工决算价，并按规定和报批程序，经有关部门批准后成为该阶段工程造价的控制目标。工程造价确定的合理程度直接影响着工程造价的管理效果。

2）工程造价的有效控制

工程造价的有效控制，就是在建设程序的各个阶段，采用一定的方法和措施把建设项目投资的发生控制在已被批准的投资额度以内。具体来说，要用投资估算造价控制设计方案的选择和初步设计概算造价；用概算造价控制技术设计和修正概算造价；用概算造价或修正概算造价控制施工图设计和预算造价。

要实现对工程造价的有效控制，应坚持以下三个原则。

（1）以设计阶段为重点的建设全过程造价控制。建设工程全寿命费用包括建设工程造价和工程交付使用后的经常开支费用（含经营费用、日常维护修理费用、使用期内大修和局部更新费用），以及该项目使用期满后的报废拆除费用等。据一些西方国家分析，设计费一般在建设工程全寿命费用的1%以下，但正是这少于1%的费用对工程造价的影响度占75%以上。由此可见，设计质量对整个工程建设的效益是至关重要的。

（2）主动控制。造价工程师的基本任务是对建设项目的建设工期、工程造价和工程质量进行有效的控制。为此，应根据业主的要求及建设的客观条件进行综合研究，实事求是地确定一套切合实际的衡量准则，将“控制”立足于事先，主动地采取措施，积极地影响投资决策、设计、发包和施工，主动地控制工程造价。

（3）技术与经济相结合是控制工程造价最有效的手段。工程建设过程中把技术与经济有机结合，通过技术比较、经济分析和效果评价，正确处理技术先进与经济合理两者之间的对立统一关系，力求实现在技术先进条件下的经济合理，在经济合理基础上的技术先进，把控制工程造价观念渗透到各项设计和施工技术之中。

3）工程造价的提高效益

工程造价的提高效益，就是在工程建设的各个阶段，通过一定的控制方法和手段，使得工程项目能够合理使用人力、物力、财力，并取得较好的投资效益和社会效益。

1.3.4 市政工程计量与计价基本知识

编制市政工程造价，主要应做好计量和计价两个方面的工作。首先要进行工程计量，也就是根据工程设计图纸、工程量计算规则等依据，计算出工程项目的工程量；其次，在工程计量的基础上，套用相应的工程定额，并根据工料机的单价、费用定额等依据，计算出各分项工程的单价，再乘以相应的工程量，汇总得出工程项目的总造价。因此，要编制好市政工程造价，首先要懂得工程计量与计价的基本知识。

1. 工程计量的基本知识

1）工程计量的概念

工程计量是工程量计算的简称，指根据设计文件及承包合同中关于工程量计算的规定，项目监理机构对承包单位申报的已完成工程的工程量进行的核验、见证，由监理人员现场监督某工序全过程完成情况的活动。

随着工程项目所处的建设阶段的不同，工程计量对应的计量对象、计量依据、计量方法、计量单位、计算精确程度的要求等也有所不同。通常所说的计量指的是招投标阶段、施工阶段及竣工阶段的计价工程量或清单工程量的计算。

2）工程计量的对象

在工程建设的不同阶段，工程计量的对象不同。

（1）项目决策阶段。

在项目决策阶段编制投资估算时，还没有设计图，工程计量的对象可能是单项工程或单位工程，甚至是整个建设项目，这时得到的工程估价也就较粗略、笼统。

（2）初步设计阶段。

在初步设计阶段编制设计概算时，只有初步的设计方案图，工程计量时只能以单位工程或扩大的分部分项工程为对象。

（3）施工图设计阶段。

在施工图设计阶段编制施工图预算时，设计图纸较详细，工程计量以分项工程为基本对象，这时工程计量取的工程数量及计算的工程造价也就较为准确。

（4）招投标、施工及竣工阶段。

在招投标、施工及竣工阶段编制工程量清单时，应根据工程设计文件、《建设工程工程量清单计价规范》（GB 50500—2013）、《市政工程工程量计算规范》（GB 50857—2013）中的清单项目设置和工程量计算规则进行计量，工程计量以分部分项工程项目或措施项目为基本对象。编制招标控制价、投标报价、结算价及竣工决算价时，一般根据详细的设计图、施工规范及施工现场实际情况，按照清单项目特征、工作内容、预算定额的工程量计算规则进行清单计价工程量计算，工程计量以每一分部分项工程清单项目或措施项目计价时所应套用的预算定额子目为基本对象。

3）工程计量的类型

在市政工程计量中，按照计算时间、用途和工程量计算规则不同，分为清单工程量计算和定额工程量计算两种。

（1）清单工程量计算。

在市政工程招投标中，招标单位在编制招标项目的工程量清单时，清单项目编号、项目名称、项目特征、计量单位应严格按照《市政工程工程量计算规范》（GB 50857—2013）中的规定进行编制，各个清单项目的工程量也需按照相应的计算规则进行计算，以作为投标单位报价的共同基础。

（2）定额工程量计算。

在市政工程造价计算时，不管建筑安装工程费用项目是按费用构成要素组成还是按工程造价形成顺序计算，都需套用市政工程预算定额中相应的项目来进行计价，所套用的定额项目的工程量必须按照定额中相应项目的计量单位、工程量计算规则等进行计算。

4）工程计量的依据

为了保证工程量计算结果的统一性和可比性，防止工程结算时出现不必要的纠纷，在工程量计算时应该严格按照一定的计算依据进行，主要有经审定的施工设计图纸及其说明、有关设计标准图集；经审定的施工组织设计或施工技术措施方案；经审定的其他有关技术经济文件；工程招投标文件及其补充通知、答疑纪要等；工程施工合同或协议书；《建设工程工程量清单计价规范》（GB 50500—2013）及各省（自治区、直辖市）建设主管部门的贯彻实施意见；《市政工程工程量计算规范》（GB 50857—2013）及各省（自治区、直辖市）建设主管部门的贯彻实施意见等其他相关资料。

5）工程计量的步骤和方法

工程计量的步骤和方法如下。

（1）确定工程计量的类型。在不同的建设阶段，所编制的造价文件类型不同，编制依据及工程计量的方式和规则也会有所不同。

（2）做好计量前的各项准备工作。在计量前，应准备好设计图纸、图集、计量规范、工程定额等计量依据，并备好工程量计算表等。

（3）熟悉设计图纸及工程项目概况，初步掌握拟编制工程项目有哪些分部分项工程项目和措施项目。

（4）设置分部分项工程项目和措施项目。

在定额计价模式下编制工程量清单，应按照工程所在地现行定额中的册—章—节—表的顺序，根据定额表中的项目名称，查找工程设计图纸中是否有该项目。若有，就将其列入计算表中；若无，就跳过此项，按照定额表中的项目顺序，继续逐一查找设计图纸，直到把图纸中的所有分部分项工程全部列出为止。

在清单计价模式下编制工程量清单，应根据《市政工程工程量计算规范》（GB 50857—2013）及各省实施细则中的项目表顺序，按照单位工程—分部工程—分项工程（章—节—表）的顺序，逐一对照设计图纸、施工组织设计或施工方案等，把该工程所有的分部分项工程项目和措施项目全部列出。

（5）列式计算工程量。

在进行定额计价时，对于每个分部分项工程项目和措施项目，按照设计图纸中的数量及结构尺寸，结合现场实际情况、施工组织设计或施工方案，并根据预算定额中的计量单位、工程量计算规则等，列式计算其工程量。

在编制工程量清单时，清单项目的工程量必须按照《市政工程工程量计算规范》（GB 50857—2013）及各省实施细则中相应项目的计量单位、工程量计算规则，根据设计图纸中的数量及结构物尺寸进行列式计算。

在进行工程量清单计价时，每个清单项目应根据其项目特征，按照设计图纸中的数量及结构尺寸，结合现场实际情况、施工组织设计或施工方案，列出组价所应套用的定额项目名称，再根据各定额项目中的计量单位、工程量计算规则等，列式计算定额工程量。

施工图纸主要表现拟建工程的实体项目，分项工程的具体施工方法及措施应按施工组织设计或施工方案确定。如计算挖基础土方，施工方法是采用人工开挖还是采用机械开挖，基坑周围是否需要放坡、预留工作面或做支撑防护等，应以施工组织设计或施工方案为计算依据。

（6）进行工程量复核、审查。

6）工程计量的影响因素及要求

（1）工程计量的影响因素。

在进行工程计量时，应考虑以下工程计量影响因素。

① 计量对象。在不同的建设阶段，需编制不同的造价文件，从而有不同的计量对象，对应有不同的计量方法，所以在计量前应根据建设阶段来确定相应的计量对象。

② 计量单位。工程计量时各个工程项目采用的计量单位不同，则计算结果也不同，所以工程计量时应根据相关规范、定额或标准确定各个项目的计量单位。

③ 施工方案或施工方法。在工程计量时，对于图纸相同的工程，往往会因为施工方案或施工方法的不同而导致实际完成工程量的不同，尤其是措施项目的工程量。所以，工程计量前应确定施工方案或施工方法。

④ 计价方式。在工程计量时，对于相同的工程项目，采用定额的计价模式和清单的计价模式，因工程量计算规则不同，可能会有不同的计算结果，所以在计量前也必须确定计价方式。

（2）工程计量的要求。

在对市政工程项目进行计量时，应按照《市政工程工程量计算规范》（GB 50857—2013）及各省（自治区、直辖市）实施细则，以市政工程预算定额、招投标文件、设计文件等为依据进行项目编制和计算，并参照以下要求。

① 工程量计算应采取表格形式，项目名称要完整，单位和工程量计算规则应与相应的工程量计算规范或预算定额一致，还要在计算表中列出计算式，并注明项目以及计算的部位、特征等，以便于核对和审查。

② 工程计量前要熟悉设计图纸和设计说明，计算时以图纸标注尺寸为依据，不得任意加大或缩小尺寸，数字计算要精确。

③ 工程计量前应熟悉工程的现场情况、拟用的施工方案、施工方法等，准确计算措施项目的工程量。

④ 工程量计算应按一定的顺序进行，防止重复计算或漏算。

⑤ 工程计量时应考虑项目的整体性和不同项目之间的相关性。如在市政工程计量时，要注意处理道路工程和排水工程的相互关系。

⑥ 工程计量后要对计算结果进行自检和他检。计算人员可采用指标检查、对比检查等方法进行自检，也可请经验丰富的造价工程师进行他检。在工程计量时，每一项目汇总的有效位数应遵守相关规定。

2. 工程计价的基本知识

1）工程计价的概念

工程计价是指在定额计价模式下或在工程量清单计价模式下，按照规定的费用计算程序，根据相应的工程定额，结合人工、材料、机械市场价格，经计算预测或确定工程造价的活动。

在市政工程计价活动中，常见的有编制施工图预算、招标控制价、投标报价、结算价、竣工决算价等。

2）工程计价的依据

工程计价的依据：经审定的施工设计图纸及其说明、有关设计标准图集；经审定的施工组织设计或施工技术措施方案；经审定的其他有关技术经济文件；工程招投标文件及其补充通知、答疑纪要等；工程施工合同或协议书；《建设工程工程量清单计价规范》（GB 50500—2013）及各省（自治区、直辖市）建设主管部门的贯彻实施意见；《市政工程工程量计算规范》（GB 50857—2013）及各省（自治区、直辖市）建设主管部门的贯彻实施意见；材料市场价格、建设工程造价管理机构发布的材料市场价格信息等。

3）工程计价的模式与方法

我国现行的建设工程计价模式有定额计价模式和工程量清单计价模式两种。定额计价模式采用定额计价法，工程量清单计价模式采用清单计价法。

（1）定额计价法。

定额计价法是一种工程计价方法，它是按照国家颁布的工程定额中的单位工程量和单价计算工程造价，即按照现行定额项目内容和工程量计算规则对一个建设工程项目中的分部分项工程项目及施工技术措施项目进行列项，计算其定额工程量和定额项目综合单价，再将单价乘以相应的工程量计算出其费用，汇总得出分部分项工程费和施工技术措施费。一般措施项目费、其他项目费、规费、税金按规定程序另行计算。

定额项目综合单价是指完成一个定额计量单位的定额项目规定的综合单价。它是包括了人工费、材料费、施工机械使用费、企业管理费、利润、风险费用等全部工程成本后确定的综合单价。

（2）清单计价法。

清单计价法是指按照《建设工程工程量清单计价规范》（GB 50500—2013）和专业工程工程量计算规范的规定，对一个建设工程项目中的分部分项工程项目及施工技术措施项目进行列项，计算其清单工程量和清单项目综合单价，对一般措施项目费、其他项目费、规费、税金按规定程序另行计算的一种计价方法。

清单项目综合单价是指完成工程量清单中一个规定计量单位项目所需的除规费、税金以外的全部费用，包括人工费、材料费、施工机械使用费、企业管理费、利润、风险费用。

4）工程量清单计价模式与定额计价模式的区别与联系

（1）两者的区别。

① 适用范围不同。全部使用国有资金投资或以国有资金投资为主（二者以下简称国有资金投资）的建设工程施工发承包，必须采用工程量清单计价。非国有资金投资的建设工程，可采用工程量清单计价模式，也可以采用定额计价模式。

② 项目划分不同。工程量清单计价项目基本以一个“综合实体”考虑，一般一个项目包括多项工程内容。定额计价的项目一个项目一般只包括一项工程内容。这是工程量清单计价

模式与定额计价模式最明显的区别。

如“混凝土管道铺设”清单项目包括了管道垫层、基础、管座、接口、管道铺设、闭水试验等多项工程内容，而“混凝土管道铺设”定额项目只包括了管道铺设这一项工程内容。

③ 工程量计算规则不同。工程量清单计价模式下工程量计算规则必须按照国家计价规范执行，全国统一。定额计价模式下工程量计算规则由地区制定，在同一地区内应统一。

④ 采用消耗量标准不同的工程量清单计价模式时，投标人可以采用自己的企业定额，其消耗量标准体现的是投标人各自的水平，是动态的。在定额计价模式下，投标人计价时采用统一的预算定额，其消耗量标准反映的是社会平均水平，是静态的。

⑤ 风险分担不同。在工程量清单计价模式下，工程量清单由招标人提供，由招标人承担工程量计算风险，由投标人承担单价风险。在定额计价模式下，工程量由各投标人自行计算，故工程量计算风险和单价风险均由投标人承担。

（2）两者的联系。

定额计价模式在我国已被使用了多年，也具有一定的科学性和适用性。为了与国际接轨，我国于 2003 年开始推行工程量清单计价模式。由于目前大部分施工企业还没有建立和拥有自己的企业定额体系，因而，建设行政主管部门发布的定额，尤其是当地的预算定额，仍然是企业投标报价的主要依据。也就是说，在工程量清单计价中，存在部分定额计价的成分，工程量清单计价模式占据主导地位，定额计价模式是处于补充地位。另外，两种模式的计价方法实质上都是综合单价法，且造价计算程序也基本相同。

1.3.5 市政给排水工程造价控制管理

随着我国经济的不断发展与城市的不断发展，市政给排水工程的建设如火如荼，参与市政给排水工程建设的公司也逐渐增多。在这一背景下，市政给排水工程的工程造价管理成为一项越来越重要的工作。在我国的市政给排水工程建设的过程中，工程造价的超算、误算现象给市政给排水工程带来很大的损害。因此，本节针对市政给排水工程的造价管理工作进行探讨。

1. 市政给排水工程造价管理中存在的问题

1）造价文件编制出现问题

在市政给排水项目实施过程中，预算编制的科学性与合理性直接决定着工程造价管理的效果，因此，有关的预算编制人员应充分了解工程的实际情况，根据国家有关的标准与要求，提高预算编制的科学性。这就需要相关人员具备极高的专业素质，且在编制过程中要保持严谨、细致的工作态度。预算编制较为复杂，预算编制人员要以工程现场的勘察结果为依据，然后结合编制的标准与规范，对工程材料等进行科学的评估与预算。在预算编制中，最为常见的现象是多算、漏算、重复计算等问题，预算编制人员需要在编制中仔细核对，避免出现这些问题。

2）缺少完善的管理执行标准

市政给排水工程建设需要多个部门协同开展，涉及工序繁杂，需要大量的人力和财力投入，统一管理难度大；且市政给排水工程属于政府投资项目，从规划至建成的审批时间长，监管难度系数高。如果管理执行标准不够完善，工程就极易出现问题。

3）市政给排水工程的建设缺乏成本管控意识

市政给排水工程的工程造价管理是一个系统性的工作，涉及工程考察、设计、建设、验收、维护等各个阶段，且市政给排水工程的规模一般比较大，小的误差也可能带来大的造价影响。而目前阶段，工程造价在实际操作过程中，更多的只是将注意力关注在预算与结算这两个环节，对于过程的管控尤其缺乏。一方面，工程设计人员在进行项目设计的过程中容易将注意力只放在结构方案的制定上，更多的是关注在施工上的可行性探究，缺乏对于经济因素的深入研究，这使得许多的市政给排水工程项目在投资效益和运行方案的设计上缺乏经济性认证，工程投资往往和实际投资之间存在许多浪费现象。另一方面是建设阶段，工程项目负责人把更多的目光放在项目的形象进度上，缺乏对于过程中成本的管控，倾向于事后清算，这种管理方式虽然在整体上可以保证项目的进度，进而保证大部分的经济效益，但是部分管控的不到位汇集在一起也会造成整体的不可控。

2. 市政给排水工程造价管理的有效控制措施

市政给排水工程造价管理的有效控制措施如下。

1）工程设计造价控制

科学进行市政给排水工程设计是管理工程造价的基础。鉴于管道铺设施工复杂、突发事件多、预算变化大，施工单位在参与投标前应仔细研究施工设计，同时考察设计图表中所经线路的施工环境，对可能出现的施工改变做出合理的预测。工程造价人员在正式进行造价控制工作之前一定要先做好市场价格调研工作，设计人员也要结合施工区域场地的实际地质条件和市场价格来进行合理的设计。做到全过程成本管控对于整个市政给排水工程的施工及后续使用有很关键的意义。

2）对招投标方面的造价管理给予更进一步的控制

在正式开展给排水管道工程项目施工之前的准备工作中，一定要详细地核查相应的报告，确保工程设计具有较高的可操作性，在此基础之上对其进行更加深入的分析与研究，预估出工程所需花费的经济成本，通过这种方式来保证项目设计的可操作程度以及可控制性，严格把控工程项目的质量关。在对设计图纸进行分析的过程中，应对其中更深层次的设计理念进行分析与论证，并将其中与实际要求不相符合的设计交予设计人员进行深化，从而对部分企业由于想要得到更高利益而可能实施的错误行为进行监督和控制。在给排水管道工程项目施工的准备阶段要以严格的态度进行管理以及控制，尽可能地避免在施工过程中出现变更。在实际开展招标工作过程中，对每一个竞标企业的具体情况以及施工能力展开全方位的审查和评测，比如投标者自身的技能方面、设计理念方面以及规划方案等，以坚决的态度对暗箱操作问题予以禁止。在正式开展工程项目施工工作后，应始终注意整体进度，定期对其进行相应的验收，确保环节之中每一项细节工作都可以正常地展开。

3）从工程项目材料以及设备方面对建造价格作出相应控制

在给排水工程项目开始施工的准备工作中，要尽可能地选择节约能源、性价比高的施工材料，避免使用被淘汰的传统技术、能耗较高的硬件设备等，通过这一方式有效地对工程项目的建造价格实施控制，为给排水管道工程的持续发展起到促进作用。只有如此，才能从根本上保证排水工程的质量，有效地对建造价格进行管控。

4）施工阶段造价管理

施工阶段是市政给排水工程造价控制与管理的关键环节，其造价管理要点可总结如下。

（1）进一步完善施工方案。

施工方案设计一般在施工前完成，但若受到不可抗因素的影响，在实际工作过程中，施工方案可能存在与实际条件、状况不相符的地方。例如，选取的施工技术、设施受到现场地形的影响，导致原本的施工方案执行难度较高或无法顺利被执行。为避免某些施工风险的出现，应在施工前结合现场状况，对施工方案进行重新评估和审核，通过细节上的完善和调整，使施工方案更加符合现场要求，以确保施工作业顺利开展。

（2）全面检查施工原材料。

市政给排水工程中使用的原材料所占用成本比例较高，同时关系到工程质量能否达到合同要求。若采购的原材料性能、质量、型号等不符合工程要求，就会导致材料浪费并引发返工风险。因此在施工阶段，需要对原材料进行严格的检查，重点检验其尺寸、质量、规格等是否与方案中相一致；若发现问题，及时上报并寻求处理办法，从而使其对后期施工活动的影响降到最低。

5）完善工程造价管理监督制度

市政给排水工程造价管理需要在严谨细致的管理和监督制度下进行。从招标到预决算以及工程施工的整个过程都需要严格执行规章制度。首先，要在公平公正的基础上进行项目招标和竞标，确保施工企业之间的有效竞争。其次，在工程项目进行造价预算、核算和成本计算的过程中，要严格按照市场行情进行计算，对材料相对应的价格、工人薪资、场地使用、临时搭建等成本要进行严密的分析和计算。最后，对项目施工中可能出现的风险进行预估并制定预防措施。对需要进行项目再分包的工程制定详细的制度，防止在施工过程中出现以劣质材料充优质材料、偷工减料等行为的发生，以确保市政给排水工程建设的顺利进行。

6）做好市政给排水工程的工程造价估算

市政给排水工程的工程造价估算过程是一个系统、科学的过程。为了保证市政给排水工程造价的合理性，需要努力完善相对应的工程造价指标，通过工程数据总结和得出适用于项目实际的参考数据，用于工程造价计算；需要按照要求认真贯彻、落实国家的相关规定，按照国家文件精神与指示去做好工程造价，提升合理性。最后，关于人员问题，需要建设起一支人员充足、素质强的工程造价师队伍，并且通过培训等方式不断提升其整体能力，进而提升工程造价管理的科学性，推动其在设计阶段提供最好的数据支撑和造价管理建议。

在当下经济、社会持续进步的大背景下，市政给排水工程造价管理至关重要，直接关系到整个工程的效益，而市政给排水工程造价管理工作会受到许多不确定因素影响。为了有效地进行市政给排水工程造价管理，最大限度实现市政给排水工程经济效益和社会效益的统一，需要责任落实到位，并实现三协同的控制管理，即设计协同、施工协同和监理协同，充分分析影响市政给排水工程造价的因素，并采取有效措施控制造价，使市政给排水工程项目在保证造价的前提下稳步施工、建设。

第 2 章　市政给水管网系统设计

2.1　设计用水量

1. 用水定额

市政给水工程应按远期规划、远近期结合、以近期为主的原则进行设计。近期规划设计年限宜采用 5～10 年，远期规划设计年限宜采用 10～20 年。设计用水量是城镇给水系统在设计年限达到时的用水量，包括综合生活用水量、工业企业用水量、浇洒道路和绿地用水量、管网漏损水量、未预见用水量、消防用水量等。

用水定额是指设计年限内达到的用水水平，是确定设计用水量的主要依据，它可影响给水系统相应设施的规模、工程投资、工程扩建期限、今后水量的保证等方面。因此必须慎重考虑，应结合现状和规划资料并参照类似地区或工业的用水情况来确定。

1）综合生活用水量

综合生活用水量包括城镇居民日常生活用水和公共建筑及设施用水两部分的总水量。居民日常生活用水指城镇居民的饮用、烹调洗涤、冲厕、洗澡、浇灌、清洁等日常生活用水。公共建筑及设施用水包括娱乐场所、宾馆、浴室、商场、学校和机关办公楼等用水。

城镇居民生活用水定额和综合生活用水定额应根据当地国民经济和社会发展、水资源充沛程度、用水习惯，结合城镇总体规划和给水专业规划，本着节约用水的原则，综合分析确定用水定额。

2）工业企业用水量

在城市给水中，工业用水占很大比例，通常在 50%左右。工业生产用水一般是指工业企业在生产过程中用于冷却、空调、制造、加工、净化和洗涤等方面的用水。工业企业用水量应根据生产工艺的要求确定。大工业企业用水或经济开发区宜单独进行用水量计算；一般工业企业的用水量可根据国民经济发展规划并结合现有工业企业用水资料进行分析、确定。

工业企业内工作人员生活用水量和淋浴用水量可按《工业企业设计卫生标准》（GBZ 1—2010）确定。

3）浇洒道路和绿地用水量

浇洒道路和绿地用水量应根据路面绿化、气候和土壤等条件确定。浇洒道路用水量可按 2.0～3.0 L/(m^2·d) 计算；浇洒绿地用水可按 1.0～3.0 L/(m^2·d) 计算。干旱地区可酌情增加。

4）管网漏损水量

城镇配水管网漏损水量一般宜按综合生活用水、工业企业用水、浇洒道路和绿地用水三项用水量之和的 10%～12%计算，当单位管网供水量小或供水压力高时可适当增加。

5）未预见用水量

未预见用水量应根据水量预测时难以预见因素的程度确定，一般宜按综合生活用水量、工业企业用水量、浇洒道路和绿地用水量、管网漏损水量四项用水量之和的 8%～12%计算。

6）消防用水量

消防用水只在火灾时使用，历时短暂，但从数量上说，它在城镇用水量中占有一定的比例，尤其在中小城镇用水量中所占比例更大。消防用水量、水压及火灾延续时间等应按《建筑设计防火规范》（GB 50016—2014，2018 年版）等设计防火规范执行。

城镇、居住区室外消防用水量，应按同时发生的火灾次数和一次灭火的用水量确定。

2. 用水量变化

各种用水量都是经常变化的，但它们的变化幅度和规律有所不同。生活用水量随着生活习惯、气候和人们生活节奏等变化。从我国各城市的用水统计情况来看，城市人口越少，工业规模越小，用水量越低，用水量变化越大。工业企业生产用水量的变化一般比生活用水量的变化小，但也是有变化的，但是在少数情况下变化还很大，如化工厂、造纸厂的生产用水等。生产用水中的冷却用水、空调用水等的用水量，受水温、气候和季节影响变化很大。其他用水量变化也都有各自的规律。

通常所说的用水量定额只是一个平均值，在设计时，必须考虑用水量逐日、逐时的变化情况。城市用水量的变化可以用变化系数和变化曲线来表示。

在规划设计年限内，一年之内用水最多的 1 d 的用水量称为最高日用水量，在用水量最高日内用水最多的 1 h 的用水量称为最高时用水量。最高日用水量与平均日用水量的比值称为日变化系数；用水量最高日内，最高时用水量与平均时用水量的比值称为时变化系数。

3. 设计用水量预测计算

市政工程用水量预测有多种方法，在工程规划时要根据具体情况，选择合理可行的方法，必要时可以采用多种方法计算，然后比较确定。

1）分类估算法

市政给水工程用水量包括设计年限内该给水管网系统所供应的全部用水量，包括综合生活用水量、工业企业用水量、浇洒道路和绿地用水量、管网漏损水量、未预见用水量和消防用水量，但不包括工业自备水源所需的水量。由于消防用水量是偶然发生的，不累加到总用水量中，仅在设计校核时使用。

城镇或居住区最高日生活用水量 Q_1 的计算如式（2.1）所示。

$$Q_1 = \sum q_j N_j \tag{2.1}$$

式中：q_j——不同卫生设备的居住区最高日生活用水定额，L/(人·d)；

N_j——设计年限内计划用水人数。

参照有关规范规定并结合当地情况合理确定用水定额，然后根据计划用水人数计算生活用水量。如规划区内卫生设备、生活标准不同，则需分区计算，然后加起来计算总用水量。生活用水定额分居民生活用水定额和综合生活用水定额，若以前者计算，需要单独计算公共建筑用水量 $Q_{建}$，如式（2.2）所示。

$$Q_{建} = \sum q_j N_j \tag{2.2}$$

式中：q_j——各公共建筑的最高日用水量定额，L/(人・d)；

N_j——各公共建筑的用水单位数，人或床等。

工业企业用水量 Q_2 的计算如式（2.3）所示。

$$Q_2 = \sum (Q_a + Q_b + Q_c) \tag{2.3}$$

式中：Q_a——各工业企业的生产用水量，m^3/d；

Q_b——各工业企业的职工生活用水量，m^3/d；

Q_c——各工业企业的职工淋浴用水量，m^3/d。

浇洒道路和绿地用水量 Q_3 的计算如式（2.4）所示。

$$Q_3 = \sum q_L N_L \tag{2.4}$$

式中：q_L——用水量定额，L/(m^3・d)；

N_L——每日浇洒道路和绿地的面积，m^2。

管网漏损水量 Q_4 的计算如式（2.5）所示。

$$Q_4 = (0.10 \sim 0.12)(Q_1 + Q_2 + Q_3) \tag{2.5}$$

式中：Q_1——城镇或居住区最高日生活用水量；

Q_2——工业企业用水量；

Q_3——浇洒道路和绿地用水量。

未预见水量 Q_5 的计算如式（2.6）所示。

$$Q_5 = (0.10 \sim 0.12)(Q_1 + Q_2 + Q_3 + Q_4) \tag{2.6}$$

式中：Q_4——管网漏损水量；

其余符号意义同式（2.5）。

消防用水量 Q_6 的计算如式（2.7）所示。

$$Q_6 = \sum q_j N_j \tag{2.7}$$

式中：q_j——次灭火用水量，L/s；

N_j——同一时间内发生火灾次数，次。

最高日设计用水量 Q_d 的计算如式（2.8）所示。

$$Q_d = Q_1 + Q_2 + Q_3 + Q_4 + Q_5 \tag{2.8}$$

式中：Q_5——未预见用水量；

其余符号意义同式（2.6）。

最高日最高时设计用水量 Q_h 的计算如式（2.9）所示。

$$Q_h = K_h \frac{Q_d}{86\,400} \tag{2.9}$$

式中：K_h——时变化系数；

其余符号意义同式（2.8）。

最高日平均时设计用水量Q_h'的计算如式（2.10）所示。

$$Q_h' = \frac{Q_d}{86\,400} \tag{2.10}$$

式中：符号意义同式（2.8）。

2）单位面积法

单位面积法根据城市用水区域面积估算用水量。可参考《城市给水工程规划规范》（GB 50282—2016），计算出最高日用水量。

3）人均综合指标法

根据已有历史数据，城市总用水量与城市人口具有密切的关系，城市人口平均总用水量称为人均综合用水量。

可参考《城市给水工程规划规范》（GB 50282—2016）推荐的我国城市每万人最高日综合用水量计算方法，折算成人均综合用水量指标。

4）年递增率法

在城市发展进程中，供水量一般呈现逐年递增的趋势。在过去的若干年内，某城市每年用水量可能保持相近的递增比率，如式（2.11）所示。

$$Q_a = Q_0(1+\delta)^t \tag{2.11}$$

式中：Q_0——起始年份平均日用水量，m^3/d；

Q_a——起始年份后第t年的平均日用水量，m^3/d；

δ——用水量年平均增长率，%；

t——年数。

年递增率法表达式是一种指数曲线型的外推模型，可用来预测计算未来年份的规划预测总用水量，在具有规律性的发展过程中，用来预测计算城市总用水量也是可行的。

5）线性回归法

城市年平均用水量Q_a亦可用一元线性回归模型进行预测计算，如式（2.12）所示。

$$Q_a = Q_0 + \Delta Qt \tag{2.12}$$

式中：ΔQ——日平均用水量的年平均增量，可根据历史数据回归计算求得；

其余符号意义同式（2.11）。

6）生长曲线法

城市发展规律可能呈现：在初始阶段发展很快，总用水量呈快速递增趋势，而后城市发展趋势缓慢增长到稳定甚至适度减少的趋势。生长曲线可用式（2.13）表达。

$$Q = \frac{L}{1+a\mathrm{e}^{-bt}} \tag{2.13}$$

式中：a、b——待定参数；

Q——预测用水量；

L——预测用水量的上限值；

t——年数。

随着水资源紧缺问题的加剧和国民水资源意识的提高，城市用水总量在不断地发生变化。

根据实际情况合理地确定城市供水总量，是一个值得注意和研究的课题。

城市供水总量受到多种因素的影响，诸如人口增长、生活条件、用水习惯、资源价值观念、科学用水和节约用水、水价及水资源丰富和紧缺程度等。用水量增长到一定程度后将会达到一个稳定水平，甚至出现负增长趋势，这些规律性已经在国内外的用水量统计数据中得到了验证。

我国的《城市给水工程规划规范》（GB 50282—2016）提供的用水量指标过高，人均综合用水量远大于国外人均综合用水量，应通过加强科学研究和提高资源利用效率，用节约用水的意识指导给水工程规划，以达到水资源综合利用和可持续发展的目标。

2.2　水源及取水构筑物

2.2.1　水源的种类及选择

1. 水源的种类

水源可分为地表水源和地下水源。地表水源包括江河水、湖泊水、水库水及海水等。地下水源包括上层滞水、潜水、承压水、裂隙水、岩溶水和泉水等。

1）地表水源

（1）江河水。

我国江河水资源丰富，但各地条件不一，水源状况也各不相同。江河水的主要来源是降雨形成的地面径流，因此常含有大量的泥沙等污染物，细菌含量较高；江河水流经水溶性矿物成分含量高的岩石地区，水中含有的矿物成分会增高；江河水的主要补给源是降水，与地下水相比水质较软，由于长期暴露在空气中，江河水中溶解氧的含量较高，稀释和净化能力都较强。

（2）湖泊水和水库水。

一般情况下，湖泊水和水库水主要来源于江河水，但也有些湖泊和水库的水来源于泉水。由于湖泊和水库中的水基本处于静止状态，沉淀作用使得水中悬浮物大大减少，浑浊度降低。湖泊和水库的自然条件利于藻类、水生植物和鱼虾类的生长，使得水中有机物质含量升高，所以湖泊水和水库水多呈绿色或黄绿色。

另外，一般在中小河流上，由于流量季节性变化较大，枯水季节往往水量不足，甚至断流，此时可根据气象、水文、地形、地质等条件修建年调节或多年调节水库作为给水水源。

（3）海水。

随着现代工业的迅速发展，在整个世界范围内淡水水源严重不足。为满足大量工业用水需要，特别是冷却用水，许多国家包括我国在内，已经开始使用海水作为水源。

2）地下水源

地下水因其在地层中的位置及其补给、径流、排泄条件的不同，水质、水量也有所差异。

（1）上层滞水。

上层滞水是存在于包气带中局部隔离水层之上的具有自由水面的地下水。由于分布范围有限，上层滞水的水量随季节变化，在旱季甚至干枯，因此只适宜做少数居民或临时供水水源。

（2）潜水。

潜水是埋藏在地下第一个稳定隔水层上，具有自由表面的重力水。它的主要特征是有隔水底板而无隔水顶板，具有自由表面，是无压水。它的分布区和补给区往往一致，水位及水量变化较大。经地层的渗滤，潜水被去除了大部分悬浮物和微生物，水质物理性状较好，细菌含量较少，在我国经常作为给水水源。但由于容易被污染，须注意卫生防护。

（3）承压水。

承压水是充满于两隔水层之间的地下水。由于有不透水层阻挡，承压水不易受其上部地面人为污染的影响，水质情况稳定，细菌含量少，温度低且稳定，但其一般含盐量比地表水和潜水高。承压水的补给区往往离承压水分布区较远，补给区含水层直接露出地表，所以承压水的补给区环境保护对保证其水质有重要意义。

我国承压水分布范围很广，承压水是我国城市和工业用水的重要水源。

（4）裂隙水。

裂隙水是基岩裂隙中储存的重力水。大部分基岩一般出露在山区，因此裂隙水主要分布在山区。

（5）岩溶水。

通常在石灰岩、泥灰岩、白云岩、石膏等可溶性岩石分布地区，由于水流作用形成溶洞、落水洞、地下暗河等岩溶现象，贮存和运动于岩溶地层中的地下水称为岩溶水或喀斯特水。岩溶水是低矿化度的重碳酸盐水，其涌水量在一年中变化较大。

（6）泉水。

涌出地表的地下水露头称为泉，有包气带泉、潜水泉和自流泉等。包气带泉涌水量变化很大，在旱季甚至会干枯，其水质和水温不稳定。潜水泉受降水影响，季节性变化显著，水流通常渗出地面。自流泉由承压水补给，水向上涌出地面，动态稳定，水量变化较小，是良好的供水水源。

2. 水源的选择

水源的选择应根据城乡近期总体规划、水体的水质情况、水文和水文地质资料、用户对水量和水质的要求等方面的因素综合进行考虑，应选择水质良好、水量充沛、环境便于保护的水体作为给水水源。在对水源水质要求较高时，宜优先选用地下水。取水点的设置应位于城市和工业区的上游，地表水根据自然流向判别上下游，地下水根据地下渗流的主要流向判别上下游。

2.2.2 地下水取水构筑物

1. 地下水取水构筑物的位置选择

地下水取水构筑物的位置选择主要取决于水文地质条件和用水要求。在选择地下水取水构筑物的位置时，应考虑下列基本情况。

（1）取水地点应与城市或工业总体规划相适应。

（2）取水地点应位于出水丰富、水质良好的地段。

（3）取水地点应尽可能靠近主要用水地区。

（4）在地下水取水构筑物的位置附近应有良好的卫生防护措施，以免遭污染。在易被污染地区，城市生活饮用水的取水地点应尽可能设在居民区或工业区的上游。

（5）选择地下水取水构筑物的位置时，应考虑施工、运转、维护管理方便，不占农田或少占农田。

（6）选择地下水取水构筑物的位置时，应注意地下水的综合开发利用。

2. 地下水取水构筑物的基本形式

地下水取水构筑物，按其构造可分为管井、大口井、辐射井、渗渠和引泉构筑物等。地下水取水构筑物形式应根据含水层埋藏深度、含水层厚度、水文地质特征及施工条件等，通过技术经济比较后予以确定。

1）管井

管井由井室、井壁管、过滤器、沉淀管组成，如图 2.1 所示。在只开采一个含水层时，可采取人工填砾单过滤器管井。当地层存在两个以上含水层且各含水层水头相差不大时，可采用多过滤器管井，同时从各含水层取水。

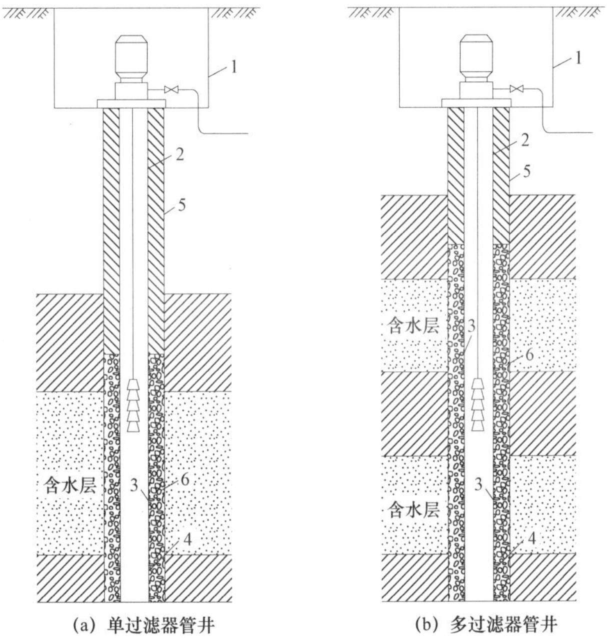

1—井室；2—井壁管；3—过滤器；4—沉淀管；5—黏土封闭；6—人工填砾。

图 2.1　管井的组成

（1）井室。

井室通常是保护井口免受污染、安放各种设备（如水泵机组或其他技术设备）及进行维护管理的场所。因此，对于有抽水设备的井室，应有一定的采光、采暖、通风、防水、防潮设施。井室还要合乎卫生防护要求，地下式井室需用黏土填塞井室外壁和底部，以防地层被污染，井口部分的构造应严密，并应使其高出井室地面 0.3～0.5 m，以防积水流入井内。

抽水设备是影响井室形式的主要因素。抽水设备类型很多，应根据井的出水量、井的静水位和动水位、井的构造（井深、井径）、井的给水系统布置方式、水质等因素确定。除抽水设备外，各种设备管理条件、气候、水文地质条件及水源地的卫生状况也在不同程度上影响井室的形式与构造。

（2）井壁管。

设置井壁管的目的在于加固井壁，隔离水质不良的或水头较低的含水层。井壁管应具有足够的强度，使其能够经受地层和人工填充物的侧压力，并且应尽可能不弯曲；井壁管内壁应平滑、圆整，以利于安装抽水设备和对井的清洗、维修。井壁管可以是钢管、铸铁管、钢筋混凝土管、石棉水泥管、塑料管等。一般情况下，非金属管适用于井深不超过 150 m 的管井。

（3）过滤器。

过滤器又称滤水管，被安装于含水层中，用以集水和保持填砾与含水层的稳定性。过滤器是管井的重要组成部分，它的形式和构造对管井的出水量和使用年限有很大影响，所以在工程实践中，过滤器形式的选择非常重要。

对过滤器的基本要求：应有足够的强度和抗蚀性；具有良好的透水性且能保持人工填砾和含水层的渗透稳定性。

常用的过滤器有钢筋骨架过滤器、圆孔过滤器、条孔过滤器、钢支撑环筋骨架缠丝过滤器、包网过滤器、砾石水泥过滤器等。

（4）沉淀管。

井的下部与过滤器相接的是沉淀管，用以沉淀进入井内的细小砂粒和从水中析出的沉淀物，其长度一般为 2～10 m。

2）大口井

大口井与管井形式类似，只是大口井口径较大（一般为 4～8 m），井深较浅（一般不超过 15 m）。井深贯穿整个含水层的大口井称完整井；井深未及不透水层的大口井称非完整井。完整井仅从井壁进水，常因进孔堵塞而影响出水；非完整井可从侧壁和底部同时进水，进水范围大，出水效果好。因此，大口井多为非完整井。大口井主要由井筒、井口及进水部分等组成。

（1）井筒。

井筒通常用钢混凝土或砖、石建造，其强度应能承受四周的侧压力，同时应满足施工的要求。井筒对不适宜的含水层应具有良好的阻隔作用。井筒的形状多为圆筒形。对于钢筋混凝土井筒，为便于施工，可一次筑成或多次筑成，其形状可以是直筒形，也可以做成下面大、上面小的阶梯圆筒形。

（2）井口。

大口井地表面上的部分称为井口。井口应高出地面 0.5 m 以上，周围应封闭良好，并有宽度不小于 1.5 m 的散水坡，以防止地表面污水从井口或沿外壁侵入，使井水受到污染。

井口上应设置井盖，以起防护作用。井盖上设有人孔、通风管，以便维护和通风良好。井口既可考虑与泵站合建，又可分建。

在低洼地区及河滩上的大口井，为防止洪水冲刷和淹没入孔，应设密封盖板。通风管的风口位置应高于设计洪水位。

（3）进水部分。

进水部分包括井壁进水孔、透水井壁和井底反滤层等。

井壁进水孔交错分布在动水位以下的井筒部分。与泵站合建的大口井常用的井壁进水孔有两种形式：水平孔，一般做成直径为 100～200 mm 的圆孔或 100 mm×150 mm～200 mm×250 mm 的矩形孔；斜形孔，多做成圆形，孔径 100～150 mm，外侧设有格网。

透水井壁由无砂混凝土制成。由于水文地质条件及井径等不同，透水井壁的构造有多种形式，如有以 50 cm×50 cm×20 cm 无砂混凝土砌块砌筑的井壁，也有以无砂混凝土整体浇制的井壁。若井壁高度较大，可在中间适当部位设置钢筋混凝土圈梁，以加强井筒的强度。

除大颗粒岩石及裂隙岩含水层外，在一般砂质含水层中，为了防止含水层中的细小砂粒随水流进入井内，保持含水层渗透稳定性，应在井底铺设反滤层。反滤层一般为 3～4 层，并宜做成锅底形，粒径自下而上逐渐变大，每层厚度一般为 200～300 mm。当含水层为细砂、粉砂时，应增至 4～5 层，总厚度为 0.7～1.2 m；当含水层为粗颗粒时，可设两层，总厚度为 0.4～0.6 m。由于刃脚处渗透压力较大、易涌砂，靠刃脚处可加厚 20%～30%。

应该指出的是，保证反滤层铺设的施工质量是防止井底涌砂的重要环节之一。反滤层铺设厚度不均匀和粒径不符合规格都有可能导致井底涌砂，造成水井停产等严重事故。

3）辐射井

辐射井是指在大口井内沿径向敷设若干水平渗水管（辐射管），用以增大集水面积，从而增加井的出水量。辐射管管径一般为 100～250 mm，管长一般为 10～30 m。大口井井深一般为 20～30 m。国外有长达 10 m 以上的辐射管和井深超过 60 m 的辐射井。辐射井单井出水量一般在 2 万～4 万 m^3/d，高者可达 10 万 m^3/d。

4）渗渠

渗渠用以取集浅层地下水、河床渗透水和潜流水。当间歇河谷河水在枯水期流量小、水浅甚至断流，而含水层为砾石或卵石且厚度小于 6 m 时，采用渗渠取水常比较有效。渗渠应设在含水层较厚且无不透水夹层地段；宜设在靠近河流主流的河床稳定、水流较急、冲刷力较大、水位变幅较小的直线或凹岸河段，以便获得充足水量并避免淤积。

5）引泉构筑物

用来取集泉水的构筑物，被称为引泉构筑物。因流泉从下向上涌出地面，故多用底部进水方式收集。当泉水出口较多且分散时，可敷设水平集水管加以收集，其构造与渗渠相同。潜水泉常出露于倾斜的山坡或河谷，向下流出地面，多采用侧壁进水的方式收集。

2.2.3　地表水取水构筑物

1. 地表水取水构筑物的位置选择

正确选择地表水取水构筑物的位置是保证安全、经济、合理地供水的重要环节。

在选择取水构筑物位置时，应考虑以下基本要求。

（1）取水构筑物位置应与城市总体规划要求相适应。在保证供水安全的前提下，地表水取水构筑物的位置尽可能靠近用水区，以节省输水投资。

（2）取水构筑物位置应能保证取得足够水量和较好水质，且不被泥沙淤积和堵塞。因此，在弯曲河段，宜选在水深岸陡、泥沙量少的凹岸，并在顶冲点下游 15～20 m 处；在顺直河段，宜选在主流靠近岸边、河床稳定、断面窄、流速大的河段。一般凸岸易淤积，不宜设置取水构筑物。

（3）在有沙洲的河段，取水构筑物应离开沙洲有足够的距离（500 m 以外）；当浅滩、沙洲有向取水构筑物移动的趋势时，这一距离还应加大。在有分汊河段，取水构筑物应设在稳定的主河道中。在有支流的河段上取水时，取水口应设在主河道上，且离开支流入口处上下游足够远。

（4）取水构筑物宜设在水质良好地段。城市生活饮用水源一般应选在城市或工业区上游，以防止污染；在受沿海潮汐影响的河流上，取水构筑物位置应设在潮汐影响区域以外，以免吸入咸水。

（5）从湖泊和水库取水时，取水构筑物位置宜选在有足够水深并远离支流汇入口处，以免泥沙淤积：从湖泊取水，宜靠近湖水出口；从水库取水，宜靠近堤坝附近，并在常见最多风向上方，以免聚集水草和浮游生物。

（6）取水构筑物应设在洪水季节不受冲刷和不被淹没的地方；在寒冷地区为防止冰凌影响，取水构筑物应设在无底冰和浮冰的河段。

（7）选择取水构筑物位置时，须考虑人工构筑物，如桥梁、码头、丁坝、拦河坝等，对河流特性的改变，以防止其他人工构筑物对取水构筑物造成不良后果。

（8）取水构筑物位置的选择与给水处理厂、输配水管网布置等有密切关系，因此取水构筑物位置还应通过整个给水系统的方案比较来确定。

2. 固定式取水构筑物

固定式取水构筑物由于供水比较安全可靠，维护管理方便，适应性较强，因此无论从河流、湖泊或水库取水，均可广泛应用。但水下工程量大、施工期长及投资较大，特别是在水位变幅很大的河流上，投资甚大。

固定式取水构筑物的基本形式，按其构造特点可分为岸边式取水构筑物、河床式取水构筑物等。

1）*岸边式取水构筑物*

直接从岸边进水口取水的构筑物，称为岸边式取水构筑物。它由进水井和泵房两部分组成。当河岸较陡、主流近岸、岸边水深足够、水质及地质条件较好、水位变幅不太大时，适宜设立岸边式取水构筑物。

按照进水井与泵房是否合建，岸边式取水构筑物可分为合建式和分建式两类。

对于合建式岸边式取水构筑物，进水井与泵房合建在一起，设在岸边。河水经过进水孔进入进水井的进水间，再经过格网进入吸水间，然后由水泵抽送到水厂或用户。在进水孔上设有格栅，用以拦截水中粗大的漂浮物；设在进水井中的格网，用以拦截水中细小的漂浮物。

当岸边地质条件较差，进水井不宜与泵房合建时，或者分建对结构和施工有利时，宜采用分建式。其优点是建设结构较简单，施工较容易，但操作管理不太方便，吸水管较长，增加了水头损失，其运行安全性不如合建式。

2）*河床式取水构筑物*

从河心进水口取水的构筑物，称为河床式取水构筑物。当河岸较平坦，枯水期主流离岸较远，岸边水深不足或水质不好，而河心有足够水深或较好水质时，适宜采取这种取水形式。

河床式取水构筑物的取水形式分为从取水头部取水、取水头部与进水窗联合取水和江心桥墩式取水。

（1）从取水头部取水。

① 自流管取水。河水在重力作用下，从取水头部流入集水间，经格网后流入水泵吸水间。这种取水方法安全可靠，但土方开挖量较大。应注意：在洪水期底砂及草情严重、河底易发生淤积、河水主流游荡不定的情况下，最好不用自流管取水。

② 虹吸管取水。采用虹吸管取水时，河水从取水头部靠虹吸作用流入集水间。这种取水方法适用于河流水位变幅较大、河床为坚硬的岩石或不稳定的砂土、岸边设有防洪堤等情况

从河中取水。利用虹吸高度可以减小管道埋深、降低造价，但采用虹吸管取水需设真空取水装置，且要求虹吸管有很好的密闭性；否则，一旦渗漏，虹吸管不能正常工作，使供水可靠性受到影响。由于虹吸管管道相对较长、容积也大，真空引水泵起动时间较长。

③ 水泵直接抽水。此种取水方式不设集水井，水泵吸水管直接伸入河中取水。这种取水方式可以利用水泵吸水管高度，既减小泵房深度，又省去集水井，故结构简单、施工方便、造价较低，因此在中小型取水工程中应用非常广泛。在不影响航运时，水泵吸水管可以架空敷设在桩架或支墩上，没有或很少有水下工程。但是由于没有集水井和格网，因此漂浮物易于堵塞取水头部和设备。所以，这种形式只适用于在河中漂浮物不多、吸水管不太长时采用。

（2）取水头部与进水窗联合取水。

这种取水形式除设置取水头部取水，还在岸边集水井上部开有进水窗。水位低时，用河心取水头部取水；在河水底部泥沙大、水位高且近岸时，采用进水窗取水。与其相似，还可考虑设置不同高度的自流管，以便在不同水位时，取得符合水质要求的水。分层取水时，自流管应注意避开主航道，以免妨碍航运或因水上运输造成自流管破坏。

（3）江心桥墩式取水。

这种取水方式的整个取水构筑物建在江心，在进水井壁上设有进水孔，从江心取水。这种取水构筑物建在江心，缩小了水流过水断面，容易造成附近河床冲刷，因此取水构筑物的基础埋设较深，施工较困难。此外，江心桥墩式取水构筑物需要较长的引桥，故造价甚高，对航运影响也较大。因此，这种取水方式只适用于大河、含沙量较高、取水量大、岸坡平缓、岸边无建泵房条件的个别情况。

3. 移动式取水构筑物

移动式取水构筑物有浮船和缆车两种。

1）浮船

浮船式取水构筑物适用于以下条件的河流：河流水位变幅较大（10～35 m 及以上）但水位变化速度不大于 2 m/h，枯水期有足够水深，水流平稳，河床稳定，岸边具有 20°～30° 坡角，无冰凌，漂浮物少，不受浮筏、船只和漂木撞击。

浮船取水具有投资少、施工期短、便于施工、调动灵活等特点。它的缺点是操作管理比较麻烦、供水安全性较差等。

浮船式取水构筑物有木船、钢板船及钢丝网水泥船等形式，一般做成平底趸船形式，其平面为矩形，断面为梯形或矩形。布置浮船需保证船体平衡与稳定，并需布置紧凑和便于操作管理。

2）缆车

缆车式取水构筑物由泵车、钢轨、输水斜管、卷扬机等四个主要部分组成。当河流水位涨落时，泵车可由牵引设备带动，沿坡道上的轨道上升或下降。它具有投资省、水下工程量少、施工周期短等优点；但在水位涨落时需移车或换接头，维护管理较麻烦，供水安全性不如固定式。

2.2.4　其他类型水源的取水构筑物

1. 湖泊、水库取水构筑物

1）湖泊、水库取水构筑物类型

（1）分层取水的取水构筑物。

由于深水湖或水库的水质随水深及季节等因素变化，因此大都采用分层取水方式，以从最优水质的水层取水。分层取水构筑物常与坝、泄水口合建。

从湖泊、水库取水一般采用取水塔取水。取水塔可以与坝身合建，或者与底部泄水口合建。取水塔可做成矩形、圆形或半圆形。取水塔身上一般设置3～4层喇叭管进水。

在取水量不大时，为节约投资，亦可不建设取水塔，而在混凝土坝身内直接埋设3～4层引水管取水。

（2）自流管式取水构筑物。

在浅水湖泊和水库取水，一般采用自流管或虹吸管把水引入岸边深挖的吸水井内，然后通过水泵的吸水管直接从吸水井内抽水（与河床式取水构筑物类似）。泵房与吸水井既可合建，也可分建。

（3）隧洞式取水构筑物。

隧洞式取水构筑物可采用水下岩塞爆破法施工。在选定的取水隧洞的下游一端，先行挖掘修建引水隧洞，在接近湖底或库底的地方预留一定厚度的岩石——岩塞，最后采用水下爆破的办法，一次性炸掉预留的岩塞，从而形成取水口。

2）水库取水枢纽组成

水库取水枢纽通常由拦河坝、泄水建筑物等部分组成。

拦河坝是水库取水枢纽的主体工程，用来拦截水流、抬高水位。拦河坝按坝的功能分为非溢流坝和溢流坝；按建坝的材料分为土坝、堆石坝、混凝土坝、钢筋混凝土坝；按坝的结构特点分为重力坝、拱坝、肋墩坝（连拱坝、平板坝等）。拦河坝坝型的选择应根据当地的地质、地形、材料及施工条件等确定。

泄水建筑物用以泄漏水库中多余的水量。泄水建筑物有泄水孔和溢洪道两种，既可以设在坝身上，也可以设在河岸上。坝身泄水孔多数设在土坝、堆石坝坝基上；河岸式泄水孔是在河岸的岩石山腰里开挖隧洞泄水。设在坝身上的溢洪道就是溢流坝，通常设置在混凝土坝上，需要在坝顶设闸门控制溢流，坝下游需设置消能设备（消力池等）；设在河岸上的溢洪道由引水渠、溢流道槛（闸门、闸墩等）、泄水渠（陡坡、多级跌水）三部分组成。

2. 海水取水构筑物

随着沿海地区工业的发展，用水量日益增加，沿海地区的工厂（如电厂、化工厂等）已逐渐广泛利用海水作为工业冷却用水。因此，需要了解取用海水的特点和各类海水取水构筑物所存在的问题。

1）海水取水的特点

（1）海水的含盐量及腐蚀性。

海水含有较高的盐分，含盐率一般为3.5%，如不经处理，一般只宜作为工业冷却用水。海水中的盐分主要是氯化钠，其次是氯化镁和少量的硫酸镁、硫酸钙等。因此，海水的腐蚀性甚强，硬度很高。

海水对碳钢的腐蚀性较大，对铸铁的腐蚀性则较小。因此，海水取水管道宜采用铸铁管和非金属管。

常用的防止海水对碳钢腐蚀的措施：水泵叶轮、阀门丝杆和密封圈等采用耐腐蚀材料（如青铜、镍铜、钛合金钢等）制作而成；海水取水管道内外壁涂防腐涂料，如酚醛清漆、富锌漆、环氧沥青漆等；采用阴极保护。

为防止海水对混凝土的腐蚀，宜用强度等级较高的抗硫酸盐水泥或普通水泥混凝土（表面涂防腐涂料）。

（2）海洋生物的影响与防治。

海洋生物，如海红（紫贻贝）、牡蛎、海蛭、海藻等大量繁殖，易造成取水头部、格网和管道阻塞，不易清除，对取水安全有很大威胁。特别是海红极易大量黏附在管壁上，使管径缩小，降低输水能力。在青岛、大连等地取用海水的管道内壁上，海红每年堆积厚度可达 5～10 cm。

防治和清除海洋生物的方法有加氯法、加碱法、加热法、机械刮除、密封窒息、含毒涂料、电极保护等。其中，以加氯法被采用得最多，效果较好。水中余氯量保持在 0.5 mg/L 左右，可抑制海洋生物的繁殖。

（3）潮汐和波浪。

潮汐平均每隔 12 h 25 min 出现一次高潮，在高潮之后 6 h 12 min 出现一次低潮。我国沿海大潮高度在各地不同：渤海地区一般在 2～3 m，长江口到台湾海峡一带在 3 m 以上，南海一带则在 2 m 左右。

海水的波浪是由风力引起的。风力大、历时长，则会形成巨浪，产生很大的冲击力和破坏力。取水构筑物宜设在避风的位置，并应对潮汐和风浪造成的水位波动及冲击力有足够的考虑。

（4）泥沙淤积。

海滨地区，特别是淤泥质海滩，漂沙随潮汐运动而流动，可能造成取水口及引水管渠严重淤积。因此，取水口应避开漂沙，最好设在岩石海岸、海湾或防波堤内。

2）3 种形式的海水取水构筑物

海水取水构筑物主要有引水管渠式、岸边式、潮汐式 3 种形式的海水取水构筑物。

（1）引水管渠式海水取水构筑物。

当海滩比较平缓时，用自流管或引水渠取水。

（2）岸边式海水取水构筑物。

在深水海岸、岸边地质条件较好、风浪较小、泥沙较少时，可以建造岸边式取水构筑物，从海岸边取水，或者采用水泵吸水管直接伸入海岸边取水。

（3）潮汐式海水取水构筑物。

在海边围堤修建蓄水池，在靠海岸的池壁上设置若干潮门。涨潮时，海水推开潮门，进入蓄水池。退潮时，潮门自动关闭，由泵房从蓄水池取水。这种取水方式节省投资和电耗，但清除池中沉淀的泥沙较麻烦。有时蓄水池可兼作循环冷却水池，在退潮时引入冷却水，以减小蓄水池的容量。

3. 山溪浅水河流取水构筑物

山溪浅水河流两岸多为陡峭的山崖，河谷狭窄，径流多由降雨补给。洪水期与枯水期流量相差很大。山洪暴发时，水位骤增，水流湍急，泥沙含量高，颗粒粒径大，甚至会发生泥石流。为确保构筑物安全，可靠地取到一定水量、水质的水，必须尽可能地取得河流的流量、水位、水质、泥沙含量及组成等的准确数字，了解其变化规律，以便在此基础上正确地选择取水口的位置和取水构筑物的形式。一般山溪浅水河流取水构筑物形式有底栏栅式和低坝式。

（1）底栏栅式取水构筑物。

底栏栅式取水是通过溢流坝抬高水位，并从底栏栅顶部流入引水渠道，再流经沉沙池后至取水泵房。取水构筑物中的泥沙，可在洪水期时开启相应闸门引水进行冲洗。底栏栅式取水构筑物适用于河床较窄、水深较浅、河底纵坡较大、大颗粒推移质特别多的山溪河流，且取水占河水总量较大的情况。

（2）低坝式取水构筑物。

在枯水期和平水期，低坝拦住河水或部分河水从坝顶溢流，保证有足够的水深以利于取水口取水。冲沙闸靠近取水口一侧，开启度随流量变化而定，以保证河水在取水口处形成一定的流速能防淤积，洪水期时则形成溢流，保证排洪畅通。

低坝式取水构筑物适用于枯水期流量特别小、水层浅薄、不通船、不放筏，且推移质不多的小型山溪河流。

2.3 给水管网系统设计

2.3.1 城市给水管网设计

给水管网是给水系统的重要组成部分，一般占给水工程总投资的 70%～80%。城镇给水管网的设计内容具体包括给水管网布置、给水管道定线、给水系统的流量关系和水压关系。

1. 给水管网布置

给水管网布置得合理与否对管网运行的安全性、适用性和经济性至关重要。给水管网的布置包括二级泵站至用水点之间的所有输水管、配水管及闸门、消火栓等附属设备的布置，同时还须考虑调节设备（如水塔或水池）。

1）给水管网的布置原则

（1）按照城镇规划平面图布置管网，布置时应考虑给水系统分期建设的可能性，并留有充分的发展余地。

（2）管网布置必须保证供水安全可靠。若局部管网发生事故，断水范围应减到最小。

（3）管线应遍布整个给水区，保证用户有足够的水量和水压。

（4）力求以最短距离敷设管线，以降低管网造价和提高供水能力。

2）给水管网的布置形式

给水管网的布置形式基本上分为两种：树状网（或称枝状网）和环状网。

（1）树状网：一般适用于小城镇和小型工矿企业，这类管网从水厂泵站或水塔到用户的管线布置成树枝状向供水区延伸。树状网布置简单，供水直接，管线长度短，节省投资。但其供水可靠性较差，因为当管网中任一段管线损坏时，该管段以后的所有管线就会断水。另外，在树状网的末端因供水量已经很小，管中水流缓慢，甚至停滞不流动，水质容易变坏。

（2）环状网：管线连成环状，当任一管线损坏时，可关闭附近的阀门将管线隔开，进行检修，水还可从其他管线供应用户，断水的区域可以缩小，供水可靠性增加。环状网还可以大大减轻因水锤作用产生的危害，而在树状网中，则往往因水锤作用而使管线损坏。但是环状网的造价要明显高于树状网。

提示：城镇给水管网宜设计成环状网；当允许间断供水时，可设计为树状网，但应考虑将来连成环状网的可能。一般在城镇建设初期可采用树状网，以后逐步建成环状网。实际上，现有城镇的给水管网多数是将树状网和环状网结合起来。供水可靠性要求较高的工矿企业需采用环状网，并用树状网或双管输水到个别较远的车间。

2. 给水管道定线

给水管道定线包括输水管渠定线、城镇给水管网定线和工业企业管网定线。

1）输水管渠定线

从水源到水厂或从水厂到管网等在较长距离内输送水量的管道或渠道称为输水管渠。输水管渠定线就是选择和确定输水管渠线路的走向和具体位置。当输水管渠定线时，应先在地形平面图上初步选定几种可能的定线方案，然后沿线踏勘了解，从投资、施工、管理等方面对各种方案进行技术、经济比较后再决定。当缺乏地形图时，则需在踏勘选线的基础上，进行地形测量，绘出地形图，然后在图上确定管线位置。

（1）定线原则。

输水管渠定线的基本原则如下：

① 输水管渠定线时，必须与城市建设规划相结合，尽量缩短线路长度以保证供水安全，减少拆迁，少占农田，减小工程量，有利施工并节省投资。

② 应选择最佳的地形和地质条件，最好能全部或部分重力输水。

③ 尽量沿现有道路定线，便于施工和维护工作。

④ 应尽量减少与铁路、公路和河流的交叉，避免穿越沼泽、岩石、滑坡、高地下水位和河水淹没与冲刷地区、侵蚀性地区及地质不良地段等，以降低造价和便于管理。必须穿越时，需采取有效措施，保证安全供水。

提示：为保证安全供水，可以用一条输水管并在用水区附近建造水池进行调节，或者采用两条输水管。输水管条数主要根据发生事故时须保证的用水量、输水管渠长度、当地有无其他水源和用水量增长情况而定。供水不允许间断时，输水管一般不宜少于两条。当输水量小、输水管长或有其他水源可以利用时，可考虑单管输水另加水池的方案。

（2）输水方式。

输水管渠的输水方式可分成两类：第一类是水源位置低于给水区，如取用江河水，需通过泵站加压输水，根据地形高差、管线长度和水管承压能力等情况，还有可能需在输水途中设置加压泵站；第二类是水源位置高于给水区，如取用蓄水库水，可采用重力管（渠）输水。根据水源和给水区的地形高差及地形变化，输水管渠可以是重力管或压力管。远距离输水时，地形往往起伏较大，采用压力管的较多。重力管输水比较经济，管理方便，应优先考虑。重力管又分为暗管和明渠两种。暗管定线简单，只要将管线埋在水力坡线以下并且尽量按最短的距离供水；明渠选线则比较困难。

（3）输水管坡度。

为避免输水管渠局部损坏、输水量降低过多，可在平行的两条或三条输水管之间设连接管，并装置必要的阀门，以缩小事故检修时的断水范围。

输水管的最小坡度应大于 1:5D（D 为管径，以 mm 计）。管线坡度小于 1:1 000 时，应每隔 0.5～1 km 在管坡顶点装置排气阀。即使在平坦地区，埋管时也应人为地设置出上升和下降的坡度，以便在管坡顶点设排气阀，管坡低处设泄水阀。排气阀一般以每千米设一个为宜，在管线起伏处应适当增设。管线埋深应按当地条件确定，在严寒地区敷设的管线应注意防止冰冻。

（4）长距离输水基本规定。

长距离输水工程应遵守下列基本规定。

① 应深入进行管线实地勘察和线路方案比选优化。对输水方式、管道根数按不同工况进行技术分析论证，选择安全可靠的运行系统；根据工程具体情况，进行管材、设备的比选，通过计算经济流速确定管径。

② 应进行必要的水锤分析计算，并对管路系统采取水锤综合防护设计，根据管道纵向布置、管径、设计水量、功能要求，确定空气阀的数量、形式、口径。

③ 应设测流、测压点，并根据需要设置遥测、遥信、遥控系统。

2）城镇给水管网定线

城镇给水管网定线是指在地形平面图上确定管线的走向和位置。定线时一般只限于管网的干管及干管之间的连接管，不包括从干管取水再分配到用户的分配管和接到用户的进水管。干管管径较大，用以输水到各区域。分配管是从干管取水供给用户和消火栓，其管径较小，常由城镇消防流量决定所需最小管径。

由于给水管线一般敷设在街道下，就近供水给两侧用户，所以管网的形状常由城镇的总平面布置图而定。城镇给水管网定线取决于城镇平面布置，供水区的地形，水源和调节水池的位置，街区和用户（特别是大用户）的分布，河流、铁路、桥梁等的位置等，考虑的要点如下。

（1）定线时，干管延伸方向应和二级泵站输水到水池、水塔、大用户的水流方向一致，循水流方向，以最短的距离布置一条或数条干管，干管位置应从用水量较大的街区通过。干管的间距，可根据街区情况采用 500～800 m 的间距。从经济上来说，给水管网的布置采用一条干管接出许多支管，形成树状网，费用最省；但从供水可靠性考虑，以布置几条接近平行的干管并形成环状网为宜。干管和干管之间的连接管使管网形成环状网。连接管的间距可根据街区的大小考虑，通常为 800～1 000 m。

（2）干管一般按城镇规划道路定线，但应尽量避免在高级路面或重要道路下通过，以降低今后检修时的困难。

（3）城镇生活饮用水管网，严禁与非生活饮用水的管网连接，严禁与自备水源供水系统直接连接。生活饮用水管道应避免穿过被毒物质污染及被腐蚀的地段；无法避开时，应采取保护措施。

（4）管线在道路下的平面位置和标高，应符合城镇或厂区地下管线综合设计的要求，包括给水管线和建筑物、铁路及其他管道的水平净距、垂直净距等的要求。

提示：考虑了上述要求，城镇管网通常采用树状网和环状网相结合的形式，管线大致均匀地分布于整个给水区。

管网中还须安排其他一些管线和附属设备，例如在供水范围内的道路下须敷设分配管，以便把干管的水送到用户和消火栓。分配管直径至少为 100 mm，大城市采用 150～200 mm 直径的分配管，目的是在通过消防流量时，分配管中的水头损失不致过大，不会导致火灾地区水压过低。

3）工业企业管网定线

根据工业企业内的生产用水和生活用水对水质和水压的要求，两者可以合用一个管网，或者可按水质或水压的不同要求分建两个管网。即使是生产用水，由于各车间对水质和水压的要求也不一定完全一样，因此在同一工业企业内，往往根据水质和水压要求分别布置管网，形成分质、分压的管网系统。消防用水管网通常不单独设置，而是和生活或生产给水管网合并，由这些管网供给消防用水。生活用水管网不供给消防用水时，可为树状网，分别供应生产车间、仓库、辅助设施等处的生活用水。生活和消防用水合并的管网，应为环状网。生产用水管网可按照生产工艺对给水可靠性的要求，采用树状网、环状网或两者相结合。不能断水的工业企业，生产用水管网必须是环状网，在个别距离较远的车间可用双管代替环状网。

提示：大型工业企业的各车间用水量一般较大，所以生产用水管网不像城镇管网那样易于划分干管和分配管，在定线和计算时，全部管线都要加以考虑。

3. 给水系统的流量关系和水压关系

1）给水系统的流量关系

虽然给水系统各组成部分（如取水、处理水和输配水构筑物）的作用和在系统中所处的位置各不相同，但各组成部分之间联系密切，其流量关系如下。

给水系统中所有构筑物均以最高日用水量 Q_a 为基础进行设计。

（1）取水构筑物、一级泵站、从一级泵站到净水厂的输水管及净水厂的设计流量 Q_1，均按最高日平均时流量加水厂自用水量设计计算，如式（2.14）所示。

$$Q_1 = \frac{\alpha Q_d}{T} \tag{2.14}$$

式中：Q_d——最高日设计流量；

α——水厂自身用水系数，取决于水处理工艺、构筑物类型及原水水质等因素，一般为 1.05～1.10，若取用地下水，同时仅进行消毒处理，可不考虑水厂自身用水；

T——一级泵站每天工作时间。

（2）二级泵站、从二级泵站到管网的输水管的计算流量，应按照有无水塔或高地水池以及其设置位置、用水量变化曲线和二级泵站工作曲线确定。

管网内不设水塔或高地水池时，二级泵站、从二级泵站到管网的输水管应以最高日最高时用水量作为设计流量。

管网内设有水塔或高地水池时，二级泵站的设计供水线应根据用水量变化曲线拟订，且应注意：泵站各级供水线应尽量接近用水线，以减小水塔等的调节容积；二级泵站分级供水时，分级数一般不应多于三级，以便于水泵机组的运转管理；二级泵站分级供水时，应合理确定每级运行的水泵及其搭配，且同时考虑远、近期运行要求。

管网内设有水塔或高地水池时，由于它们可以调节水泵供水和用水之间的流量差，因此二级泵站每小时供水量可以不等于用户每小时的用水量，但泵站最高日总供水量应等于用户最高日用水量。

管网起端设水塔或高地水池（网前水塔）时，二级泵站及从二级泵站到管网的输水管的设计流量应按二级泵站分级供水时的最大流量确定。

管网中或管网后设水塔或高地水池（网中或网后水塔）时，二级泵站的设计流量仍按二级泵站分级供水时的最大流量确定；从二级泵站到管网的输水管管径，应根据最高时从泵站和水塔输入管网的流量进行计算。

2）水塔和清水池的容积计算

（1）水塔的容积计算。

水塔的主要作用是调节二级泵站供水和用水之间的流量差异，并储存 10 min 的室内消防用水量，其有效容积计算公式如式（2.15）所示。

$$W = W_1 + W_2 \tag{2.15}$$

式中：W——水塔的有效容积，m^3；

W_1——调节容积，由二级泵站供水线和用户用水量曲线确定，m^3；

W_2——消防储水量，按 10 min 室内消防用水量计算，m^3。

当缺乏用户用水量变化规律资料时，水塔的有效容积也可凭运转经验确定；当泵站分级供水时，可按最高日用水量的 2.5%～6%确定，城市用水量大时取低值。工业用水可按生产上的要求（调度、事故及消防）确定水塔调节容积。

（2）清水池的容积计算。

清水池的作用就是调节一、二级泵站之间的流量差值，并储存消防用水和水厂生产用水。净水厂清水池的有效容积应根据产水量曲线、送水量曲线、水厂生产用水量及消防储备水量等确定，并满足消毒接触时间的要求。其有效容积计算公式如式（2.16）所示。

$$W = W_1 + W_2 + W_3 + W_4 \tag{2.16}$$

式中：W——清水池的有效容积，m^3；

W_1——调节容积，由产水量曲线、送水量曲线确定，m^3；

W_2——消防储备水量，按火灾延续时间计算，m^3；

W_3——水厂生产用水量，按最高日用水量的 5%～10%计算，m^3；

W_4——安全储量，m^3。

当厂外无调节构筑物时，在缺乏资料的情况下，清水池的有效容积可按水厂最高日设计水量的 10%～20%计算。对于小水厂，清水池的有效容积可采用上限值。清水池的个数或分格数量不得少于 2 个，并能单独工作和分别泄空；当有特殊措施能保证供水要求时，亦可修建 1 个清水池。

水塔（或高地水池）和清水池均是给水系统中调节流量的构筑物，两者有着密切的联系。如二级泵站供水线接近用水线，则水塔容积减小，清水池容积会适当增大。

大中城市供水区域较大，供水距离远，为降低水厂送水泵房扬程（简称水泵扬程）、节省能耗，当供水区域有合适的位置和适宜的地形时，可考虑在水厂外建高地水池、水塔或调节水池泵站。其调节容积应根据用水区域供需情况及消防储备水量等确定。当缺乏资料时，也可参照相似条件下的经验数据进行确定。

3）给水系统的水压关系

给水系统应保证一定的水压，以供给足够的生活用水或生产用水。控制点是指管网中控制水压的点，往往位于离二级泵站最远或地形最高的位置。设计时认为该点的压力在最高用水量时达到最小服务水头，整个管网就不会存在低压区。当按直接供水的建筑层数确定给水管网水压时，其用户接管处的最小服务水头，一层为 10 m，二层为 12 m；二层以上每增加一层，用户按管处的最小服务水头增加 4 m，以此类推。

设计时，应以供水区内大多数建筑的层数来确定服务水头。城镇内个别高层建筑或建筑群，或建筑在城镇高地上的建筑物等所需的水压，不应作为管网水压控制的条件。为满足这类建筑物的用水，可单独设置局部加压装置，这样比较经济。

（1）水泵扬程的确定。

水泵扬程 H_P 等于静扬程 H_0 和水头损失 $\sum h$ 之和。静扬程 H_0 需根据抽水条件确定。水

头损失 $\sum h$ 包括水泵吸水管、压水管和泵站连接管线的水头损失。

一级泵站水泵按最高日平均时供水流量加水厂自用水量计算，以确定水泵扬程 H_P，如式（2.17）所示。

$$H_P = H_0 + h_s + h_d \tag{2.17}$$

式中：H_0——静扬程，即吸水井最低水位和水处理构筑物起端最高水位的高程差，m；

h_s——设计流量下水泵吸水管、压水管和泵房内的水头损失，m；

h_d——设计流量下输水管水头损失，m。

二级泵站从清水池取水直接送向用户或先送入水塔（或高位水池），而后流进用户。二级泵站水泵按最高日最高时流量计算确定扬程。

无水塔的管网由泵站直接输水到用户时，静扬程等于清水池最低水位与管网控制点所需水压标高的高程差，水头损失包括吸水管、压水管、输水管和管网等水头损失之和。无水塔时二级泵站扬程 H_P 计算公式如式（2.18）所示。

$$H_P = Z_c + H_c + h_s + h_c + h_n \tag{2.18}$$

式中：Z_c——管网控制点 c 的地面标高和清水池最低水位的高程差，m；

H_c——控制点所需的最小服务水头，m；

h_s——吸水管中的水头损失，m；

h_c——输水管中的损失，m；

h_n——管网中的水头损失，m。

当管网中设有网前水塔时，二级泵站只需供水到水塔，而由水塔高度来保证管网控制点的最小服务水头，这时静扬程等于清水池最低水位和水塔最高水位的高程差。

二级泵站扬程除满足最高用水时的水压外，还应满足消防用水时的水压要求。消防用水时，管网中额外增加了消防流量，因而增加了管网的水头损失。在水泵扬程的计算中，控制点应选在设计时假设的着火点开始计算，但控制点应选在设计时假设的着火点，并代入消防时管网允许的水压与通过消防流量时的管网水头损失。消防时计算出的水泵扬程如果比最高日计算出的数值高，则根据两种扬程的差别大小，在泵站内设置专用消防泵，或者放大管网中个别管段直径以减少水头损失而不专设专用消防泵。

（2）水塔高度的确定。

水塔在管网中的位置可靠近水厂，位于管网中间或靠近管网末端等。不管哪类水塔，其水塔底高于地面的高度 H_t 的计算如式（2.19）所示。

$$H_t = H_c + h_n - (Z_t - Z_c) \tag{2.19}$$

式中：H_c——控制点要求的最小服务水头，m；

h_n——按最高时用水量计算的从水塔到控制点的管网水头损失，m；

Z_t——建造水塔处的地面标高，m；

Z_c——控制点的地面标高。

可以看出，建造水塔处的地面标高 Z_t 越高，则水塔高度 H_t 越低，这就是水塔要建在高地的原因。离二级泵站越远、地形越高的城市，水塔可能建在管网末端而形成对置水塔的管网系统。这种系统的给水情况比较特殊：在高用水量时，管网用水由泵站和水塔同时供给，两者各有自己的给水区，在给水区分界线上，其水压最低。计算对置水塔管网系统中的水塔高度时，H_c和Z_c就是分别指水压最低点服务水头和地面标高。这里，水头损失和水压最低点的确定必须通过管网水力计算来确定。

2.3.2 给水管网系统水力计算

1. 沿线流量与节点流量

1）沿线流量

在市政给水管网中，干管和配水管上接出许多用户，沿管线配水。在水管沿线既有工厂、旅馆等大量用水单位，也有数量很多但用水量较少的居民，情况比较复杂。

如果按照实际情况来计算管网流量，非但难以实现，而且因为用户用水量经常变化也没有太大必要。因此，计算管网流量时往往加以简化，即假定用水量均匀分布在全部干管上，由此得出干管线单位长度的流量，称为长度比流量。

根据比流量，可计算出管段的配水流量，称为沿线流量。

长度比流量是按用水量全部均匀分布于干管上的假定求出，忽略了沿线用水人数和用水量的差别，存在一定的缺陷。为此，也可按该管段的供水面积来计算比流量，即假定用水量全部均匀分布在整个供水面积上，由此得出面积比流量。

对于干管分布比较均匀、干管间距大致相同的管网，可以不必采用按供水面积计算比流量的方法，改用长度比流量比较简便。

在此应该指出：给水管网在不同的工作时间内，比流量数值是不同的，须分别计算。城镇内人口密度或房屋卫生设备条件不同的地区，也应根据各区的用水量和管线长度分别计算比流量，这样比较接近实际情况。

2）节点流量

管网中任一管段的流量包括沿线配水的沿线流量，和通过该管段输送到以后管段的转输流量。转输流量沿整个管段不变，沿线流量从管段起端开始循水流方向逐渐减小至零。对于流量变化的管段，难以确定管径和水头损失，所以有必要再次进行简化：将沿线流量转化为从节点流出的流量，使得管段中的流量不再变化，从而确定管径。简化的原理是求出一个沿程不变的折算流量，使其产生的水头损失等于沿管线变化的流量产生的水头损失。

2. 管段的计算流量

在确定了节点流量之后，就可以确定管段的计算流量。确定管段计算流量的过程，实际上是一个流量分配的过程。在这个过程中，可以假定离开节点的管段流量为正，流向节点的流量为负，而流量分配遵循节点流量平衡原则，即流入和流出之和应为零。这一原则同样适用于树状网和环状网的计算。

单水源树状网中，从水源到各节点，只能按一个方向供水，任一管段的计算流量等于该管段以后（顺水流方向）所有节点流量总和，每一管段只有唯一的流量。

对于环状网而言，若人为进行流量分配，每一管段得不到唯一的流量值。管段流量、管径及水头损失的确定需要经过管网水力计算来完成，但也需要进行初步的流量分配，其基本原则为：按照管网的主要供水方向，拟订每一管段的水流方向，并选定整个管网的控制点；在平行干管中分配大致相同的流量；对平行干管间的连接管不必分配过大的流量。

对于多水源管网，应由每一水源的供水量定出其大致供水范围，初步确定各水源的供水分界线，然后从各水源开始，根据供水方向按照节点流量平衡原则，进行流量分配。分界线上各节点由几个水源同时供给。

3. 管径、流速确定

1）管径的确定

管径应按分配后的流量确定。对于圆形管道，各管段的管径计算如式（2.20）所示。

$$D=\sqrt{\frac{4q}{\pi v}} \tag{2.20}$$

式中：D——管段直径，m；

q——管段流量，m^2/s；

v——流速，m/s。

2）流速的确定

管径不仅与管段流量有关，还与采用的流速有关。流速的选择成为一个重要的问题。为了防止管网因水锤现象出现事故，最大设计流速不应超过 2.5～3.0 m/s；在输送浑浊的原水时，为了避免水中悬浮杂质在管道内沉积，最小流速通常不得小于 0.6 m/s。可见，技术上允许的流速变化范围较大。因此，须在上述流速范围内，再根据当地的经济条件，在考虑管网的造价和经营管理费用的基础上，来确定经济合理的流速。

4. 水头损失计算

确定管网中管段的水头损失也是设计管网的主要内容。在知道管段的设计流量和经济管径之后，就可以进行水头损失（h）的计算，如式（2.21）所示。

$$h=h_y+h_j \tag{2.21}$$

式中：h_y——管（渠）道沿程水头损失，m；

h_j——管（渠）道局部水头损失，m。

管道局部水头损失和管线的水平及竖向平顺等情况有关。通过调查国内几项大型输水工程的管道局部水头损失数值可知：管道局部水头损失一般占沿程水头损失的 5%～10%。所以，一些工程在调研阶段，根据管线的敷设情况，管道局部水头损失可按沿程水头损失的 5%～10%计算。

配水管网水力平差计算，一般不考虑局部水头损失。因为配件和附件（如弯管、渐缩管和阀门等）的局部水头损失，与沿程水头损失相比很小，通常忽略不计，由此产生的误差也极小。

对短管，如水泵站内的管道或取水头部的重力进水管等，需计算局部阻力损失。

5. 树状网的水力计算

树状网中，流向任何节点的流量只有一个。可利用节点流量守恒原理确定管段流量，根据经济流速确定水头损失、管径等。

6. 环状网的水力计算

环状网水力计算步骤如下。

（1）计算总用水量。

（2）确定管段计算长度。

（3）计算比流量、沿线流量和节点流量。

（4）拟定各管段供水方向，按连续性方程进行管网流量的初步分配。

（5）按初步分配的流量确定管段的管径，应注意主要干线之间的管段连接管管径的确定。

（6）管网平差。

（7）计算管段水头损失、节点水压、自由水头，绘制等水压线，确定泵站扬程。

2.4 给水管网系统设计项目案例

2.4.1 原水取水构筑物及管网设计案例

下文以广西某县老虎头水库至白平产业园供水工程为例，对原水取水构筑物及管网设计进行阐述。

1. 工程概况

龙潭产业园白平片区是某市新成立的重点工业园区。本项目是产业园重要的基础设施工程之一，目的是解决产业园居民与企事业单位的用水问题。

老虎头水库至白平产业园供水规模为 10.0 万 m^3/d，工程主要建设内容包括老虎头加压泵站和供水管道两部分。老虎头加压泵站至规划水厂管段总长 10.08 km，双管（DN1 000 mm）（DN 为公称通径或叫公称直径，单位为 mm；下同），总投资金额约 1.77 亿元。

2. 供水水源

老虎头水库为大型水库工程，水库集雨面积为 136 km^2，多年平均来水量为 14 185 万 m^3，总库容为 1.25 亿 m^3，兴利库容为 5 030 万 m^3，是一座多年调节水库。该库区水质良好，已划为水源保护区，水质基本达到Ⅲ类水标准。

3. 供水流程

本次供水工程，老虎头水库被选定为水源，其最低供水水位为 58.00 m，供水对象为白平产业园水厂及园区主要企业（新能源锂电池项目、热电联产企业等）用水，热电联产企业进水口高程为 52.00 m，园区水厂进水口高程为 65.00 m，因此需要加压供水。经过计算，本次取水点选择在老虎头水库八副坝位置上第三放水涵管末端取水。其供水流程如图 2.2 所示。

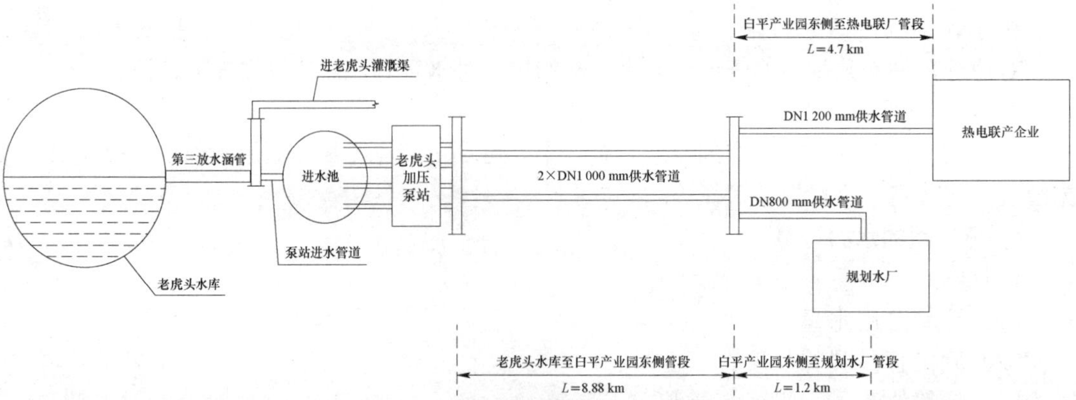

L—管段长度。

图 2.2 供水流程

4. 老虎头加压泵站工程

老虎头加压泵站站区被布置于老虎头水库八副坝下游，泵站设计流量为 1.273 m^3/s，装机 4×220 kW。泵站引水管道从老虎头八副坝第三放水涵管出口接出，通过 22 m 长的引水管道将水引入泵站进水池，池水自流进入泵房加压后通过 9.48 km 长的供水管道输送至龙潭产业园区白平水厂。

1）平面布置

泵站用地红线为不规则形状，在红线内需考虑进出水廊道、进水池、加压泵房、管理用房、加氯间等生产性构筑物的布置，同时需考虑建筑防火间距、消防回车场（无环形消防通道条件）、生产及检修车辆通行等条件。总平面设计图如图 2.3 所示，其中，X 为经度，Y 为纬度，单位为 m。

单位：m

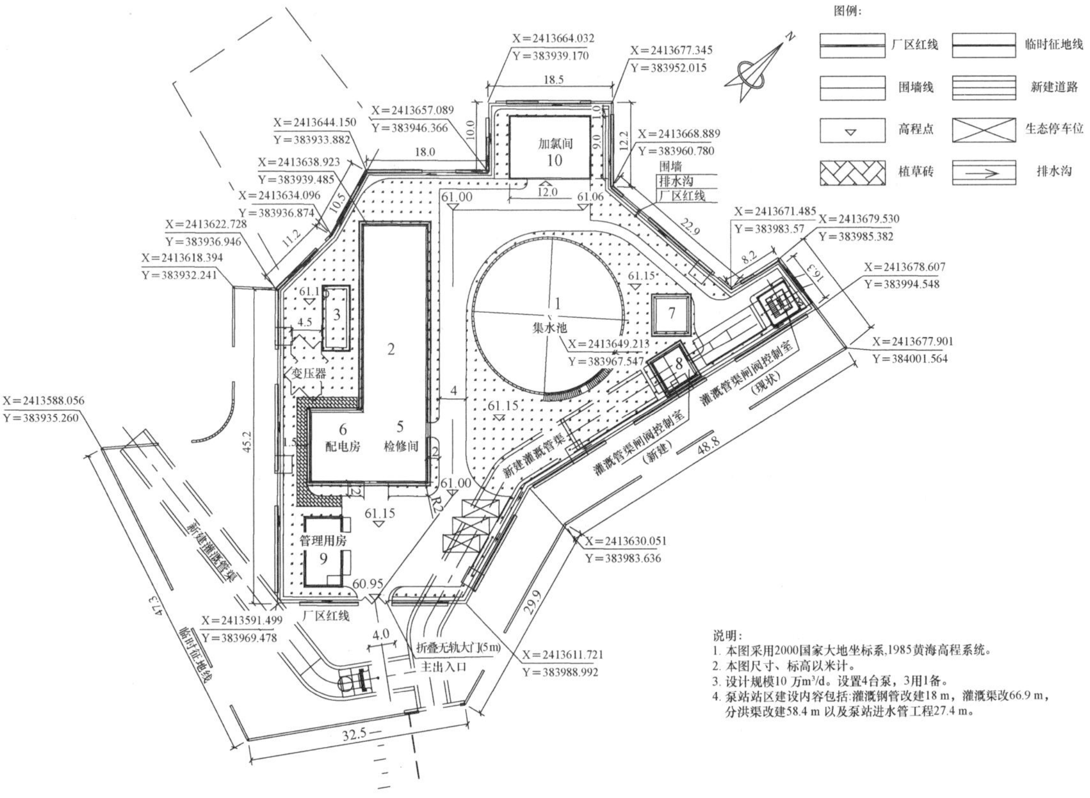

1—集水池；2—进水泵房；3—出水管沟；4—分洪闸；5—检修间；6—配电房；7—引水管闸阀控制房；8—灌溉渠闸阀控制房；9—管理用房；10—加氯间。

图 2.3 总平面设计图

因此，在布置时，沿东南侧红线边坡下布置进出水廊道，顺接现有灌溉系统，以利用退缩空间；将管理用房与门卫室合建，节省用地；将加氯间布置于西北侧凸出处，以利用空缺空间，同时临近加药点，且与人员居住区域保持安全距离；将变压器安装于泵房及配电房旁边空地，不影响整体外观且可缩短电缆长度。建设效果图如图 2.4 所示。

2）引水管道及灌溉渠改建

为同时满足供水和灌溉需求，将老虎头水库八副坝第三放水涵管出口闸阀房后段进行改建，将引水管道从灌溉管上接出，流入进水池，管道为暗埋式，采用钢管，管径 1.2 m，管道进口中心高程 57.90 m，出口高程 57.65 m，管道坡降 1/100。在管道上建闸阀控制房，内设电动闸阀以控制水流。

图 2.4　建设效果图

3）进水池

进水池有效容积 714.35 m^3，满足水泵 50 倍的设计秒流量要求。

进水池最低水位 57.00 m，加压泵房机组起抽水位 58.50 m，水池正常水位及最高水位均按老虎头水库正常蓄水位 66.10 m。进水池为圆形 C25 钢筋混凝土结构，采用半埋式，池内径 20 m，外径 21.8 m，池壁厚度 0.9 m，水池总高 13.03 m。水池顶四周内、外边设不锈钢栏杆，顶部 C25 混凝土盖板厚 120 mm，设置检查进入孔，内外设上、下爬梯等。

4）加压泵房

加压泵房采用单管单机正向进水方式。泵房采用单层式地面结构，由主机间、检修间及配电间组成，其中主机间与检修间连成一体，长 37.0 m，宽 9.6 m；配电间紧靠检修间下游侧布置，长 9.8 m，宽 7.4 m。主机间为下挖式基坑，共布置 4 台加压泵，3 用 1 备，配套电机 4×132 kW，设计扬程 24 m，单机流量 1 527 m^3/h。水泵出水管采用单管单机连接方式，四条出水管出泵房后接入两根 DN1 000 mm 的主管中，供往龙潭产业园区白平水厂。

5. 供水管道设计

1）管线平面设计

线路自老虎头加压泵站接出后，经白石、高坡、外坡、马楼塘至塘背后，沿西向布置，在塘背村西侧跨过 Y 河，而后沿着乡道经过百坡、西岸至西岸西侧约 800 m 处折向西北方向，在观冲西面穿越双旺河后经过山陂至白平产业园区东侧，向北进入龙潭产业园区白平水厂。线路总长 10.08 km。管线平面图如图 2.5 所示。

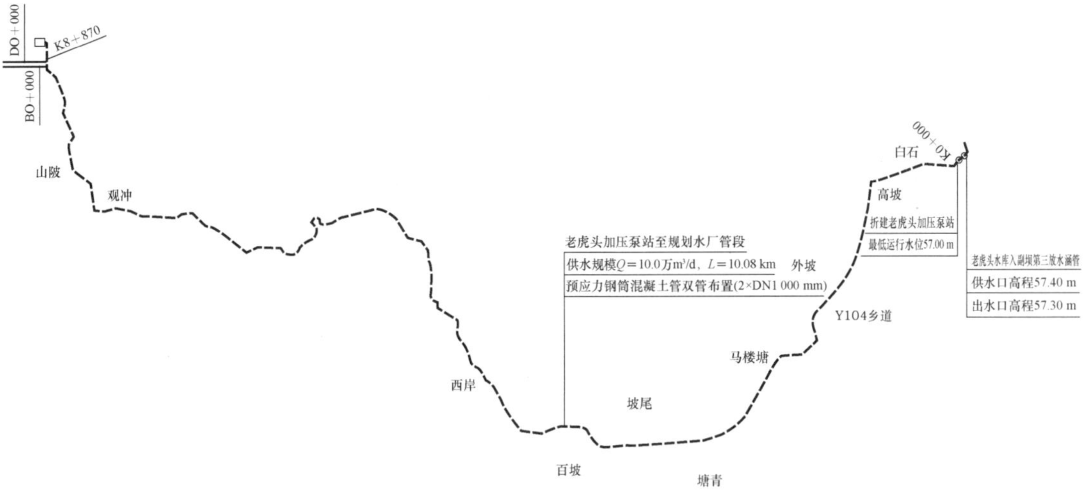

L—管道长度。

图 2.5　管线平面图

2）管道一般设计

本工程供水管道采用内衬式预应力钢筒混凝土管，设计工作压力 1.0 MPa，单根管有效长度为 5.0 m。结合管线布置情况，跨河管段及渐变管段采用钢管。

管道全线采用浅埋管方式敷设，一般管段埋深≥1.0 m。结构设计为：首先管底采用 40 cm 厚砂碎石料垫层，然后敷设管道，在管道四周及管顶 50 cm 范围内回填良质开挖土（良质开挖土即为去除树根、垃圾、有尖锐棱角石头等细粒均匀的开挖土料），最后在管道良质开挖土范围以上回填一般开挖土（需要恢复耕作的覆耕植土）。

3）管道穿越交通道路设计

管道敷设过程中不可避免地会穿越交通道路，根据管线布置穿越 Y104 乡道的位置有外坡南侧 200 m 处山坳、百坡村、西岸村西侧 200 m 处、西岸村西侧 800 m 处，穿越村道的位置有观冲东侧 600 m 处、山陂西南侧 200 m 处，穿越 X413 县道的位置有观冲西侧 100 m 处。在这些穿越道路的位置破路后按一般管道敷设开挖、布管、回填，最后恢复原有路面结构。穿越 Y104 乡道、村道恢复路面结构为上层 20 cm 厚 C25 混凝土路面和下层 20 cm 厚砂碎石垫层，恢复 X413 县道路面结构为上层 25 cm 厚 C25 混凝土路面、中层 10 cm 厚水泥稳定层、下层 20 cm 厚砂碎石垫层。穿越交通流量大的路段采用顶管方式。

4）管道跨河设计

管道跨河方式根据河床宽度、水深等外部因素选择跨越方式，包括下穿河底及上跨两种方式。本项目主要在塘背西侧 200 m 处穿越 Y 河（如图 2.6 所示）和观冲西侧 100 m 处跨越双旺河（如图 2.7 所示）。

5）管道穿越沟渠设计

管道穿越沟渠方式选择临空架设钢管。采用同等管径焊接钢管架设跨越，跨越两端采用 C25 混凝土镇墩固定。

高程单位：m；其余单位：mm

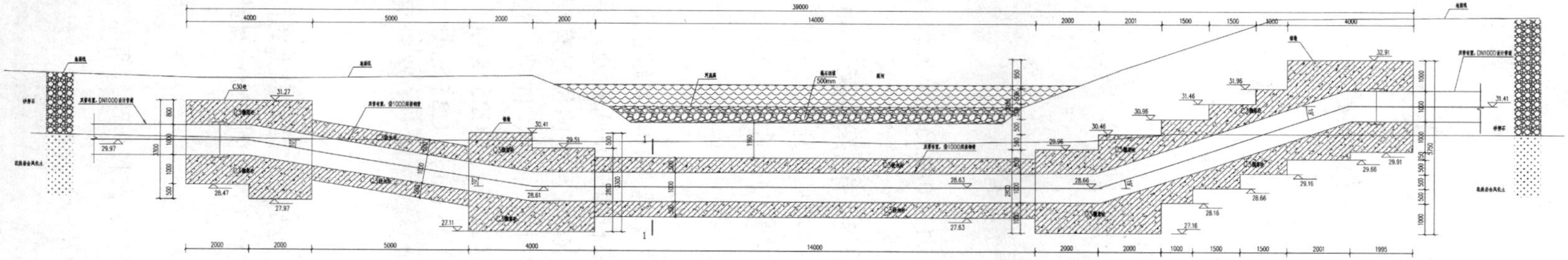

管道穿越Y河断面图1:50

图 2.6　管道穿越 Y 河断面

高程单位：m；其余单位：mm

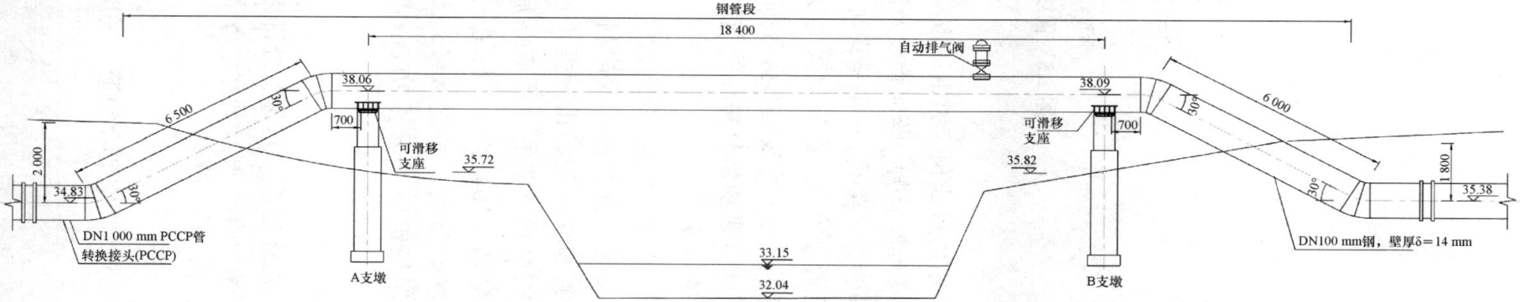

K7+700~K7+760管道跨双旺河横断面图1：75

注：管道直径为DN1 000 mm，焊接钢管,壁厚为14 mm。
两个支墩处的地质条件如下：
(1) A支墩地质条件:微风化花岗岩,地基承载力特征值fak=200 kPa。
(2) B支墩地质条件:微风化花岗岩,地基承载力特征值fak=200 kPa。

图 2.7　管道跨越双旺河横断面

6. 管道附属建筑及设施

为保证供水管道正常工作，在管道上安装必要的附件。管道主要附件有控制阀、排（进）气阀、排空阀、检查井、镇墩等。

（1）控制阀：输水管道的起点、终点及跨老虎头溢洪道、Y 河、双旺河处应设置控制阀，蝶阀直径为 1 000 mm，设阀井予以保护。

（2）排（进）气阀：在输水管道的高点安装自动排（进）气阀，以防止管道内压力变化时，水中溶解的气体析出并聚集在管道最高点，造成过水断面减小而增加水头损失。对长距离无凸起点的管段，每隔 1.0 km 也应安装自动排（进）气阀，以便及时排除管道内的气体和降低水锤产生的负压危害。闸阀口径宜取管径的 1/8～1/5，直径为 200 mm，设阀井予以保护。

（3）排空阀：为排除管内沉积物，检修放水、冬季事故排空防冻等，在管道低凹处设计排空阀。闸阀口径宜取管径的 1/5～1/4，直径为 125 mm，并设阀井予以保护。

（4）检查井：输水管需要设置检查井，宜在必要的地方设置进入孔。

（5）镇墩：当管道转角较大，无法利用管子的允许转角铺设时，应根据工程的实际情况采用相应角度的弯头进行安装，于转角处设止推装置，并在管道垂直或水平方向转弯处设置镇墩，镇墩采用 C25 钢筋混凝土，镇墩长度也可视转角角度调整，镇墩基础采用 C15 混凝土垫层，厚 100 mm。

7. 长距离输水管设计要点

长距离输水管设计应注意以下几点。

（1）管线线路选择不当会导致输水管网局部压力过高，造成能量浪费，加剧了管网水量的泄漏，甚至造成爆管。

（2）应重点针对水锤防治设计，防止水锤破坏。

（3）有针对性地做好管道与管件选型设计，防止管网接口处漏水造成水资源浪费。

（4）完善供水管网监控系统，能够针对泄漏和破损进行自动检测及报警。

（5）在有条件的情况下，完善 GIS（geographic information system，地理信息系统）管网地理信息系统。

2.4.2　供水管网设计案例

下文以广东省云浮市某县镇级供水管网为例，对市政供水管网设计进行阐述。

1. 工程概况

某县县城是该县政治、经济和文化中心，也是两广交通要冲、区域商贸及物流中心，是以绿色产业为主导的滨江生态宜居城市。

该县供水管网存在的主要问题包括：供水管网仅能满足旧片区供水需要，随着城镇的建设、农村的乡村振兴升级改造，部分用水片区需从旧的供水管网接驳；部分供水管道由于铺设时间较长，出现老化、漏水等情况。

本项目新建给水管道约 165.4 km，管径 DN250～DN500 mm，供水管网设计规模近期为 8 万 m^3/d。

2. 用水量预测及设计规模

1）用水量预测

（1）人口规模。

2021 年 5 月，根据第七次全国人口普查结果，该县人口数量为 37.17 万人。根据该县城市总体规划，结合当前人口发展形势，预测 2025 年县城总人口约 38.5 万人，2035 年县城总人口约 43 万人。根据国家相关规范并结合该县的《城市总体规划修编（2016—2030）》，本工程以 2025 年为工程近期，2035 年为工程远期。

（2）按城市人口生活用水及工业生产用水推算。

工业用水与生活用水之比：县城工业企业越来越多，用水量日益增大，根据现状统计资料，城市以居民生活用水为主，生活用水与工业用水二者之间的比值约为 5:3；预计近期二者比值为 4:3，远期为 7:5。

城市市政用水（包括绿化、道路、消防等）用水量按生活用水量的 10%计。其他未预见用水量及管网漏损等，按最高日用水量的 20%计。

（3）城市单位人口综合用水量指标法。

人均用水综合指标包括了城镇居民用水、工业用水及公建、绿化用水及未预见用水量。预测该县规划年限内的用水量为：2025 年为 7.70 万 m^3/d；2035 年为 9.46 万 m^3/d。

2）设计规模

根据以上预测，确定该县供水管网的工程规模：近期（2025 年）为 8.0 万 m^3/d，日变化系数为 1.4；时变化系数为 1.5。

3. 供水管网设计

1）管材选择

结合本工程，管材选择的综合评价除进行技术、经济分析外，还应从以下 7 个方面评定：

① 管材性能可靠，能承受要求的内压和外部荷载。

② 管材来源有保证，管件配套方便，运输费用低。

③ 施工机需要的施工机械容易获取，管材安装容易。

④ 使用年限长，维修工作量少。

⑤ 过水能力能长期保持相同条件下，工程造价低。

⑥ 抗震性是否良好。

⑦ 当地的实际使用情况和习惯。

综合考虑管材的工程造价及使用年限、日常维护等因素，本工程统一采用球墨铸铁管，根据实际使用需求选用 250～500 mm 规格的管径的球墨铸铁管，橡胶圈接口。

2）管网布置

利用老城区现有的供水主管，沿各镇敷设 DN250～DN500 mm 的供水主管，管道走向和位置符合城区规划和建设的要求，尽可能布置在道路的人行道下，以便于施工和维护。管线布置横断面图如图 2.8 所示，某镇区管线布置平面图如图 2.9 所示。

为方便管网检修，缩小事故检修期间的停水范围，应在管网中按如下要求设置事故检修阀门。

① 配水管网的阀门设置，按能满足事故段的切断需要，干管上的阀门间距一般控制在 500 m 左右，以减少临时停水的影响范围。

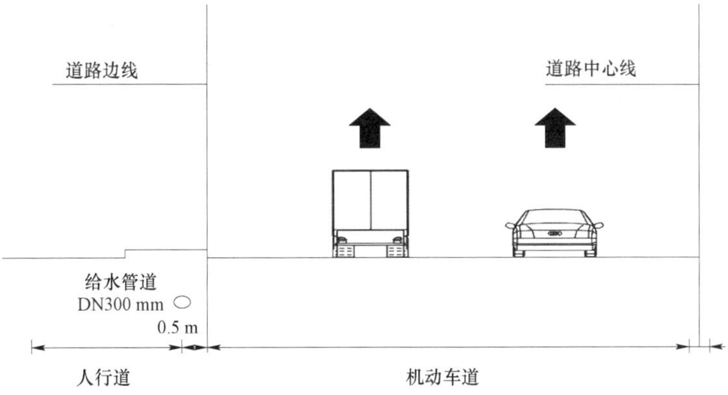

图 2.8　管线布置横断面图

图 2.9　某镇区管线布置平面图

② 一般干管上的阀门可设在连接管的下游，尽可能减少对支管供水的影响。

③ 支管与干管相接处，支管上应设阀门，在支管检修时不影响干管供水；干管上的阀门应根据配水管网分段、分区检修的要求规划设置。

配水管网与附近建筑、地下其他管线的间距要求如下。

① 与建筑红线应至少为 5.0 m。

② 与行道树中心为 1.5 m。

③ 与通信照明电杆为 1.0 m，与高压电杆支座为 3.0 m。

④ 与污水管上下布置时，配水管网应敷设在污水管上面；与污水管平行走向时，管外壁净距应大于 1.5 m；与污水管交叉时管外壁净距不应小于 0.5 m。在按此要求布置管道确有困难时，则应采取相应防护措施。

室外消火栓设置要求如下。

① 消防流量以 55 L/s 次计、同一时间内发生 2 次火灾。

② 消火栓根据城市总体规划及建筑密度和要求协调。

③ 消火栓均为地上式，消火栓前设阀门。

④ 消火栓规划间距不大于 120 m。

⑤ 消火栓的连接管径不小于 150 mm。

⑥ 消火栓设在道路交叉和醒目处，消火栓距离建设物不小于 5 m，距离路边不大于 2 m。

3）工程设计

（1）管径。

根据该县远期道路交通系统规划图及目前的城市供水现状图，对城镇进行布管，形成管网平差的计算框图。在计算管网节点流量时，根据各组团的规划人口和用地性质，进行用水量计算，得到各个组团的用水量，再利用各组团面积，分别计算面积比流量，进而得到节点流量。经过管网平差计算并不断调整管径，得到城市最高用水时的平差计算结果。

通过平差计算和不利情况的校核，最终确定了本次建设的城市供水管网管径为 DN250～DN500 mm。在管网建设时，按照以上方法计算的管径按近、远期进行分期敷设，避免过高的一次性投资。

（2）管材及接口。

本工程设计管材统一采用球墨铸铁管，管径为 DN250～DN500 mm，橡胶圈接口。球墨铸铁管之间采用法兰连接。

（3）管道防腐。

球墨铸铁管管道防腐方法为：内壁采用水泥砂浆衬里，外壁喷涂沥青防腐层。

（4）管道基础及支墩。

在管基土质情况较好、地下水位低于管底的地段采用素土基础，将天然地基整平，将管道铺设在未经扰动的原土上。

沟底埋有不易清除的石块等坚硬物体或地基为岩石地段，应铲除至设计标高以下 0.3 m，然后铺上厚 300 mm 的砂垫层。

在回填土地段，要求管基的密实度达到路基密实度后垫砂 200 mm。

球墨铸铁管在转弯、三通、异径及阀门等处应设置支墩。

（5）管网附件包括以下几种。

① 消火栓。沿街道旁和路口处设置消火栓，间距不大于 120 m，其中消火栓节点与用户接管点合建，减少给水管道管件的数量，以提高管道供水可靠性。

② 阀门。管道每隔 500～700 m 设置检修用阀门。当管道直径≤300 mm 时，采用软密封管网闸阀；当管道直径＞300 mm 时，采用管网蝶阀。

③ 自动复式排气阀。在管道上容易积聚空气的制高点均设置自动复式排气阀，既可自动排气，又可在管道需要检修放空时进气。本工程管道均考虑设置自动复式排气阀。

④ 泄水阀。在管线的低凹处、沟渠边均设置有泄水阀。泄水阀采用软密封管网闸阀或利用消火栓代替，可对管道进行泄水或冲洗。

4. 农村供水设计注意要点

农村供水项目设计中要注意的事项众多，以下是一些关键点。

1）工程规模与需求评估

调查落实项目服务范围、人口数量以及用水需求；根据未来发展规划预测用水量增长，确保设计的供水能力能够满足长期需求。

2）水源选择与保护

选择稳定可靠的水源，进行水质检测分析，确保符合国家饮用水卫生标准；制定水源地保护措施，防止污染源对水源造成影响。

3）水处理工艺设计

根据水源水质条件确定合适的水处理工艺流程；考虑到农村地区的实际情况和运行维护水平，尽量采用经济实用、易于管理的水处理技术。

4）管网系统布置

根据地形地貌合理布局输配水管网走向和管径大小，减少水流阻力和漏损，保证各区域内用户能均衡获得供水。

分析不同区域的最高日最高时用水量，计算各点的水压要求，确定加压泵站的位置和规模，保证从水源到用户的水压满足需求。

采取有效措施防止水锤效应、二次污染等问题，包括设置排气阀、泄水阀和消毒设施等。管网设计应尽量减少死水区，降低水质恶化风险。

5）管道材料选择

根据水质、流速、耐腐蚀性等因素，考虑使用寿命、维护成本和环保要求，以选择合适的管材，如球墨铸铁管、PE（Polyethylene，聚乙烯）管、钢管等。

6）节点设计

设计合理的阀门井、消火栓、接驳口等设施位置，便于检修、维护和应急处理。

7）施工技术要求

在设计阶段就要考虑施工的可行性，并为日后的运营管理、检修和扩容预留便利条件。

遵循相关施工规范，包括沟槽开挖、管道安装、接口连接、回填压实等；考虑与其他地下管线的交叉避让和安全距离。

8）节能与节水措施

设计时考虑节能设备和技术的应用，降低运营成本，比如使用高效泵站设备、优化管网结构和流态以降低输配水能耗。

5. 供水管网计算方法

1）平差方法

供水管网利用环方程法进行平差，根据平差结果算出各节点供水总压力。根据服务水头、地面标高算出各节点需水总压力，并对供水总压力及需水总压力进行比较。在供水压力不能满足需水总压力的节点所在区域设置加压泵站进行加压。加压泵站前设置调节水池，利用水池前管网供水压力为水池供水。

2）经济流速的选定

旧有管道根据运行情况和建设年代等，流速控制在 0.6～2.5 m/s 以下，考虑到城市的发展，新建管道的管径应具有一定弹性，流速控制在 0.5～1.5 m/s 以内。

3）管网压力的确定

根据《城市给水工程规划规范》（GB 50282—2016），城市供水管网的最不利点服务水头控制在 0.28 MPa。

4）节点流量的确定

节点流量由居民生活用水、公共设施用水、生产用水和其他用水等几部分组成。各部分用水量的分配根据规划用地的类别与布局，按不同类别用地的面积比流量由总流量分配到节点流量时，按照用水就近节点提供的原则确定各节点的水量。

5）管网事故校核

规划区给水管网为环状，某一配水管段发生事故时，环状管网内其他管段仍能保证正常供水，因此供水安全性较高。一般发生爆管的情况主要集中于老化的旧城区管网，可选择在老城区主管发生事故关闭时对整个管网水量水压情况进行校核，事故流量按最高日最高时用水量的 70%取值。

6）消防校核

根据《室外给水设计标准》（GB 50013—2018）和《建筑设计防火规范》（GB 50016—2018），城市消防系统采用低压消防系统，城市街道配水管网要按消防规范要求的距离位置设置消火栓。根据城市消防用水量以同时发生两处火灾考虑，每一处的消防用水量根据人口规模计算。根据经济安全尺度将消防流量一处放在最不利点处，其余两处分布于距离供水水源（净水厂或配水厂）较远或用水量相对较大处，对规划管网进行校核计算。

城市高层建筑的消防，一般由产权单位自行解决，只要高层建筑从不同管路上接通水源，就可保证消防用水的安全可靠。

第 3 章　净水厂设计

3.1　混　　凝

3.1.1　混凝基础知识

1. 定义

混凝是净化处理的第一道工序，它的好坏直接影响沉淀、过滤效果直至出厂水质。取一杯浑浊的河水或放一把泥土到一杯清水中去，先会发现一些粗大的颗粒迅速下沉到杯底，上层水开始变清，然而过一定时间后，水不再进一步变清，或者变清十分缓慢，即使再静置更长的时间，这杯水也不会清澈透亮。但是如果在水中加入一些通常称为混凝剂的药剂，并且加以搅拌，就会发现水中出现许多由细小颗粒互相吸附结成较大的颗粒，并在水中迅速分离沉降下来，水也就很快变清了。这种在水中加药、使细小颗粒集成大粒的过程就叫作混凝。在混凝过程中产生的大颗粒叫作矾花。能够使水混凝产生矾花的药剂叫作混凝剂。用混凝剂使水中杂质结成矾花，从而使杂质从水中分离出来的方法叫作混凝沉淀法。混凝沉淀法与自然沉淀法的区别就在于在原水中加还是不加混凝剂。

2. 混凝过程

从浑水中加入药剂起，到水中产生大颗粒矾花止，总称为混凝过程。这个过程从作用原理上可以分成“混合”和“絮凝”两个阶段。

1）混合

混合主要任务是将药剂迅速而均匀地分散到水中去，使水中胶体脱稳并开始形成极微小的絮粒。

混合是原水与混凝剂或助凝剂进行充分混合的工艺过程。在水中加注混凝剂后要求能迅速和水均匀混合，一般混合时间为 10～30 s。因为混凝剂水解速度很快，能迅速与水中胶体颗粒发生反应，如不立即和水均匀混合就不能均匀全面吸附水中杂质，所以混合时间不宜过长。混凝剂水解后与胶体发生反应将会形成絮体，逐渐吸附水中杂质，若再进行剧烈搅拌，将会破坏絮体增大，影响絮凝效果。

可以有两种方法达到快速混合的目的：一是水力方法；二是机械方法。水力方法又可分为管式混合及混合池混合；机械方法分为水泵混合及机械混合。

（1）管式混合。

管式混合是利用水厂进水管的水流通过管道或管道零件（弯头、渐缩管）或者在管道内设置阻流物以产生局部阻力，使水流产生剧烈紊动，从而使水体和混凝剂混合。

（2）混合池混合。

混合池混合又分为隔板混合池和水跃式混合池。

隔板混合池：一般设有三块隔板的窄长形水槽，两道隔板间的距离为槽宽的 2 倍，利用水体在隔板间曲折行进产生紊动，使水和混凝剂混合。水在池中停留时间不长于 2 min。

水跃式混合池：利用了 3 m/s 以上的流速迅速流下时产生的水跃进行混合。水跃式混合池的形式如图 3.1 所示。

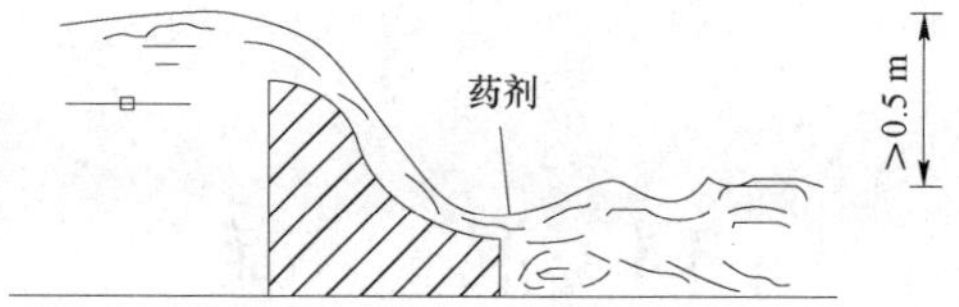

图 3.1　水跃式混合池的形式

（3）水泵混合。

将混凝剂加在水泵吸水井或吸水管中，通过叶轮的高速转动，达到混凝效果。当混凝剂加在水泵吸水管内为防止吸入空气，需加设一个装有浮球阀的水封箱。

（4）机械混合。

建造一个池子，内设搅拌桨，桨板有多种形式且可产生不同的功率。为加强混合效果，除池内设有快速旋转桨板外，还可在周壁上设有固定挡板。

2）絮凝

絮凝俗称反应，是一种使水或液体中悬浮微粒集聚变大或形成絮团，从而加快粒子的聚沉，达到固—液分离目的的操作。

3.1.2　混凝剂

1. 常用混凝剂

应用于饮用水处理的混凝剂应符合以下基本要求：混凝效果好，对人体健康无害，使用方便、货源充足、价格低廉。混凝剂种类较多，按化学成分可分为无机和有机两大类。无机混凝剂品种较少，目前主要是铁盐和铝盐及其聚合物，在水处理中用得最多。有机混凝剂品种很多，主要是高分子物质，但在水处理中的应用比无机混凝剂少。下文仅介绍常用的几种混凝剂。

1）硫酸铝

硫酸铝的分子式是 $Al_2(SO_4)_3 \cdot 18H_2O$，分子量 342.15，有固、液两种形态。其固体产品为白色、淡绿色片状或块状，液体产品为无色透明至淡绿或淡黄色。硫酸铝应符合《水处理剂　硫酸铝》（GB/T 31060—2014）的规定。

采用固体硫酸铝的优点是运输方便，但制造过程多了浓缩和结晶工序。如果水厂附近有硫酸铝生产厂，最好采用液态，这样可节省费用。

硫酸铝使用方便，但水温低时，硫酸铝水解较困难，形成的絮凝体比较松散，效果不及铁盐混凝剂。

2）聚氯化铝

聚氯化铝是一种无机高分子混凝剂，化学式是$[Al_2(OH)_nCl_{6-n}]_m$，又被简称为聚铝、碱式氯化铝等，是由于氢氧根离子的架桥作用和多价阴离子的聚合作用而生产分子量较大、电荷较高的无机高分子水处理药剂。聚氯化铝在形态上又可以分为固体和液体两种：固体按颜色不同又分为棕褐色、米黄色、金黄色和白色；液体可以呈现为无色透明、微黄色、浅黄色至黄褐色。不同颜色的聚氯化铝在应用及生产技术上也有较大的区别。

聚氯化铝应符合《水处理剂　聚氯化铝》（GB/T 22627—2022）的规定。聚氯化铝在投入水中前的制备阶段即已发生水解聚合，被投入水中后也可能发生新的变化，但聚合物成分基本确定。在低温下，聚氯化铝有较好的混凝效果；同时，对 pH 值的适应范围较广。

3）氯化铁

氯化铁的化学式是 $FeCl_3$，是具有金属光泽的褐色结晶体，杂质少，易溶于水，形成的絮体较紧密，不易破碎，易沉淀，处理低温水和低浊水效果较好，但其对金属管道等腐蚀性较大，且容易吸水潮解，不易保管。氯化铁液体为红褐色溶液。

4）硫酸亚铁

硫酸亚铁的化学式是 $FeSO_4 \cdot 7H_2O$，是半透明绿色结晶体，俗称“绿矾”。硫酸亚铁溶于水后，离解出的二价铁离子不具有三价铁盐良好的混凝作用，且使水中含铁量增高，因此在用硫酸亚铁做混凝剂时，往往同时投加适量的氯气。氯是很强的氧化剂，可以使溶解度很大的二价铁离子迅速氧化成硫酸铁和三氯化铁，并在水中水解生成难溶的氢氧化铁胶体，起架桥作用，将胶体颗粒混合成矾花。

5）聚合硫酸铁

聚合硫酸铁是碱式硫酸铁的聚合物，液体为红褐色黏稠透明液体，固体为淡黄色无定型粉状固体。聚合硫酸铁具有优良的混凝效果，腐蚀性比氯化铁小。

2. 混凝剂的配制与投加量

1）混凝剂的配制

（1）配制方法。

混凝剂的配制一般在溶解池与溶液池中进行。配制时先将混凝剂倒入溶解池中用机械、水力或压缩空气使混凝剂溶解，然后将溶解好的药液放入溶液池中，用水稀释成规定的浓度。在较小的水厂也有将溶解池与溶液池合在一起的。大小不同的溶液池在配制不同浓度的药液时，一次需要投加的混凝剂量如表 3.1 所示。

表 3.1　不同浓度的药液时一次需要投加的混凝剂量

配制浓度	溶液池净容积	$0.1\ m^3$	$0.2\ m^3$	$0.5\ m^3$	$1\ m^3$	$2\ m^3$	$3\ m^3$	$4\ m^3$	$5\ m^3$
1%	需投加的混凝剂量	1 kg	2 kg	5 kg	10 kg	20 kg	30 kg	40 kg	50 kg
2%		2 kg	4 kg	10 kg	20 kg	40 kg	60 kg	80 kg	100 kg
5%		5 kg	10 kg	25 kg	50 kg	100 kg	150 kg	200 kg	250 kg
10%		10 kg	20 kg	50 kg	100 kg	200 kg	300 kg	400 kg	500 kg

在实际使用中，一般都要按规定的浓度事先计算好一次需要溶解的混凝剂量与所加水量，正确地加以调配。溶液池一般都要两套，一套使用，另一套备用。溶液配制次数最好一天 1 次或两天 1 次，配药间隔不要过长也不需太频繁。

（2）配制浓度。

混凝剂配制浓度是指单位体积药液中所含的混凝剂的重量，用百分比表示。如混凝剂的配制浓度为 10%，即指 1 m^3 溶液中有 100 kg 的硫酸铝或其他混凝剂。

溶液配制浓度大小关系到药效的发挥和每日的调制次数。一般自来水厂的药液配制浓度控制在 5%～10%；较小的水厂如投加量绝对数太小，可以将浓度降低到 1%～2%；较大的水厂也可以将浓度提高到 10%～15%。药液放置时间不宜太长，否则会影响混凝效果。

为了便于操作，也可购买成品混凝剂液剂，使用时先稀释后投加。

2）混凝剂的投加与助凝

正确控制混凝剂的投加量是取得良好混凝效果的重要因素。混凝剂的投加量与原水水质、混凝剂种类、水温、混合及絮凝条件等许多因素相关，一般要通过试验和实际观察来确定。

当单独使用混凝剂不能取得良好的混凝效果时，需投加某些辅助药剂以提高混凝效果，这种促进水的混凝过程的辅助药剂称为助凝剂。助凝剂种类有很多，常用的有生石灰、聚丙烯酰胺、氯、高锰酸钾、臭氧等强氧化剂。

3.1.3 絮凝池设计

1. 絮凝池的设计参数

将混凝剂加入水中经与水充分混合后，水中大部分处于稳定状态的胶体杂质就失去稳定。脱稳胶体颗粒通过一定的水力条件相互碰撞、相互凝结而逐渐长大，最后成为可以用沉淀法去除的絮体，这一过程被称为絮凝或反应，相应的设备被称为絮凝池或反应池。絮凝过程所需外力可以是机械的，也可以是水力的。絮凝池还需要使水有足够的停留时间，以保证颗粒长大。

当水进行搅动时，单位体积中水的颗粒在单位时间内碰撞次数 N 计算如式（3.1）所示。

$$N = n_1 n_2 \left(\frac{1}{6}G\right)(d_1 + d_2)^3 \tag{3.1}$$

式中：n_1——单位体积内直径为 d_1 的颗粒数目，个；

n_2——单位体积内直径为 d_2 的颗粒数目，个；

G——速度梯度，即相邻水层的水流速度差和它们之间的距离比，s^{-1}；

d_1、d_2——絮凝池直径，mm。

这是保证颗粒相互碰撞的重要条件，如果在空间内各点水流速度全部相等，颗粒只能随水流速度做平行移动，无法碰撞。

G 的计算如式（3.2）所示。

$$G = \sqrt{\frac{\varepsilon_0}{\mu}} \tag{3.2}$$

式中：ε_0——单位体积内所消耗的功率，W（在絮凝设备中由机械或水力搅拌方式提供）；

μ——水的动力黏度，Pa · s。

分析式（3.2）可以知道：要增加颗粒碰撞次数，可以增加颗粒的数目、颗粒的直径或增加 G 值。

由于所形成的絮体中含有大量水分，相互黏结并不牢固，在一定水力条件下相互碰撞可使之聚集长大，但也能因碰撞力过大，或受水流剪应力而破碎。水流剪应力和 G 值关系如式（3.3）所示。

$$\tau = \mu G \tag{3.3}$$

式中：τ——水流剪应力，Pa；

其余符号意义同式（3.1）、式（3.2）。

2. 絮凝池的设计形式

絮凝池的形式很多，常用的有以下几种。

1）隔板絮凝池

隔板絮凝池的池内设置有垂直或者斜向布置的隔板，这些隔板将絮凝池分隔成多个串联的小室。水流在进入絮凝池后，在隔板引导下做曲折流动，水流不断改变方向，形成折流或往复式流态，经历多次速度变化和湍流作用，使得微小颗粒间的碰撞概率大大增加，颗粒凝聚成大的絮凝体。

隔板絮凝池的类型及特点如下。

（1）往复式隔板絮凝池：水流需反复转折 180°，虽然能够有效促进絮凝，但局部水头损失较大，且转折处容易导致矾花破碎。

（2）回转式隔板絮凝池：水流的转向较为平缓，相对往复式而言减少了水头损失，对矾花的保护更好，但构造可能更为复杂。

（3）隔板絮凝池的优点：结构相对简单，易于施工和维护管理；通过调整隔板间距和角度，可以灵活地适应不同的水质条件和处理水量需求。

（4）隔板絮凝池的缺点：对于流量波动大的情况，絮凝结果可能会不稳定；容积相对较大，占地面积多，水头损失较明显，可能导致能耗较高。

隔板絮凝池絮凝时间宜为 20～30 min；絮凝池廊道的流速应由大到小渐变，起端流速宜为 0.5～0.6 m/s，末端流速宜为 0.2～0.3 m/s；隔板间净距宜大于 0.5 m；絮凝池内宜有排泥设施。

隔板絮凝池广泛应用于城市供水和工业污水处理中。随着技术发展，也不断优化隔板絮凝池的设计，比如采用改良的隔板形式和流线设计来减少水头损失、提高絮凝效果并节约能源。

2）折板絮凝池

折板絮凝池内设置了一系列交错排列的折板，水流在通过这些折板时被迫改变流动方向，形成复杂的多向流态。水流在经过折板间隙时，会经历周期性的加速、减速和混合过程，这种速度变化及由此产生的紊流增大了颗粒间的碰撞概率，从而加快絮凝反应进程。通过优化折板角度、间距以及水流流速等参数，可以有效增强絮凝效果，减少絮凝时间，并且能够适应在不同水质条件下的絮凝需求。折板絮凝池剖面图如图 3.2 所示。

折板絮凝池的优势是：具有高效的絮凝作用，能在较短的停留时间内完成絮凝过程；较低的水头损失，对水流动力消耗较小；结构简单，易于维护管理，可根据实际需要调整运行参数；对于不同的水量和水质有良好的适应性，可节约絮凝剂用量。

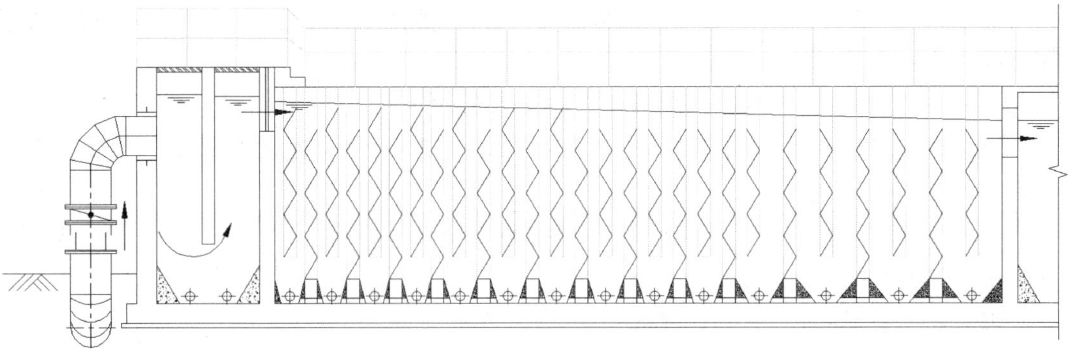

图 3.2　折板絮凝池剖面图

折板絮凝池设计宜符合下列规定。

① 絮凝时间宜为 15～20 min，第一段和第二段絮凝时间宜大于 5 min；低温低浊水处理絮凝时间宜为 20～30 min。

② 絮凝过程中的速度应逐段降低，分段数不宜小于三段：第一段流速宜为 0.25～0.35 m/s，第二段流速宜为 0.15～0.25 m/s，第三段流速宜为 0.10～0.15 m/s。

③ 折板夹角宜采用 90°～120°。

④ 第三段宜采用直板。

⑤ 絮凝池内应有排泥设施。

3）网格（栅条）絮凝池

网格（栅条）絮凝池由数口相同平面面积和池深的竖井串联组成，进水水流顺序从前一格流向下一格，上下交错流动，一般分 3 段控制：前段为密网或密栅，中段为疏网或疏栅，末段不安装网、栅。水流通过网格时，相继收缩、扩大，形成旋涡，造成颗粒碰撞，水流在通过竖井之间时孔洞流速及过网流速逐渐减小，形成良好的絮凝条件。网格（栅条）絮凝池平面图如图 3.3 所示。

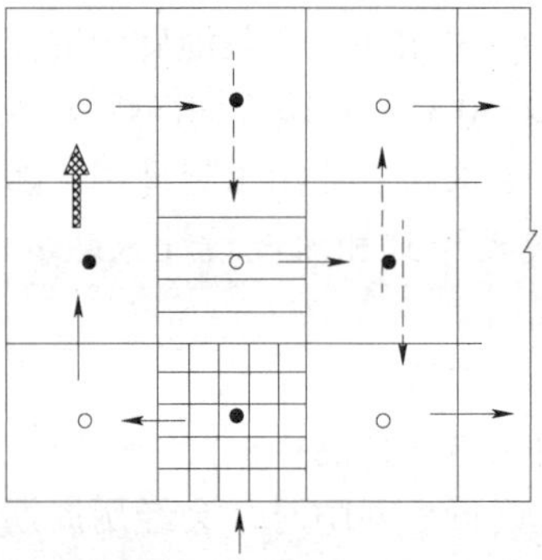

图 3.3　网格（栅条）絮凝池平面图

网格絮凝池的絮凝时间宜为 12～20 min，用于处理低温或者低浊水时，絮凝时间可适当延长。竖井平均流速：前段和中段 0.12～0.14 m/s，末端 0.10～0.14 m/s。过栅（过网）流速：前段 0.25～0.30 m/s，中段 0.22～0.25 m/s，末端不安放栅条（网格）。竖井之间孔洞流速：前段 0.25～0.30 m/s，中段 0.15～0.20 m/s，末端 0.10～0.14 m/s。

对于规模较大的水厂，絮凝池分格一般不宜超过 9 个，网格可用不锈钢、聚丙烯等材料制作。

网格（栅条）絮凝池的优点是絮凝时间短、絮凝效果较好、构造简单；缺点是水量变化会影响絮凝效果。网格（栅条）絮凝池主要适用于水量变化不大、规模较大的水厂。

4）机械搅拌絮凝池

机械搅拌絮凝池利用桨板搅动水流。为使桨板转速可以在较大幅度内变更，一般采用无级变速传动装置，桨板转速根据水量、水温、加注混凝剂的品种进行调整。按照轴的位置，机械搅拌絮凝池可以布置成水平轴搅拌和垂直轴搅拌两种形式，如图 3.4 所示。

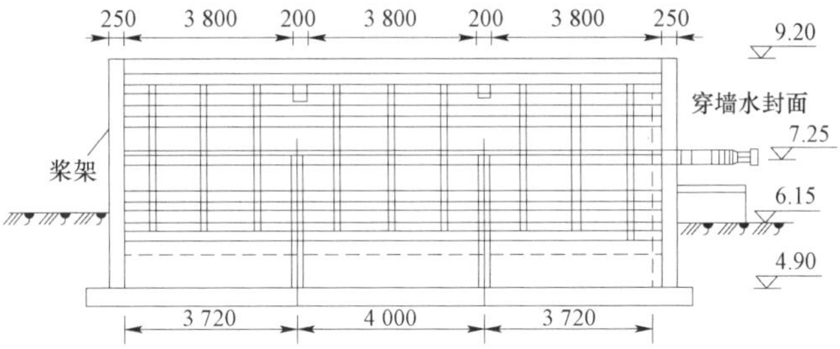

(a) 水平轴搅拌

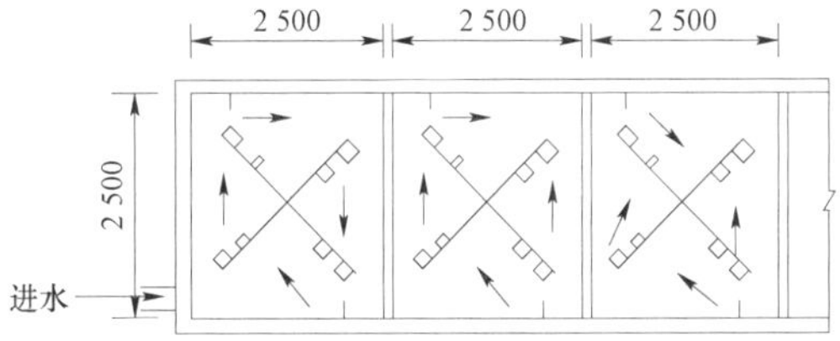

(b) 垂直轴搅拌

图 3.4　机械搅拌絮凝池

机械搅拌絮凝池，根据所需的 G 值，由若干级串联组成，使 G 值逐步下降，在运行过程中可以根据运行状况，调整每一级桨板的转速，也即调整 G 值。串联各级之间需设穿孔墙或上下交叉开孔，使水流在各池中有充分的停留时间，防止短流。常用的机械搅拌絮凝池停留时间一般为 15～20 min，桨板的线速度第一级为 0.6 m/s，最后一级为 0.2 m/s。

该类絮凝池因 G 值可自由调节，适应范围广，絮凝效果好，水头损失小，但增加了机械维修工作量。

3.2　沉淀池设计

沉淀工艺是指原水中的悬浮颗粒在重力作用下，从水中分离的过程。

利用沉淀工艺以达到净水的目的，早在古代已为人们所发现和应用。在现代净水技术中，沉淀仍是应用广泛的处理工艺。从简单的沉砂、预沉，到混凝沉淀和软化后悬浮物的去除以及污泥的浓缩，都属于沉淀的工艺。

3.1.1 沉淀池的分类与选择

1. 沉淀池的分类

沉淀池根据具体要求可设计成多种形式。给水处理中所采用的沉淀池，大致有以下几种分类。

（1）按沉淀的目的可分为预沉、滤前沉淀、最终沉淀等类型。

（2）按是否加注混凝剂分类可分为自然沉淀和混凝沉淀两类。

（3）按沉淀池的水流分类可分为竖流式、平流式、辐流式及斜管（板）等多种形式。

（4）按截除颗粒的沉降距离分类，可分为一般沉淀和浅层沉淀。由于分散性颗粒的沉淀去除率只取决于沉淀的表面面积，而与池深无关，因此浅层沉淀可节约工程投资。斜管沉淀的原理即按浅层沉淀而来。

2. 沉淀池的选择

选择沉淀池主要根据处理水量和原水水质在絮凝后形成絮粒的特性以及处理规模、场地情况、气候条件、操作经验和高程布置等因素而定。现就部分沉淀池的特点及适用性做如下阐述。

1）竖流式沉淀池

竖流式沉淀池在历史上曾被用于小型水厂，由于沉淀效果差目前已不被选用。

2）辐流式沉淀池

辐流式沉淀池多用作自然沉淀，适用于高浊度原水的预沉淀。我国兰州西固水厂即采用辐流式沉淀池作为预沉（直径 100 m，水清时自然沉淀，高浊度时投加聚丙烯酰胺混凝剂。原水的设计含砂量高达 100 kg/m^3）。

3）平流式沉淀池

平流式沉淀池是净水厂设计中应用较早也是应用较多的一种沉淀形式，它既可用作滤前沉淀处理，也可用作预沉（沉砂）或最终沉淀处理。

平流式沉淀池的主要优点是构造简单、池深较浅、造价较低、沉淀效果稳定、操作管理方便。平流式沉淀池对原水变化的适应性强，耗药量一般较低。

平流式沉淀池的主要缺点是平面面积较大，池浅而狭长，常受地质、地形影响。近年来为了节约用地，不少设计方案将清水池设在平流式沉淀池下，形成叠层结构，节约了用地并解决了沉淀池过浅的高程布置问题，已得到国内不少水厂采用。

4）斜管（板）沉淀池

斜管（板）沉淀池的主要优点是沉淀效率高，上向流斜管沉淀池的液面负荷一般为 1.5～2.5 mm/s，平流式沉淀池的液面负荷为 0.4～0.6 mm/s（机械搅拌澄清池也只有 0.8～1.0 mm/s），因而斜管沉淀池的平面面积约为平流式沉淀池的 1/3。同向流斜板沉淀池的平面面积更小。

斜管沉淀池的造价指标在几种沉淀（澄清）形式中也是较低的一种，对水质变化有一定适应性，但不及平流式沉淀池稳定；而与平流式沉淀池相比，药耗略高。

5）同向流斜板沉淀池

由于水流方向与集泥方向均为下向流，故亦称下向流斜板沉淀池或兰美拉斜板沉淀池。由于其水流收集与排泥较为复杂，出水水质不够稳定，而且池深较大，故近年来已较少应用。

6）侧向流斜板沉淀池

侧向流斜板沉淀池亦因池深方向侧板需要转折，在转弯处泥水交汇，故出水不及上向流稳定，应用较少。

7）特殊形式沉淀池

（1）泥渣回流絮凝沉淀池。

其原理类同机械搅拌澄清池，因泥渣经过浓缩后回流至絮凝池，进一步提高了絮凝效果，后续沉淀采用了斜管沉淀，三者组合布置成为一个整体，出水水质效果好，但造价较高，并增加了浓缩机械和回流设施。当水厂要求对排泥水进行脱水处理时，可省去浓缩工艺。

（2）加砂絮凝沉淀池。

加砂絮凝沉淀池即采用回流细砂投加絮凝池作为絮凝颗粒的载体，提高絮凝效果。后续沉淀同样采用上向流斜管沉淀，细砂经泥水分离后继续回用。这类组合沉淀池与泥渣回流同样有较好效果。目前已开始应用，很有发展前途。

下文仅具体介绍平流式沉淀池设计。

3.1.2　平流式沉淀池设计

1. 主要设计指标

1）沉淀时间

沉淀时间是沉淀池设计的一个重要控制指标，沉淀时间一般为 1.5～3.0 h。由于各地水质、水温等的差别，实际运行的沉淀时间有很大出入。

在具体选用沉淀时间时，下列因素应予以考虑。

（1）当原水以淤泥质为主，且浊度适中时，沉淀时间可以偏短；当原水以色度或有机质为主时，沉淀时间宜适当延长。

（2）水温较低会影响絮凝效果，使颗粒的沉速降低。因此，对于低温水应选用较长沉淀时间。

（3）当因布置困难而选用较低水平流速时，体积利用系数可能降低，因而宜适当延长沉淀时间。

（4）由于沉淀效果取决于液面负荷（即沉淀池的截留速度），因而当设计沉淀池的池深较浅时，相应可以选用较短的沉淀时间。

2）水平流速

由于水平流速对沉淀池的影响较大，故将其列为设计平流式沉淀池的主要指标之一。水平流速的提高，有利于沉淀池体积的利用，减少短流的影响并增加紊动而引起的絮凝作用。但是池内水平流速的提高也使水流紊动且挟带细小颗粒的作用增强，流速过大时还会造成对池底沉泥的冲刷。

3）池深

水平沉淀池的池深，在理论上应与沉淀效果无关，因为按照理想沉淀池的理论，沉淀效果只与沉淀池的面积有关，因而出现“浅层沉淀”的概念。但实际上因积泥、进出口影响以及池深高程与上下游构筑物关系，故仍然需要很好考虑。

4）液面负荷

液面负荷是理想沉淀池决定沉淀效率的唯一指标。尽管实际混凝沉淀池与理想沉淀池有一定差别，但表面负荷率仍是表述沉淀效果的指标。若按有效水深及停留时间的相应规定，则液面负荷应为 1.0～2.0 m/h。

2. 池体布置

1）平面形式

平流式沉淀池一般为长方形水池，通常平面形式有直流式和转折式两种。直流式的水流在沉淀池内不产生转折；转折式则水流在沉淀池内发生转折，但转折前有较长的直流段，转折一般只有一次。

平流式沉淀池应首先考虑直流式布置（如图 3.5 所示）。因为水流在池内的转折，必然在转折处以及转折后的一定范围内造成新的混合扩散，使原来已经开始下降的颗粒又重新在横断面上扩散分布，降低了沉淀效率。为此，转折处断面应放宽面积，以降低流速。

图 3.5　平流式沉淀池的直流式布置

由于沉淀池的长度与处理水量无关（当水平流速一定时），如果处理水量较小，沉淀池的池宽很小，在平面上很难布置而且单位造价较贵，沉淀池转折布置则可利用中间的导流墙作为非受力结构以降低造价。因此在水厂规模小时，可考虑转折的形式。在计算时，转折部分的体积应不作为沉淀池的有效容积考虑。

2）水池宽、长、深比与导流墙

平流式沉淀池的宽度主要决定于处理水量，因此不同规模的沉淀池形成不同的宽深比例。从水流条件分析，宽度较小的沉淀池，其池壁的边界平流式影响明显；宽度较大的沉淀池，边界影响减小，而形成所谓宽浅的水流形态。由于边界影响的减弱，水流的稳定性降低。因此，在沉淀池设计中对沉淀池的宽、深比作了一定的控制，规定沉淀池的每格宽度一般为 3～8 m，最大不超过 15 m。当平流式沉淀池的设计水量较大时，一般需在沉淀池内用导流墙进行纵向分格，而保持导流墙与池壁的间距不超过上述规定。导流墙为非受力结构，结构较为简单，一般可用砖砌成。

3. 进、出口的布置

平流式沉淀池设计，除了池体要布置合理外，进口以及出口的布置也是沉淀池设计的重要环节。

1）进口布置

理想的沉淀池进口设计应满足的条件：使水量和颗粒浓度能在沉淀池的断面上得到均匀

分布；产生较小的进口动能，以减少进水的紊流区域；应能避免进水分配中造成絮粒破碎。沉淀池进口设计不良，将使池内水流偏离正常的水流形态。

由于进入沉淀池的水流往往偏于沉淀池的一边，如与隔板絮凝池相连的沉淀池，进水大多靠近池壁。为了避免水流集中于进水方向进入沉淀池，达到配水均匀的目的，应设置整流措施。常用的进水整流设施有进水堰、进水渠以及穿孔墙等。

2）出口布置

平流式沉淀池的出口布置应尽量满足的要求：尽可能收集上层清液；在池宽方向均匀集水；减少因集水而造成的无效沉淀区的范围；降低集水流速，避免带出细小絮粒。

常用的平流式沉淀池的出水布置有堰流式、锯齿堰式及孔口式等。近年普遍采用的为指形出水槽。

采用堰流式能达到均匀出水，但要求堰顶以上的水深沿池宽保持一致。这就要求施工时保持足够的精度，堰的负荷率应以不大于 12 m^3/（h • m）为宜。但事实上单道堰很难布置得符合要求。

锯齿堰式的出流（即由很多三角堰组成的出流）布置与一般堰流式相比，增加了堰上水深，故对施工精度要求稍低，但锯齿堰的构造较复杂。

采用孔口式的出水布置可以避免池面漂浮物质（例如藻类）随出水带出。当孔口为非自由出流时，孔口的流量取决于孔口前后的水位差。而与孔口的位置关系不大，因此施工的误差影响较小。但是要保持孔口后的水位沿池宽方向一致往往也是困难的。

指形集水槽是近年来普遍采用的平流式沉淀池集水方式。采用指形集水槽降低了堰的单宽负荷，避免细小絮粒随出水被带走。

4. 排除沉泥布置

为了维持沉淀池的正常运行，及时排除沉泥非常重要。以前不少采用斗式重力排除沉泥的沉淀池，常由于不能完全排出沉泥而需定时放空清池，这不仅劳动强度高，而且影响水厂的正常运行。现较多采用刮吸泥机排除沉泥。

沉淀池应该根据截留的泥量和排泥周期考虑积泥区的大小。沉泥的浓度随原水颗粒的性质和浓缩的时间（排除沉泥周期）而定。

由于平流式沉淀池的积泥在沿池长方向分配是不均匀的，大部分积泥集中在起始的 1/3 池长内，因此在考虑积泥区体积时应考虑这一因素，或者分段取用不同的排除沉泥周期。

3.3 滤池设计

3.3.1 滤池的分类与选择

1. 滤池的分类

滤池的分类有很多种方法。按滤速大小，滤池分为慢滤池、快滤池、高速滤池。按水流过滤层的方向，滤池分为上向流、下向流、双向流。按滤料种类，滤池分为砂滤池、煤滤池、煤–砂滤池。按滤料层数，滤池分为单层滤料、双层滤料、多层滤料。按水流性质，滤池分为压力滤池和重力滤池。按进出水及反冲洗水的供给和排出方式，滤池分为普通快滤池、虹吸滤池和无阀滤池。

2. 滤池的选择

选用滤池涉及的因素较多，为了保证供水，选择的首要出发点是保证出水水质。选用滤池必须考虑其他的因素是：高程布置的合理性、工艺的先进性和经济性以及操作管理运行的可行性。

3.3.2 影响过滤效果的工艺参数

1. 滤料的性能

滤料是过滤工艺的关键，其性能决定着过滤效果和过滤的经济性。一般要求滤料具有足够的机械强度和稳定性、能就地取材、价廉、外形接近于球状、表面较粗糙。

2. 滤层的厚度和滤料的粒径

单层细砂滤料的厚度一般为 700 mm，粒径 d_{10} 为 0.55 mm；双层滤料厚度一般为 700～800 mm，无烟煤粒径 d_{10} 为 0.85 mm，石英砂粒径 d_{10} 为 0.55 mm；均匀级配粗砂滤料一般为 1 200～1 500 mm，粒径 d_{10} 为 0.9～1.2 mm。

3. 滤料的层数

通过试验对比分析发现：单层滤料主要靠表面的 28 cm 的滤层去除悬浮固体，而多层滤料各层均发挥了去除悬浮固体的作用，具有纳污能力强和水头损失增长较慢的优点。缺点是多层滤料不易获得、价格贵、管理麻烦、滤料容易流失、冲洗困难、易形成泥球、需要采用中阻力配水系统。

4. 滤速、化学因素的影响

滤速与出水悬浮物浓度关系密切，高于设计滤速，出水水质会恶化。化学因素的影响主要指滤进水的化学处理，化学混凝对过滤效果有突出的影响，比如某些水未经化学处理，滤出水水质不合格。

原水经过混凝后即进入滤池的过滤，称之为直接过滤。该工艺没有沉淀，但有混凝过程，在直接过滤工艺中的絮凝称之为接触絮凝。由于接触絮凝形成的絮体很小，因此直接过滤工艺也称微絮凝过滤。该工艺由于没有沉淀池，截留悬浮物的量要比快滤池多，反冲洗水量需要提高几倍，但整个水厂总体投资量减少很多。

3.3.3 滤池设计

1. 普通快滤池

普通快滤池主要由配水系统、滤料层（如石英砂、无烟煤等）、承托层、反冲洗系统以及排水系统组成。原水经过混凝沉淀预处理后进入滤池，水流自上而下通过滤料层。滤料具有足够的孔隙率，可以截留并吸附水中的颗粒物，能使得清澈的水从底部流出。随着过滤过程的进行，滤料表面积累的杂质越来越多，会导致水头损失增加、过滤效率降低，此时需要进行反冲洗操作来恢复滤池功能。

反冲洗通常包括气洗和水洗两个阶段，即先用压缩空气将滤料层内的积泥松动，并通过上升气泡将截留在滤料上的污物带到水面排出；随后再用高速水流进行反向冲洗，进一步清除剩余污物。

单层、双层滤料滤池冲洗前水头损失宜采用 2.0～2.5 m。滤层表面以上的水深宜采用 1.5～

2.0 m。

单层滤料滤池宜采用大阻力或中阻力配水系统，双层滤料滤池宜采用中阻力配水系统。

冲洗排水槽的总平面面积不应大于滤池面积的 25%，滤料表面到洗砂排水槽底的距离应等于冲洗时滤层的膨胀高度。

普通快滤池结构简单，运行管理相对方便，过滤效果稳定可靠，出水水质良好，可连续或间歇运行，适应性强，维护成本相对较低，其应用较为广泛。

随着技术的发展，普通快滤池也在不断改进，出现了诸如 V 型滤池、双层滤池等多种形式，以提高过滤效率和减少占地面积，其基本的工作原理依然保留了传统普通快滤池的核心内容。

2. V 型滤池设计

V 型滤池是法国 Degremont（得利满）公司独创的水处理设备。它的滤池结构、滤层组成及其冲洗方式与一般普通快滤池相比有独到之处。这种滤池在我国应用较多。

V 型滤池的优点：气水反冲洗效果好，且使冲洗水量大为减少；由于均匀粒径滤料，反冲后不会导致水力分层；滤料层由于粒径大、厚度大的特点，因此截污能力强，滤料深度方向能充分发挥作用，滤速大、周期长；冲洗时可用部分待滤水作为表面漂洗；滤池水位稳定，避免砂层下部产生负压；不需进水调节阀。

V 型滤池的缺点：主要是滤池结构复杂，施工安装要求高，反冲洗操作较繁复，对冲洗泵、鼓风机（或压缩机）、气路管道和阀门质量要求较高。

1）基本特点

单层滤料的缺点就是杂质多数被表层滤料所截留，不利于整个滤层深度的利用；而且局部水头损失增大，使过滤周期缩短，并可能因压力降到大气压力之下而导致负压过滤。

另外，在冲洗方面，传统滤池单纯用水冲洗；虽然用高强度水冲简单易行，但冲洗时必定要使滤层膨胀呈悬浮状态，这种膨胀会导致滤层产生水力自然分级，其结果是最小粒径的滤料集中在滤层表面，而最大粒径滤料转移到了滤层的底部，这样就会造成上述问题。膨胀的滤层由于水流涡动和对流作用，也可能使滤料表面结成的密实污泥层有一部分被带入滤层深部，形成坚硬的大泥球。

V 型滤池根据以上所述滤料截留杂质的规律及单用水冲清除滤料表面污泥的机理，对传统的滤层结构和冲洗方式做了改进，归纳为下列几方面。

（1）宜采用较粗、较厚单层均匀颗粒的砂滤层。

由于 V 型滤池采用了不使滤层膨胀的气水同时冲洗，避免了滤层水力自然分级现象，因此不仅在过滤开始之时，即使在冲洗之后，滤层在全部深度方向依然是粒径均匀的。这种匀质滤料有利于杂质的逐层下移，增加了杂质的穿透深度，大大提高了滤层有效厚度的截污能力，实现了深层截污，在同样的进水水质、滤速等条件下，水头损失增长速度缓慢，因此可以延长过滤周期、降低能耗和动力成本。换言之，在保证同样的出水水质条件下，可以提高过滤速度即增加过滤水量。

（2）应采用不使滤层膨胀的气水同时反冲兼有待滤水的表面扫洗。

这种砂层不膨胀或微膨胀的冲洗避免了水力自然分级现象，可以保证不搅乱原来砂层的均匀度和冲洗效果。不会形成对流，避免了泥球的形成。

V 型滤池的冲洗原理是先用气水同时反冲洗，使砂粒受到振动并相互摩擦，附着在砂粒表面的污泥随即被脱离下来；然后停止气水冲洗，单独用水反冲进行漂洗，使剥离下来的污泥随水流带到表面并最终进入排水槽。此外，在冲洗时滤池少量进水，待滤水还是通过与排水槽相对设置的 V 型槽底部的小孔进入滤池，由于小孔水流的喷射，可对滤池水面进行扫洗，将冲上来的杂质污泥扫向排水槽，这样消除了由于池面局部死角而造成漂洗起来的杂质又重新回复到滤层，加快了漂洗速度，可以减少反冲水的用量；同时，由于冲洗时不停止进水，所以不会使其他滤格的流量或滤速突然增加而使负荷过于变化。

（3）采用气垫分布空气和专用长柄滤头进行气水分配。

长柄滤头上有很多细缝隙，缝隙宽度视滤料尺寸而异，在滤头下接一根管段并插入清水廊道内，距底板 200 mm 左右。在管段上面设有小孔，管段下端有一条缝隙，气冲时，进入清水廊道内，空气聚集在滤板下部形成气垫层，空气由管段上的小孔进入长柄滤头；气量加大后，气垫层厚度随之加厚，大量空气由缝隙进入长柄滤头，气垫层厚度基本停止增大，反冲洗水则由管底和缝隙下部进入两者充分混合后，再由滤头缝隙喷出均匀分布在滤池面上，由于滤头的细缝比最细的砂粒粒径还小(一般 0.25～0.4 mm)，滤头周围不需铺设砾石支承层，仅需少量粗砂，其高度略高于滤头在滤板上的突出部分就行。粗砂层粒径采用 1.2～2.0 mm，厚度约为 100 mm。

（4）采用在池两侧壁的 V 型槽进水和池中央的尖顶堰口排水。

采用沿滤池两侧长度方向与中央排水槽相对平行设置的 V 型槽进水，同时又是冲洗时扫洗水的配水槽。V 型槽底部开孔，在过滤期间淹没在水中，在冲洗期间扫洗水全部经由底部小孔排出或非淹没状态。只在池中央设置一条排水槽，采用尖顶堰口使反冲水和扫洗水均匀溢出。这都是为适应 V 型滤池特有的冲洗方式而设计的，与传统滤池既有排水支槽又有排水总槽的情况有所不同。

2）构造及工作过程

V 型滤池构造如图 3.6 所示。

工作过程为：待滤水通过进水总渠经气动隔膜阀、溢流过堰均匀地分配给滤池的两个滤格。水堰过滤池两侧的两个侧孔进入 V 型进水槽，再流经滤层，经过滤层后水由长柄滤头入滤板下的空间，然后经由方孔汇集于池中央的气水分配槽内，经由滤后水出水调节控制阀流入出水井，并经堰口溢流出水至清水池。

3）V 型滤池主要设计参数

（1）滤料。石英砂有效粒径为 0.85～1.20 mm，不均匀系数 K_{80}≤1.4；滤层厚度为 1.20～1.50 m。

（2）滤速。正常滤速在 8～10 m/h 之间，强制滤速采用 10～13 m/h。

（3）冲洗强度。先气冲 13～17 L/（m^2·s）；气水同时，气冲 13～17 L/（m^2·s），水冲 3～4 L/（m^2·s）；后水冲 4～8 L/（m^2·s）；水表面扫洗 1.4～2.3 L/（m^2·s）。

（4）冲洗历时。先气冲 1～2 min；气水同时冲 3～4 min；后水冲 5～8 min；水表面扫洗全程。

（5）砂上水深。砂上水深不小于 1.2 m。

（6）长柄滤头数量。一般每平方米滤板上安装 50～60 个。

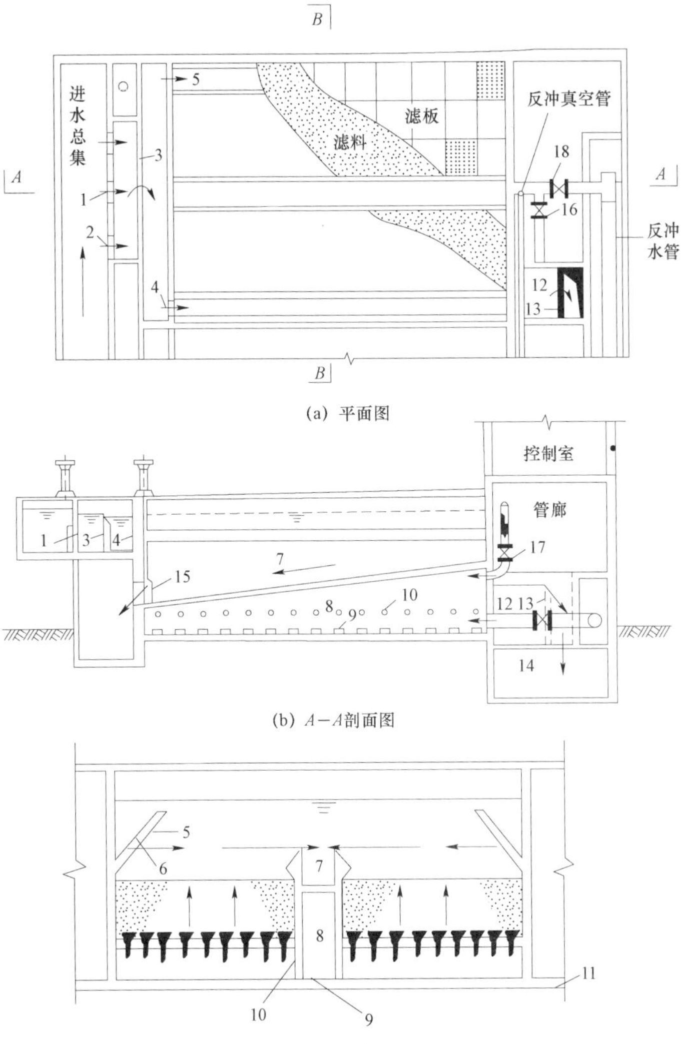

(a) 平面图

(b) A—A剖面图

(c) B—B截面图

1—进水气动隔膜阀；2—方孔；3—堰口；4—侧孔；5—V 型槽；6—小孔；7—排水渠；8—气、水分配渠；9—配水方孔；10—配气小孔；11—底部空间；12—水封井；13—出水堰；14—清水渠；15—排水阀；16—清水阀；17—进气阀；18—冲洗水阀。

图 3.6 V 型滤池构造

3.4 二级泵房设计

3.4.1 泵房布置

二级泵房一般采用半地下式布置，通常因为需满足低水位吸水要求，泵房埋地较深。为适应供水负荷的变化，一般水泵台数较多。要根据选定的水泵型号和台数，配置相应的进、出水管线，选用阀门和配件，布置所需的各种附属设施，如排水、通风、起吊设备、管线、仪表以及巡视通道等，来确定泵房的平面布置及水泵安装高度和泵房埋深。同时还需考虑管理室及变配电室的相互衔接布置。

1. 二级泵房布置要点

二级泵房的布置要点如下。

（1）根据泵房运行工况要求，确定工作水泵和备用水泵的台数及型号，配置相应的电机。

（2）对于远期有发展要求的泵房，还应对远期水泵的设置作出考虑（包括更换水泵或预留泵位）。不论是大、小泵搭配还是近、远期结合，泵房内尽量采用同一规格电压等级。

（3）泵房的布置应满足安装、检修以及日常巡视所需的通道和场地，水泵机组间的距离应满足相关规范规定。

（4）泵房入口地面层标高应高出室外地坪 300 mm 以上，并应严防泵房外出现内涝的情况。

（5）泵房的控制室宜与泵房有一定间隔，以避免噪声影响和隔离电机的热源。但控制室应能观察到水泵的运行，一般可设置玻璃观察窗。

（6）泵房的宽度以及长度方向的柱距跨度应满足土建设计的合理模数。

（7）泵房的大门应能满足最大部件搬运的要求。对于大型泵房，在有条件时可考虑卡车直接进入泵房检修平台进行装拆。

（8）二级泵房设计在已定的水泵型号基础上需要：进行泵房排列的平面布置；泵组高程和进出水管路系统以及吸水井设计；引水系统设计；通风和采暖设计；起吊高度计算和起重设备选用；泵房地坪的排水设计；照明设计；水泵防振和泵房噪声控制等。

2. 水泵机组的布置

1）水泵机组平面布置

卧式离心泵的平面布置有直线型、平行型、交错型、相向型和斜向型 5 种，如图 3.7 所示。

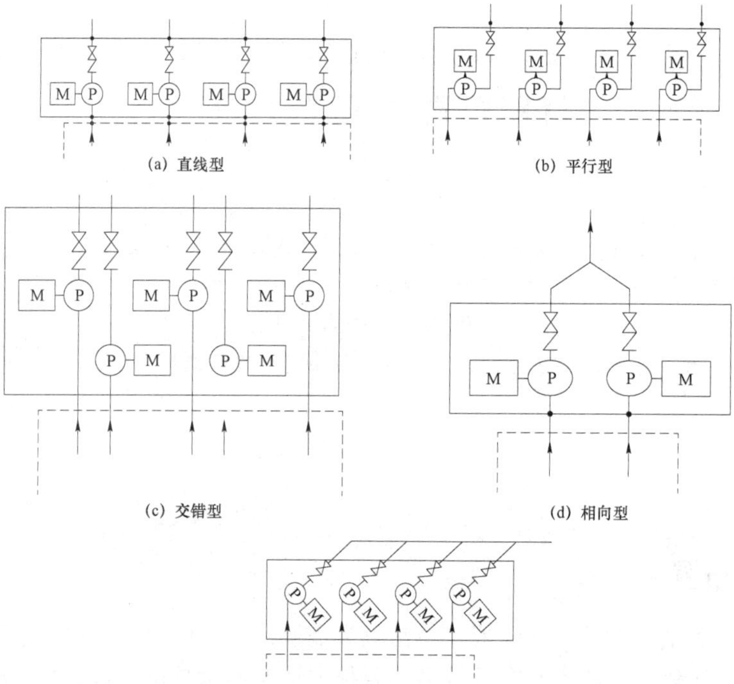

(a) 直线型　(b) 平行型　(c) 交错型　(d) 相向型　(e) 斜向型

M—电机；P—水泵。

图 3.7　卧式离心泵的平面布置

直线型水泵机组平面布置特点：泵房的宽度很窄，但长度较长；进、出水管线较顺直；进、出水管可布置在地面上或地面下，当管线布置于地面以上时，必须考虑日常巡检的通道；检修的场地比较宽裕。这种布置方式是最常见的，在工程中得到广泛应用。

平行型水泵机组平面布置特点：泵房的宽度较直线型大，但长度较小；主要管线垂直向下敷设在地坪下的管沟内，管沟上用格栅盖板，可使通道等空间较宽；吸水管上直接连接90°弯头，旋流会影响水泵的工作，在这种情况下，宜在长的弯头处或直管段上安装整流板，调整或减缓水流旋转造成的不良影响；对于单吸式离心泵较为适用。

交错型水泵机组平面布置特点：即使有多台泵，泵房所需面积也相对较小；启动装置和控制板的安装空间常常会显得较小或非常受限制，在平面布置时要考虑各种因素，包括电缆走向等；因为泵旋转方向是两个相反的方向，所以必须考虑各自的配件；当水泵和电机较大时，泵房内所需安装空间可以减小；必须注意水泵吸水口防止旋流产生。

相向型水泵机组平面布置特点：当泵房内只安装2台水泵时，这种方式可使吸水井（槽）更小。

斜向型水泵机组平面布置特点：这种布置介于直线型和平行型之间。水泵的出水与总管的连接顺畅；大容量水泵的泵房采用这种布置方式可以减少泵房的面积。

2）水泵机组间距

卧式离心泵单排布置时，相邻两个机组间及机组离墙壁的净距在电动机容量不大于55 kW时，不小于1.0 m；在电动机容量大于55 kW时，不小于1.2 m；当机组竖向布置时，高度满足相邻的进、出水管道间净距不小于0.6 m。双排布置时，进、出水管道与相邻机组的净距宜为0.6～1.2 m。叶轮直径较大的立式水泵机组净距不应小于1.5 m，并应满足进水流道的布置要求。当考虑就地检修时，应保证电动机转子检修时能拆卸。

3）水泵安装高度

大型水泵及供水安全较高的水泵宜采用自灌式充水，水泵轴心安装高度应满足水泵外壳顶点低于吸水井最低液位的要求。离心水泵可利用允许吸上真空高度的特性，采用非自灌式充水，以提高水泵的安装高度。

4）水泵进水管路布置要求

水泵进水管路（吸水管）的布置要求如下。

（1）进水管路不宜过长，其布置应尽可能顺直，以减小水头损失，有利于提高水泵安装高度，节省土建费用。

（2）非自灌充水的水泵宜分别设置吸水管。

（3）水泵吸水管的流速一般按设计规范采用以下数值：直径小于250 mm时，采用1.0～1.2 m/s；直径为250～1 000 mm时，采用1.2～1.6 m/s；直径大于1 000 mm时，采用1.5～2.0 m/s。

（4）管线布置应防止发生管道内积存空气。管道内带入空气易造成水泵气蚀，影响水泵工作效率和性能，还会引起振动和噪声。

（5）进水管线布置应尽量使水流平稳，不产生旋流。应尽量减少管线弯曲，避免使用弯头。当弯头不可避免时，不宜将弯头直接与水泵吸水口连接，在吸水口和弯头之间宜增设短管或渐缩管。

（6）当吸水管使用底阀时，底阀必须容易检查和拆卸。避免因外部物质和垃圾吸入底阀，造成底阀不能正常工作。

（7）在自灌式水泵的吸水管路上应安装检修阀门，以便于水泵检修和维护。若采用闸阀宜选卧式；若采用蝶阀，应考虑其安装位置不影响水泵吸入口的水流，并且应考虑该阀门的操作维修空间大小。

5）水泵出水管路布置要求

水泵出水管路布置时，通常每台水泵设一根出水管，然后由一根总管连接各根出水管。水泵出水管路布置一般要求如下。

（1）出水管管径一般较水泵出口大，在水泵出口和出水管路之间应安装渐放管。水泵出水管的流速按设计规范采用以下数值：直径小于 250 mm 时，采用 1.5～2.0 m/s；直径为 250～1 000 mm 时，采用 2.0～2.5 m/s；直径大于 1 000 mm 时，采用 2.0～3.0 m/s。

（2）出水管路上应设置控制阀门和止回阀（或缓闭止回阀）。一般出水管管径≥300 mm 时，采用电动阀门。当采用蝶阀时，由于蝶阀开启后的位置可能超过阀体本身长度，故在布置相邻连接配件（如其他阀门等）时应予以注意，必要时需加设短管。止回阀的形式应合理选择并定期测试，以防止在正常运行时出现阻力增加，造成能量损失。

（3）出水管路是否需设置防止水锤措施，应根据泵房所在地地形、出水管敷设高差、线路长短、水泵工作压力及工作条件等因素进行水锤计算后确定。

（4）为了便于泵房内水泵及阀门的安装及检修，在出水管路上通常设有传力式限位伸缩节。

（5）出水总管上应根据检修需要设置必要的隔离阀门。

（6）较大直径的隔离阀门、止回阀及出水连接总管宜设在泵房外的阀门井内。对于较深的地下式泵房，为避免裂管事故、减小泵房布置面积，更宜将阀门移至室外阀门井（或建立阀门室）。

（7）当出水输水管线较长、直径较大时，为尽快排除出水管内空气，可考虑在泵后出水管安装排气阀。

（8）当出水管需设置流量仪时，应根据流量仪的类型和安装要求，布置在合适的位置，以满足流量检测的要求。

6）管槽

进出水管埋设在泵机层面以下时常采用管槽，以便检修。管槽的特点是水管隐蔽、机组整齐，操作维修都很方便。对于地面式泵房或地下部分不深的泵房，广泛采用这种布置。

一般管槽设置可分为单侧和双侧两种。单侧只设置出水管管槽；双侧则把进水管和出水管均设于管槽内。双侧管槽将管道隐蔽得较彻底，但要求配件较多，且泵房宽度也需增加，因此一般以布置单侧管槽较多。

管槽设计要求为：管外壁与槽壁和槽底的净距不小于 300 mm；带有旁通阀的大口径阀门，其管槽宽度要适当加宽或局部加宽；采用有突出部件的阀门时，管槽深度或宽度应相应加宽或加深；管槽上必须设置可开启的盖板。盖板上要考虑可能承受的设备荷载；管槽需设排水措施，槽底向排水口的坡度应不小于 1%。

7）吸水井

吸水井是连接二级泵房与清水池之间的构筑物。设置吸水井的目的是便于水泵吸水管道的布置，特别是当泵房设置多台水泵时，同时便于生产调度，清洗清水池时亦可不影响泵房的供水。

吸水井最高水位应与清水池最高水位相同，底标高应满足水泵吸水要求。

吸水井可以做成敞开式也可以做成压力式，但压力式吸水井应设有透气孔和检修人孔。

当多台水泵吸水管共用一个吸水井时，常将吸水井分成两格，在中间隔墙上设置连通管和闸阀，以便分隔清洗使用。吸水井中水泵吸水管的布置应防止产生涡流，减少空气吸入。

3.4.2 泵房的辅助设施

1. 起重设备

为便于水泵、电动机或阀门等设备的安装、检修或更换，泵房需设置起重设备。由于泵房的起重设备系非经常性工作，故应力求简单，但必须确保安全。选择起重设备应根据泵房内最大（重）一台水泵或电动机的重量以及泵房的布置形式来决定采用起重设备的类型、起重量、提升高度和行车的跨度。

当泵房内设有起重设备时，泵房高度应按起吊物体的底部与吊运时越过的固定物顶部之间的净距不小于 0.5 m 进行核算。

埋地较深的泵房起重设备应能将重物吊至运出口，其吊起物底部与地面层地坪间净距不小于 0.3 m。当泵房地下部分过深，或泵房下部有梁等妨碍起重设备吊运时，可考虑采用二级起吊。

提示：如果泵房布置考虑汽车能进入泵房，则起重设备应能将重物吊到汽车上。

起重设备在泵房宽度及长度方向的服务范围必须能全部覆盖起吊设备的范围，需特别注意产品行车梁的支承位置必须与结构设计相吻合，并注意泵房有开窗平台时的影响。

2. 通风设备

泵房设计应根据水泵的功率和泵房的布置采用相应的通风设备。一般地面式多采用自然通风。为了改善自然通风条件，地面式泵房可设置高低窗，并保证足够的开窗面积。当泵房为地下式或电动机功率较大时，为保证有良好的工作环境，并改善电动机的工作条件和确保室内最高温度不超过 35 ℃，宜采用机械通风。机械通风可采用抽风式、排风式或进出风两套风机系统。

3. 排水设备

泵房内的排水主要是排除水泵运行时轴承冷却水、填料和压力水管上闸阀的漏水、停泵检修排空放水、大型电机的轴套冷却水排水、冲洗地坪废水，以及发生事故等特殊情况下的大量泄水。其排水方式根据泵房布置的形式和泵房的大小可采用不同的排水方式。

在布置排水设备时应注意以下几点。

（1）排水泵一般均根据水位自动控制启停，除选用流量合适的水泵外，应设置一定容量的排水集水坑。

（2）排水泵基础宜尽量提高，以免泵房积水时，排水泵遭淹没而不能工作，尤其是大型地下式泵房；当采用潜水泵排水时应保证泵处于正常状态。

（3）各种管沟、排水沟等均应与排水管相连通，并有坡度≥0.01 坡向集水坑；电缆沟亦应与排水集水坑相连以排除沟内积水，但连接处需设阀门等隔断措施，以免排水倒灌入电缆沟。

（4）排水设备应有备用和防止自动控制失灵时的应急按钮开关。

4. 降噪和防振设备

二级泵房因装机容量大，故噪声必须注意控制，特别当电机转速高时噪声更大。其他噪声来源可能是由于水泵的质量、水泵及管阀的安装精度、送风管噪声等，必要时需加装机组隔振措施，力求控制声源，降低噪声，使泵房内的噪声在允许的范围内。控制室因值班人员常驻，一般用双层玻璃、隔声门等进一步降低噪声，以符合卫生条件。

3.5 附属设施设计

3.5.1 加药间设计

加药间设计尽量采用成套装置和容器罐体化使药剂输送（包括固体粉末药剂）、不再人工进行溶解配制，一方面降低了劳动强度，使加药间的环境更加整洁；另一方面使混凝剂加注量更加精确。

净水厂的加药间通常由加药间、药库（或贮液池）等组成。当使用的药剂对人体皮肤、眼睛有刺激性时，还需设置自动冲淋器。

加药间布置的一般要求如下。

（1）加药间宜与药库合并布置。布置原则为药剂输送、投加流程顺畅，方便操作与管理，力求车间清洁卫生，符合劳动安全要求，高程布置符合投加工艺及设备条件。

（2）采用氯、氨消毒的设备间应按防火、防爆要求进行设计，二氧化氯发生与投加设备应设在独立的设备间内；加氯间和氯库、加氨间和氨库应设置在水厂最小频率风向的上风向，宜与其他建筑的通风口保持一定的距离并应远离居住区、公共建筑和游乐场所。

（3）加药间位置应尽量靠近投加点。

（4）当水厂采取分期建设时，加药间的建设规模宜与水厂其他生产性建筑物的规模相协调。一般情况下，可采用土建按远期规模设计，设备则分期配置。

（5）加药间布置应兼顾电气、仪表自控等专业要求。

（6）加药间可布置成各种形状，在工程实例中，采用较多的为一字形、L 形、T 形等。

（7）靠近和穿过操作通道、运输通道及人员进出区域的各种管道宜布置在管沟内。管沟应设有排水措施，并防止室外管沟积水的倒灌。管沟盖板应耐腐蚀和防滑，可采用加强塑料板、玻璃钢板等。

（8）搅拌池边宜设置排水沟，四周地面坡向排水沟。

（9）根据药剂品种确定加药管管材，一般混凝剂可采用硬聚氯乙烯管。

（10）根据药剂品种考虑地坪的防腐措施。

（11）加药间应保持良好的通风。

（12）当采用高位溶液池时，操作平台与屋顶的净空高度不宜小于 2.20 m。

（13）由加药间至加注点的加药管根数不宜少于 2 根，并分别在加药间内和投加点处设置切换阀门，以保证在其中 1 根损坏或检修时仍能正常投加药剂。

3.5.2 排泥水处理设计

1. 净水厂排泥水处理的必要性

净水厂生产废水特别是沉淀池排泥水，悬浮物含量一般在 1 000 mg/L 以上，有时高达

10 000 mg/L。悬浮物在 400 mg/L 以下的污水可排入有城市污水处理厂的城市下水道系统。净水厂的生产废水悬浮物含量大幅超过该标准规定，如果这些废水不加以处理直接排入城市排水系统将造成下水管道的堵塞。因此净水厂建设相应的排泥水处理设施是十分必要的。

2. 排泥水处理规模

净水厂排泥水处理规模是由所处理的干泥量的大小决定的。处理的干泥量越大，则排泥水处理的规模越大；反之越小。设计干泥量 S 计算如式（3.4）所示。

$$S=\left(K_1C_0+K_2D\right)\times Q\times 10^{-6} \tag{3.4}$$

式中：C_0——原水浊度设计取值，NTU；

K_1——滤池与 SS（suspend solid）的换算系数；

D——药剂投加量，mg/L；

K_2——药剂转化成泥量的系数（采用 Al_2O_3，即氧化铝时为 1.53）；

Q——原水流量，m^3/d。

1）C_0 的确定

应取得至少一年（365 天）的原水浊度监测数据，将原水浊度按从小到大的顺序排列，每个浊度数据对应的序号（用 m 表示）即为小于或等于这一浊度值的累计日数，则 m 与 365 的比值即为按该浊度设计的处理保证率。

2）K_1 的确定

有条件时应对全年不同时段的原水取样进行浊度单位 NTU 和 SS 值的同步检测对比，对所获数据进行数学回归和相关分析，得出浊度 NTU 与 SS 值的相关关系。在无实验资料时，一般取 K_1=1。

3）D 和 K_2 的确定

药剂投加量 D 可按设计最大投加量取值。药剂转化为泥量的系数 K_2 与投加的药剂种类有关。

3. 工艺流程

选择排泥水处理工艺流程需考虑排泥水的沉降性能，上清液 SS 值是否能达标排放，排泥池中的泥水浓度是否能满足浓缩脱水的需要，以及排泥池和排水池是否能满足排泥水与废水预浓缩的体积要求等。某一排泥处理流程如下：沉淀池排泥水浓缩脱水处理，上清液排放；滤池反冲洗废水经过预浓缩，将底部沉泥水与沉淀池排泥水一起浓缩脱水处理，上清液回用或排放。该方式适用于滤池反冲洗废水含固率较高，需经过预浓缩才可满足回用要求的情况，考虑到长时间回用可能引起的污染物富集等问题，同时设有排放措施。

4. 排泥水处理构筑物

1）排水池

排水池接纳和调节滤池反冲洗水。排水池可分为两类：一类是不具备沉淀功能，只有单一调节功能；另一类是不仅具有调节功能，还具有沉淀功能。

排水池容积应不小于滤池最大一次反冲洗水量，因此池容与滤池的反冲洗强度、反冲洗历时和反冲洗方式直接相关。

当滤池冲洗废水回用时，为降低对净水厂水质的影响，回流水量应尽可能连续均匀，回流量控制不大于净水规模的 4%。

2）排泥池

排水池接纳和调节沉淀池排泥水。排泥水处理系统与净水厂同步建设，在建成投产前确定沉淀池单次排泥量、排泥次数和时序安排难度较大。排泥池按储存 24 h 的沉淀池排泥量计算容积，这样排泥池的调节容积有一定的富余，对应付原水浊度的变化具有一定的缓冲能力。沉淀池的排泥浓度是决定排泥池容积的主要因素。

根据相关资料，沉淀池排泥水含水率一般在 98%～99.9%。沉淀池的池底可设置锥形泥斗。排泥池内设推流式搅拌机，排泥水经潜水泵提升进入污泥浓缩池。

3）浓缩池

浓缩是污泥脱水前的重要环节，浓缩的目的是降低含水率，减小污泥体积。机械脱水要求进泥的污泥浓度在 2%以上，而净水厂沉淀池排泥浓度在 0.5%左右，远小于 2%，因此在脱水前必须进行浓缩。

净水厂污泥的浓缩主要有重力浓缩法和离心浓缩法。由于离心浓缩法耗能较多，日常运行维护费用高，且失去了浓缩池池容对污泥量变化的调节作用，对短时高浊度冲击负荷的适应能力较差，工程实践中采用重力浓缩法较多。

浓缩污泥由进泥管进入浓缩池，上清液直接溢流至厂区污水管道进入城市污水处理厂处理，底泥进入脱水间平衡池。

4）脱水间

污泥脱水机一般有离心脱水机、带式脱水机和板框脱水机三类。当污泥的最终出路为送至垃圾填埋厂填埋时，要求脱水后污泥的含水率应不大于 60%，一般采用高压板框脱水机。

污泥在进入脱水机前投加絮凝剂，絮凝剂一般应选择聚合度较高、分子链较长的有机高分子絮凝剂，以便更好地发挥吸附和架桥作用，一般采用 PAM（polyacrylamide，聚丙烯酰胺）。

3.6 净水厂的流程布置与高程设计

3.6.1 净水厂流程布置

净水厂流程布置通常可归纳为下列三种基本类型。

1. 直线型

这是净水厂流程布置最常见的方式，即从进水到出水，整个流程呈直线型。当设计大中型净水厂时，如地形条件许可，最好采用直线型布置。这种布置形式的生产联络管线较短，管理方便，有利于日后逐组平行扩建。

2. 折角型

当进出水管由于地形条件、供水方向或厂外道路的限制而不能成直线布置时，可将流程布置为折角型。折角型的转折点一般选在清水池或吸水井。由于沉淀（澄清）池与滤池间工作联系较为密切，因此布置时应尽可能靠近使之成为一个组合。

提示：采用折角型流程时，需要注意将来进一步扩建时如何与目前流程相配合的问题。折角型布置不如直线型扩建时容易处理，因而要求在总体布置时应设想和安排在将来如何衔接。

3. 回转型

回转型的流程布置适用于进出水管在同一个方向的时候，如净水厂设在三面为高坡的山沟里或规划地形只有一面是通道的情况。根据地形条件可以从清水池将流程回转，也可以通过沉淀池或澄清池的进出水管方向布置而将流程回转。在大型净水厂中较少采用这种布置方式，因为这对于日后扩建发展不如直线型那么方便，但对小型净水厂则应用较多。设计大中型净水厂时，应首选将净水构筑物布置成直线型，而将浑水管延长后回转。

3.6.2　净水厂高程设计

水厂的高程布置，涉及水厂净水构筑物整体设计类型和厂区的土方平衡问题。水厂的高程布置是水厂的流程标高、构筑物高度和水厂地形地基的关系综合。需要进行三个方面的计算：水厂内生产管线的水头损失，水厂净水构筑物的水头损失和水厂的土方平衡。

1. 水厂内生产管线的水头损失

水厂浑水管线自一级泵房至水厂混合池的水头损失，属于浑水管线的设计内容。根据长度、口径、流速计算出水头损失，从而定出了混合池的水位标高。由混合池至沉淀池、滤池、清水池等水力损失，由于距离短，故计算流量时应考虑水厂调度及事故需要，一般按水厂额定（最高）平均时流量的 1.5 倍计算。

构筑物间连接管段的水头损失 h 包括直线段及局部阻力两部分。管段中如安装有文丘里流量仪或孔板流量仪，则必须增加水流通过流量仪表的水头损失。

2. 水厂净水构筑物的水头损失

水厂内各净水构筑物的水头损失计算较为复杂，可以按照实际情况计算，亦可参考如表 3.2 所示的内容选定。

表 3.2　构筑物的水头损失

构筑物名称	水头损失/m
静态混合器（2～3 段）	0.50～0.80
水力形式絮凝池	0.40～0.50
机械形式絮凝池	0.05～0.10
沉淀池（包括配水井）	0.60～0.80
澄清池（包括配水井）	0.20～0.40
普通快滤池	2.00～2.50
均质滤料快滤池	2.00～2.50
接触滤池	2.50～3.00
虹吸滤池	1.50～2.00
活性炭吸附池	0.60～0.80
高密度沉淀池	0.60～0.80

3. 水厂的土方平衡

水厂整体设计必须考虑厂区的土方平衡。有时限于用地范围和地形情况，很难做到理想的平衡，但在山地布置有石方量时，应认真布置，详细计算，尽可能少开石方。石方爆破作业工期长、费用高。在挖、填平衡的原则上，考虑全厂布局。在计算构筑物基础及大型地下沟槽的挖、填土方时，应注意松土系数的估计。

土方平衡计算常用方法有方格网法和横断面法两种。目前采用的方格网法较多，在地形平缓变化不大时可用横断面法。

3.7　净水厂的平面布置

3.7.1　平面布置原则

1. 流程力求简短

各主要生产构筑物间的联络管渠应尽可能地短，避免迂回重复，使净水过程中的水头损失最小。为此，要求主要净水构筑物尽量相互靠近布置，这样既节约能源，又便于管理。

2. 尽量适应地形

当厂址地形平坦、坡度缓和时，平面布置较易处理。在丘陵地带，地形起伏较大时，既要考虑流程上的顺利，又要考虑各构筑物的埋深。为了减少土石方，一般可利用洼地或浅塘作为入土较深的构筑物（如清水池等）的位置。如地形坡度较大，则应尽可能使净水构筑物平行等高线布置，以减少大量挖土和大量填土。在不得已的情况下，也可台阶式布置，但必须充分考虑由此而引起的交通运输问题。在地质条件变化较大的厂址中，必须根据具体地质条件进行各项构筑物的布置，避免进行大量的地基处理、增加工程造价，以及因地基硬软不均使构筑物产生不均匀沉陷。

3. 注意建筑物布置的朝向

水厂内的生产构筑物对方向的要求程度是有区别的。沉淀池、澄清池等，由于一般不设专门值班室，所以对方向性的要求不高。对有操作廊的滤池以及二级泵房、加药间、化验室、机修车间和办公室等建筑，因经常有人值班工作，朝向问题就十分重要，尤其是散发热量较大的二级泵房，更应注意朝向和通风要求：在布置时，必须充分注意符合当地的最佳朝向和夏天主导风向。实践表明，一般水厂建筑物以接近南北向较为理想，只在特殊情况下，才考虑东西向布置。

4. 近远期协调

当水厂建设明确定为分期进行时，流程布置时应统筹兼顾：既要有近期的完整性，又要求有分期的整体性。在布局上应防止由于考虑分期而造成分散零落、占地过早过大和管理上的不便。

5. 功能分区、管理集中

水厂平面布置首先考虑的应该是功能分区，即将在工作上有直接联系的设施尽量靠近，以利于管理。一般水厂将办公楼、化验室、值班宿舍、食堂厨房作为一个管理区，将这一区设计在进门附近，作为外来人员、非生产人员或非当班运转管理人员的活动区。有的水厂参照其他工业厂区的办法将这一区与生产区有意识地隔开，甚至设门管理。将机修车间、仓库、泥木工具厂等建筑物集中成为一个辅助生产车间区，布置在生产区或管理区附近。加药间和药库应设在沉淀池附近，翻砂场地应设在滤池附近，有自动化设施的中央控制室应设在生产中心，各个区域之间的地段则采用绿化带分离。总之，功能分区安排得好，操作上安全方便，环境上整洁安静。

6. 物料运输及施工要求

日常交通和物料运输是水厂平面布置的一个重要环节。在主要构筑物的附近必须有日常交通和物料运输通道。构筑物之间的间隔一般应满足能同时施工的要求，以避免由于不同沉陷而引起的影响，这一间距将视各构筑物的结构设计而决定。水厂的道路系统一般最好设计成为环状，否则应在运输频繁的部门，如矾库、机修间、汽车库之前设计回车道。

7. 注意节约用地

水厂的处理构筑物应尽可能组合，如机械搅拌澄清池的成组布置，滤池和沉淀池的靠近布置，将清水池设置在滤池或沉淀池的下层，大型水厂中采用立式水泵等，这些都是节约用地的措施。

3.7.2　净水厂净水构筑物的整体设计

净水厂的净水构筑物在流程布置确定后，如何组合是一个重要的问题。一般有下列 4 种布置类型：散列型、叠层型、密集组合型、半埋型布置。

1. 散列型布置

按照流程，将混合池、絮凝沉淀池（或澄清池）、滤池、清水池和二级泵房等主体构筑物，顺流排列。沉淀池和滤池之间，滤池和清水池之间，清水池与二级泵房的吸水井之间，均留出通道。加药间及滤池冲洗设施则布置在有关净水构筑物附近。这种单项构筑物散列的形式在早期水厂设计时是基本形式，直到目前不少大型水厂布置仍然采取这种形式。散列型布置的优点是结构设计安全，各池进出管道布置自由，施工方便，更利于分期施工的要求；缺点是占地较多，操作管理分散。

2. 叠层型布置

叠层型布置是将清水池设置于沉淀池之下的布置方法。国内亦有将清水池布置于滤池之下，做成叠层。叠层型布置适合于地基较差，需要打桩加固的情况。其优点是可以节约大量土地，而且节约造价；缺点是在流程上有所转折，一般可利用清水池隔墙将水流回折，予以补救。此外，该布置还需考虑上下两层之间的结构处理及防渗安全措施。这是国外为何只将清水池放在滤池之下的原因。叠层池出现之后，由于优点显著，国内不少水厂，特别在需要紧缩用地时都曾采用。

3. 密集组合型布置

密集组合型布置是将若干主要净水构筑物组合在一起，成为一个群体构筑物的布置方法。密集组合型布置是在用地高度紧张的情况下形成的，是超过了操作要求的。密集组合型布置在日本采用较多，但结构处理要求高。其优点是整个水厂管理方便，尽收眼底。

4. 半埋型布置

考虑到上述 3 种整体布置设计中，主体构筑物如沉淀池和滤池一般都高出地面 2～3 m，与水厂地面建筑物操作联系不便。为此，日本、美国等国家的水厂在采取密集组合式布置时，多采用半埋式。使沉淀池及滤池的上口仅高出地面几十厘米，而将大部分构筑物池体都埋在地下，甚至将地下的构筑物间做成人行廊道，安排管道、电缆，便于修理，由厂区地面可直接走近池边。或在池边设置斜坡（草地），使得池子墙面高出地面极浅，故一进水厂，便让人觉得十分宽敞、通透。我国杭州九溪水厂就是按照实际地形情况采用了半埋式布置。

上述 4 种布置，主要应根据水厂规模大小、构筑物池型、地基地质情况和当地实际用地要求，从而因地制宜、因时制宜地决定，主要原则是操作、维修、管理方便，结构安全和节约造价。在南方或多雨地区，在池面上都宜采用廊道连接。

3.8 净水厂设计项目案例

下面以某净水厂项目为例，对净水厂设计进行阐述。

3.8.1 工程概况

根据对需水量的预测结果，结合园区发展现状，拟确定 2025 年规划生活需水量为 5.0 万 m^3/d，工业需水量 5.0 万 m^3/d。拟建设内容：新建 1 座规模为 10 万 m^3/d 净水厂，围墙内用地面积为 4.5 万 m^2。净水厂总平面图如图 3.8 所示。

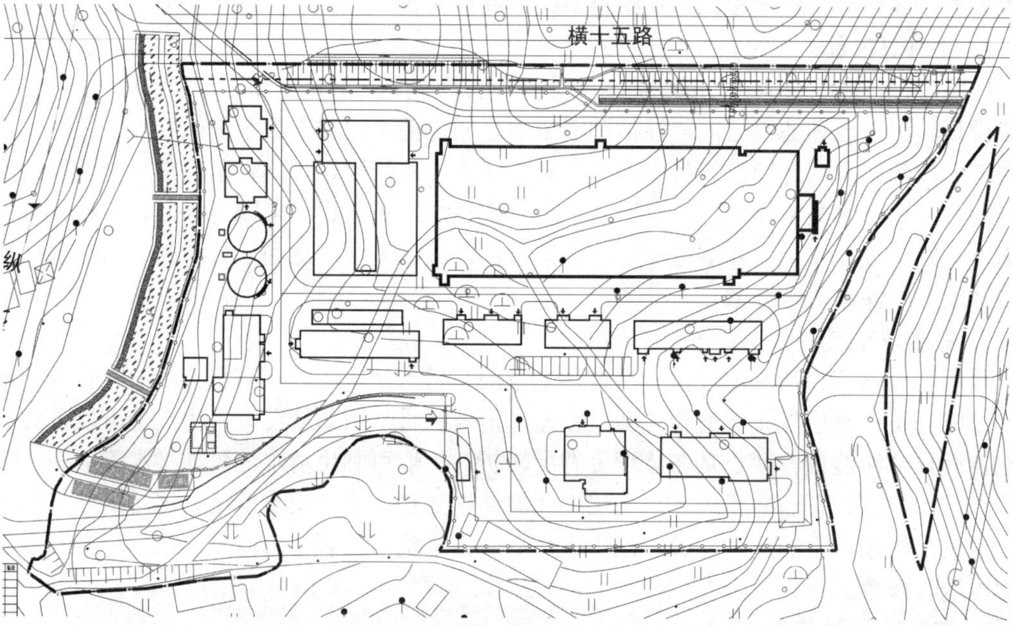

图 3.8 净水厂总平面图

3.8.2 净水厂设计

1. 处理工艺

由于原水水质指标不能满足《城市供水水质标准》（CJ/T 206—2005），因而需要加以处理的项目有色度、浊度、细菌总数、总大肠菌群等 4 项，水厂净水工艺选择考虑的重点应是降低出水浊度及消毒。

考虑到水源为水库水，存在夏季沉淀池、滤池长青苔的现象，应考虑间歇预氧化措施；同时尽管原水及出厂水 pH 值都满足标准要求，但仍然偏低，因此考虑适当加入碱剂调整 pH 值，以稳定出厂水水质。处理工艺流程如图 3.9 所示。

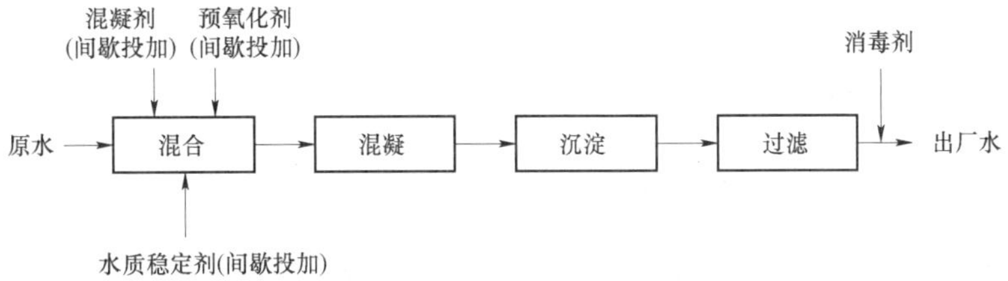

图 3.9 处理工艺流程

2. 构（建）筑物设计

1）配水井

配水井与反应沉淀池合建，分三格：原水管从中间一格进入后，往左右两格跌水，再重力流入絮凝池，中间一格尺寸为 2.5 m×3.0 m；左右两格尺寸分别 3.0 m×3.0 m；原水翻过配水隔墙后就均匀地分为两等份，再通过独立的出水井进入各组净水构筑物。

2）絮凝池

网格絮凝池设计规模 10 万 m^3/d，分为可独立运行的两大组，每大组又分为两小组。为保证配水均匀，单组絮凝池采用中间进水形式，先进入进水渠道中部，然后进入左右两个絮凝池，每个（小组）絮凝池共有 15 格，水逐格上下翻动，分段设网格，控制其紊流流态。设计参数为：第一段控制 G 值在 70～100 S^{-1} 之间，第二段控制在 40～50 S^{-1} 之间，第三段控制在 15～20 S^{-1} 之间，絮凝时间 t=15.6 min，水头损失 10～20 cm。絮凝池出口均衡布设在池中通向沉淀池配水槽内，避免了单个絮凝池只有一个出口而引起的配水不均匀问题。

单组网格絮凝池平面尺寸 16.00 m×15.25 m，池高 4.40 m，有效水深 3.30 m。絮凝部分每格底部均设有排泥管，管径为 DN200 mm，出口端设手动检修闸阀和液动快开排泥阀，并设有 DN80 mm 反冲洗管，用于排泥管的反冲洗。絮凝沉淀池实景图如图 3.10 所示。

3）沉淀池

本工程采用构造简单、沉淀效果稳定、管理方便且有成熟运行经验的平流沉淀池。

平流沉淀池规模 10 万 m^3/d，与絮凝池及清水池合建，分两组。每组平面尺寸 99.50 m×16.00 m，池深 3.50 m，水深 3.10 m，沉淀时间 2.0 h，水平流速 12.80 mm/s。为改善池内水流条件，每组池内共设有三道砖砌导流墙，将池子分为四格，长宽比为 25:1，长深比为 29:1。

沉淀池排泥采用虹吸式排泥机，上装两台液下泵，排泥机根据池内积泥厚度自动排泥或定时自动排泥。沉淀池配水槽底部设有排泥管，管径为 DN200 mm，出口端设手动检修闸阀和液动快开排泥阀，并设有 DN80 mm 反冲洗管，用于排泥管反冲洗。另外，每组沉淀池沉淀区内还设有 4 根穿孔排泥管辅助排泥，兼作放空之用。

平流沉淀池采用指缝形配水整流墙进水，出水采用沿途出流的指形集水槽，每条堰长为 30 m，出水负荷约为 201 $m^3/(m\cdot d)$。出水先经集水槽收集后进入出水总渠，然后通过渠道输送至滤池。

图 3.10　絮凝沉淀池实景图

4）滤池

本工程采用先进、高效、节能且成熟的气水反冲洗滤池，三维图如图 3.11 所示。

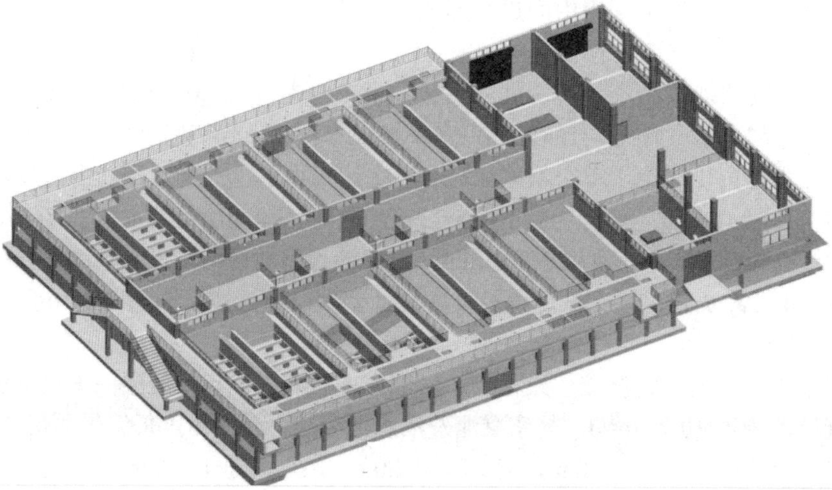

图 3.11　滤池（3.500 m 标高）及反冲洗泵房三维图

气水反冲洗滤池设计规模为 10 万 m^3/d，采用双排布置，中间管廊操作管理条件较好，便于与平流沉淀配合布置，提高土地有效利用率；分 8 格，每格过滤面积 89.46 m^2，总过滤面积 715.68 m^2，设计滤速 8.0 m/h。

滤池滤料采用石英砂均质滤料，粒径 0.9～1.35 mm，K60（粒径分布的不均匀程度）=1.35，滤层厚度 1.20 m，承托层采用砾石，分两层，粒径 4～8 mm，厚度为 0.05 m。滤层上最大水深 1.25 m，最大过滤水头 2.30 m。滤池配水配气系统采用长柄滤头，在滤板上均匀布置，滤板下部空间净高 0.90 m。每格滤池出水管上设置气动调节阀控制滤池恒水位运行，滤池反冲洗按运行周期、出水浊度、水头损失等自控进行。冲洗过程为：先气冲洗，强度 15 L/(s • m^2)，时间 2 min；再气水同时冲洗，气冲强度 15 L/(s • m^2)，水冲强度 3 L/(s • m^2)，时间 4 min；后水冲洗，强度 6 L/(s • m^2)，时间 6 min；表面扫洗，强度 1.5 L/(s • m^2)，全程扫洗。正常过滤时滤池反冲洗周期 24～48 h。

5）清水池

清水池叠建在平流沉淀池下。清水池的调节容积按供水规模的 10%考虑。供水规模为 10 万 m^3/d，设 2 座清水池，分别布置在 2 座沉淀池下，中间用管道连通。单座清水池平面尺寸 100.10 m×19.60 m，池深 4.00 m，水深 3.80 m，运行中保持消防水位 1.00 m，单座有效调节容积约为 5 350.00 m^3，总有效调节容积为 10 700.00 m^3。

清水池进水管采用 DN1 000 mm 钢管，出水管采用 DN1 000 mm 钢管接入送水泵房吸水井，进、出水管上设检修蝶阀。清水池还设有溢流堰及 DN1 000 mm 溢流管，4 根 DN1 000 mm 放空管。

6）吸水井

吸水井为钢筋混凝土井，平面尺寸 28.90 m×4.00 m，高 6.60 m。中间用隔墙分为两格，采用连通管连接。顶板设检修人孔，用钢盖板以法兰盖板连接，上装排气阀。

7）送水泵房

设计规模为 10 万 m^3/d，土建一次建成，为钢筋混凝土半地下式结构，泵房间平面尺寸为 40.00 m×8.00 m，地下部分高 4.00 m。根据对现状用水量统计资料的分析结果，时变化系数为 1.3。经过对园区管网进行平差计算，水泵扬程为 40.00 m。

8）加药间

（1）加矾。加矾间设计按 10 万 m^3/d 规模设计，土建一次建成，为框架结构，配置有 1 间矾库、2 格溶解池、2 格溶液池、1 间控制室（设 3 台加药泵）、电动单梁起重机以及值班室。溶解池单池容积 4.00 m^3，平面尺寸为 2.00 m×2.00 m，有效水深 1.00 m，共设 2 池，以交替使用。溶液池共设 2 池，单池容积 21.60 m^3，平面尺寸为 6.00 m×3.00 m，有效水深 1.20 m。溶解池、溶液池池底均铺有穿孔管，采用空气搅拌。

混凝剂选用聚合氯化铝（固体），设计平均投加率 10 mg/L，最大投加率 20 mg/L，采用计量泵湿式投加，絮凝剂溶液浓度控制在 5%～8%。

（2）加氯。采用次氯酸钠消毒。

预加氯：最大投氯量 1 mg/L，投氯点在混合井前的原水管上。

滤后加氯：最大投氯量 2 mg/L，投氯点在清水池进水管上。

补氯：最大投氯量 1 mg/L，投氯点在吸水井进水管上。

前加氯系统配置流量比例式全真空自动加氯机 1 台（与滤后加氯机互为备用），单台加氯量 20 kg/h；滤后加氯系统配置流量复合环式全真空自动加氯机 2 台，单台加氯量 20 kg/h；滤后加氯系统配置流量复合环式全真空自动加氯机 1 台（与补加氯机互为备用），单台加氯量 10 kg/h；补氯系统配置余氯反馈式全真空自动加氯机 1 台，单台加氯量 10 kg/h。

9）综合排泥池

综合排泥池用以接纳絮凝沉淀池排泥水以及滤池反冲洗废水，经调节后，上清液流入市政污水管道，底部沉泥抽到污泥浓缩池浓缩，再进行脱水外运处理。

设计综合排泥池分两格，交错运行，单格平面净尺寸为 30.00 m×8.00 m，池高 4.50 m，最大水深为 3.00 m，单格容积为 720.00 m^3。泥水通过综合排泥池使固液分离，上清液用水泵送回絮凝池，沉泥定期人工或用吸泥车清运。

10）污泥浓缩池

污泥浓缩池主要功能为污泥浓缩，结构为钢筋混凝土，设计规模 10 万 m^3/d，工艺尺寸：平面尺寸为 8.80 m×8.80 m，高度为 3.50 m。

11）污泥脱水间

污泥脱水间主要功能是为污泥脱水，结构型式为地上框架结构，设计规模按 10 万 m^3/d 规模实施。平面尺寸为 30.20 m×10.20 m。

3. 总平面布置

水厂区域场地平整后，北高南低，高差不大；主入口位于厂区东面，连接规划道路；次入口分别位于厂区西面，连接规划道路，主要建筑物为水厂构筑物及配套附属建筑；厂区入口处南面布置配套附属建筑和生态停车位。厂房主入口北侧按水厂工艺流程布置构筑物；生产区和办公生活区布局合理、分区明确；厂内道路均环绕一圈，满足消防要求，交通组织明确、通畅。

提示：生产区按工艺流程顺序布置建（构）筑物；生产区和生产附属区按照便于生产和管理进行布置。

第4章　市政排水管道系统设计

4.1　污水管道系统设计

4.1.1　污水管道的水力计算

1. 污水流动特点

污水由支管流入干管，由干管流入主干管，再由主干管流入污水处理厂，管道由小到大，分布类似树枝状，与给水管网的环流贯通情况完全不同。污水在管道中一般是靠管道两端的水面高差从高处向低处流动。在大多数情况下，管道内是不承受压力的，即靠重力流动。

流入污水管道的污水中含有不同数量的无机物和有机物，其中比重小的漂浮在水面并随污水漂流；较重的分布在水流断面上并呈悬浮状态流动；更重的沿着管底移动或淤积在管道中。这种情况与清水的流动略有不同。但是总的来说，水分含量达90%以上的污水还是符合流体的一般规律的，因而可以假定污水是普通流体，并假定管道内水流速度是均匀的。

提示：但实际情况是经检测的污水管道中流速是有变化的，因为管道中水流经转弯、交叉、变径、跌水等地点时水流状态发生了改变，导致流速和流量也发生了改变。但是在直线管段上，当流量没有很大变化又无沉淀物时，管道内水流状态可以接近匀速。这就要求在设计和施工过程中，注意改善管道的水力条件，就可以使管道内水流接近匀速。

2. 水力计算的基本公式

水力计算的目的是确定设计管段断面尺寸、管道坡度以及管道标高和埋深。由于这种计算的依据是水力学规律，所以称之为管道的水力计算。如果在设计和施工中注意改善管道的水力条件，可使管道内污水的流动状态接近匀速。我国排水设计相关规范规定，污水管道按非满流进行计算，所确定的管道断面尺寸和管道坡度必须要在规定的设计充满度和设计流速的情况下，能够排泄设计流量，同时所确定的管道标高应使管道埋深满足设计要求。为了简化计算工作，常用均匀流基本公式，如式（4.1）所示。

$$Q = Av = A\frac{1}{n}R^{\frac{2}{3}}I^{\frac{1}{2}} \tag{4.1}$$

式中：Q——流量，m^3/s；

A——过水断面面积，m^2；

v——流速，m/s；

n——管壁粗糙系数，该值根据管渠材料而定；

R——水力半径（过水断面面积与湿周的比值），m；

I——水力坡度（即水面坡度，等于管底坡度 i）。

3. 污水管道水力计算设计参数

设计流量与设计流速及过水断面有关，而流速则是和管壁粗糙系数、水力半径和水力坡度有关。为了保证污水管道的正常运行，分析设计充满度、设计流速、最小设计坡度和最小管径。

1）设计充满度

在设计流量下，污水在管道中的水深 h 和管道直径 D 的比值称为设计充满度，如图 4.1 所示。

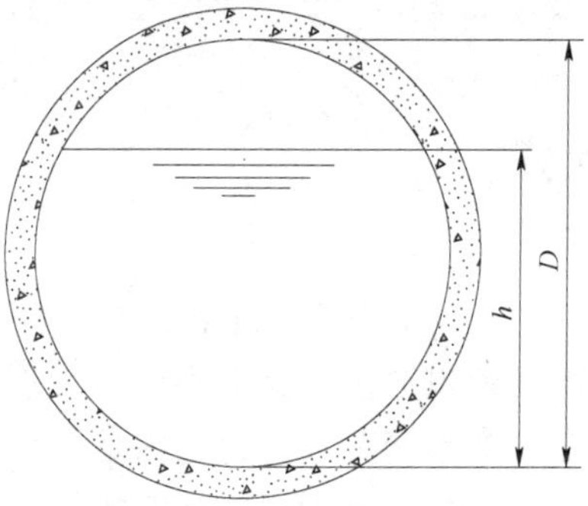

图 4.1 设计充满度示意图

当 $h/D \geqslant 1$ 时，称为满流；当 $h/D < 1$ 时，称为非满流。

污水管道的设计有两种情况：按满流和非满流设计。依据《室外排水设计标准》（GB 50014—2021），重力流污水管道应按非满流计算，其最大设计充满度如表 4.1 所示。

表 4.1 最大设计充满度

管径/D或架高（H）/mm	最大设计充满度（h/D）
200～300	0.55
350～450	0.65
500～900	0.70
≥1 000	0.75

注：h 为水深；D 为管道直径。

在计算污水管道充满度时，不包括短时突然增加的污水量，但当管径小于或等于 300 mm 时，应按满流复核。这样规定的主要原因有以下几点。

（1）确保设计安全。污水流量时刻在变化，很难精确计算，而且雨水或地下水可能通过检查井盖或管道接口渗入污水管道。因此，有必要保留一部分管道断面，为未预见用水量的增长留有余地，避免污水溢出影响环境卫生。

（2）利于管道通风。污水管道内沉积的污泥可能分解析出一些有害气体。此外，污水中如含有汽油、石油等易燃液体时，可能形成爆炸性气体。故需留出适当空间，以利于管道通风，排除有害气体，防止管道爆炸。

（3）改善水力条件。管道部分充满时，管道内水流速度在一定条件下比满流时大一些。当 h/D=0.813 时，流速 v 达到最大值；当 h/D=1 和 h/D=0.5 时，流速相等；当 h/D=0.95 时，流量 Q 达到最大值，然后降低；当 h/D=1 时的流量比 h/D=0.5 时的流量大一倍。

（4）便于管道的疏通和维护管理。

2）设计流速

与设计流量、设计充满度相应的水流平均速度叫作设计流速。污水在管道内流动缓慢时，污水中所含的杂质可能会下沉，产生淤积；当污水流速过大时，可能产生冲刷现象，甚至损坏管道。为了防止管道中产生淤积或冲刷，设计流速不宜过小或过大。

最小设计流速是保证管道内不致发生淤积的流速。这个最小设计流速的最低限值与污水中的悬浮物的成分和粒度有关，同时也和管道的水力半径、管壁的粗糙系数有关。但从实际运行情况看，流速是防止管道中污水所含悬浮物沉淀的重要因素，但不是唯一因素。引起悬浮物沉淀的决定性因素是充满度，即水的深度。小管道水量变化大、水深变小就容易产生沉淀。大管道水量大，动量大，水深变化小，所以不易产生沉淀。因此，最小设计流速不需要按照管径大小来规定。根据国内污水管道实际运行情况的观测数据显示污水管道在设计充满度下的最小设计流速为 0.6 m/s，明渠为 0.4 m/s。含有金属、矿物或重油杂质的生产污水管道，最小设计流速宜适当加大。

最大设计流速是保证管道不被冲刷损坏的流速。排水管渠最大设计流速规定：金属管道 10 m/s；非金属管道 5 m/s，渠中水流深度为 0.4～1.0 m 时，取值如表 4.2 所示。排水管道采用压力流时，设计流速宜采用 0.7～2.0 m/s。

表 4.2 明渠最大设计流速

明渠类别	最大设计流速/（m/s）
粗砂或低塑性粉质黏土	0.80
粉质黏土	1.00
黏土	1.20
草皮护面	1.60
干砌块石	2.00
浆砌块石或浆砌砖	3.00
石灰岩及中砂岩	4.00
混凝土	4.00

注：当水流深度 h 在 0.4～1.0 m 范围以外时，表列流速应乘以的系数：h<0.4 m，系数为 0.85；1 m<h<2.0 m，系数为 1.25；h=2.0 m，系数为 1.40。

3）最小设计坡度

在污水管道设计时，应尽可能减小管道敷设坡度以降低管道埋深，使管道埋设坡度与设计地区的地面坡度基本一致，但管道流速应等于或大于最小设计流速，以防止管道内产生沉淀。这点在地势平坦或管道走向与地面坡度相反的情况下尤为重要。因此，将相应于管内流速为最小设计流速时的管道坡度称为最小设计坡度。

由污水管道水力计算公式可知，不同管径的污水管道应有不同的最小坡度。管径相同的管道，因充满度不同，其最小坡度也不同；在给定设计充满度条件下，管径越大，相应的最小设计坡度值越小。其他管径最小设计坡度，可按设计充满度下不淤流速控制，当管道坡度不能满足不淤流速要求时，应有防淤、清淤措施。

4）最小管径

污水管道系统上游管段设计流量较小，若根据流量计算，则管径会很小。根据管道养护经验可知，管径过小极易堵塞，例如管径 150 mm 支管的堵塞次数是管径 200 mm 支管的两倍，这样就增加了养护经费。而管径 200 mm 与管径 150 mm 的管道在同样埋深下，施工费用相差不大。此外，采用较大的管径，可选用较小的坡度，使管道埋深减小。因此，为了养护工作的方便，常规定一个允许的最小管径。

当污水管道系统上游管段的设计流量小于最小管径在最小设计坡度、充满度等于 0.5 时可以通过的流量时，此管段可以不进行水力计算，而直接采用最小管径和相应的最小设计坡度作为设计参数，这种管段称为不计算管段。在这些管段中，为了养护方便，当有适当的冲洗水源时，可考虑设置冲洗井。

4. 污水管道的埋设深度及其衔接方式

1）污水管道的埋设深度

污水管网在通常情况下占到污水工程总投资的 50%～75%，而构成污水管道造价的挖填沟槽、沟槽支撑、降水、管道基础、管道铺设各部分所占的比例，都与管道的埋设深度及开槽支撑方式有很大的关系。在实际工程中，同管径、管材、连接方式也相同的管道，因其埋设深度会造成单位长度的管道费用相差很大。因此，合理地确定管道埋深对于降低工程造价是很重要的。

管道埋设深度有两层含义：一是管道的覆土厚度，指的是管道外壁顶部到地面的距离；二是管道的埋设深度，指的是管道内壁底部到地面的距离。

管道埋深是影响管道造价的重要因素，是污水管道的重要设计参数。为了降低造价、缩短工期，管道埋设深度越小越好，但覆土厚度应有一个最小限值，这个限值称为最小覆土厚度。最小覆土厚度应根据管材强度、外部荷载、土壤冰冻深度和土壤性质等条件，结合当地埋管经验确定。污水管道的最小覆土厚度，一般应满足下列三个因素的要求。

（1）必须防止管道内污水冰冻和因土壤冻胀而损坏管道。我国东北、西北、华北及内蒙古的部分地区气候比较寒冷，属于季节性冻土区。土壤冰冻深度主要受气温和冻结期长短的影响。当然，同一城市也会因地面覆盖的土壤种类不同及朝向不同，冻土深度也会有所差别。冻层内污水管道埋设深度或覆土深度，应根据管道流量、地下水水温、水流情况和敷设位置等因素确定。由于污水水温较高，在冬季也不会低于 4 ℃，因此没有必要把整个污水管都埋在土壤冰冻线以下。例如，满洲里市、齐齐哈尔市、哈尔滨市的街道污水管水温平均为 5 ℃，一些测点的水温高达 8～9 ℃，最寒冷的满洲里市，其街道污水管水温在一月份实测为 7～9 ℃。同时，污水管道在敷设时有一定的坡度，管内污水具有一定的流速，会保持一定的流量流动。但是也不能将管道全部敷设在冰冻线以上，这也会因为土壤冰冻膨胀损坏管道基础，从而损坏管道。

提示：一般情况下，排水管道宜埋设在冰冻线以下，当该地区或条件相似地区有浅埋经验或采取相应措施时，也可埋设在冰冻线以上，其浅埋数值应根据该地区经验确定，但应保证排水管道安全运行。

（2）必须防止管壁因地面荷载而受到破坏。埋设在地面下的污水管道承受着管顶覆盖土壤静荷载和地面上车辆运行产生的动荷载。为防止管道因外部荷载影响而损坏，首先要注意管材质量，另外必须保证管道有一定的覆土厚度。因为车辆运行对管道产生动荷载，其垂直压力会随着深度增加而向管道两侧传递，最后有一部分集中的压力传递到地下管道上。所以车行道路下污水管道最小覆土厚度应不小于 0.7 m，非车行道下污水管道若能满足管道衔接的要求以及无动荷载的影响，管顶最小覆土厚度不应小于 0.6 m。

（3）必须满足街区污水连接管衔接的要求。城市住宅、公共建筑内产生的污水要能顺畅排入街道污水管网，就必须保证接到污水管网起点的埋深大于或等于街区污水管终点的埋深。而街区污水管起点的埋深又必须大于或等于建筑物污水出户管网的埋深。这对于确定在气候温暖又地势平坦地区街道管网起点的最小埋深或覆土厚度是很重要的因素。从安装技术方面考虑，要使建筑物首层卫生设备的污水能顺利排出，污水出户管网的最小埋深一般为 0.5～0.7 m，街道管网起点的最小埋设深度的计算如式（4.2）所示。

$$H = h + iL + Z_1 - Z_2 + \Delta h \tag{4.2}$$

式中：H——街道污水管网起点的最小埋深，m；

h——街区污水管起点的最小埋深，m；

Z_1——街道污水管起点检查井处地面标高，m；

Z_2——街区污水管起点检查井处地面标高，m；

i——街区污水管和连接支管的坡度；

L——街区污水管和连接支管的总长度，m；

Δh——连接支管与街道污水管的管内底高差，m。

提示：对每一个具体管道，从上述三个因素出发，可以得到三个不同的管底埋深或管顶覆土厚度值，这三个数值中的最大值就是这一管道的允许最小覆土厚度或最小埋设深度。

2）污水管道的衔接

污水管道系统中的检查井是清通维护管道的设施，也是管道的衔接设施。一般在管道管径、坡度、高程、方向发生变化及管道交会时，必须设置检查井，以满足结构和维护管理的需要。检查井中的上、下游管段必须有较好的衔接，以保证管道顺利运行。管道衔接应遵循两个原则：尽可能提高下游管段的高程，以减小管道埋深，降低造价；避免在上游管段中形成回水而造成淤积。管道衔接的方法通常有水面平接和管顶平接两种，如图 4.2 所示。

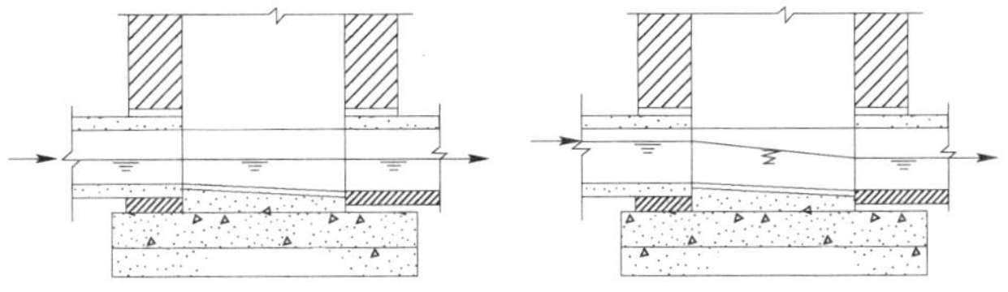

(a) 水面平接　　(b) 管顶平接

图 4.2　管道衔接的方法

水面平接是指在水力计算中，使上游管段终端和下游管段始端在设计充满度下的水面相平，即上游管段终端与下游管段始端的水面标高相同。由于上游管段设计流量较小，可能水面变化较大，导致水面平接时在上游管段中易形成回水；但水面平接时，下游管段埋深要小于管顶平接。水面平接一般适用于上、下游管段直径相同时的情况，特别是在平坦地区被采用较多。

管顶平接是指在水力计算中，使上游管段终端和下游管段始端的管顶标高相同。采用管顶平接时，在上游管段中不至于产生回水，但下游管段的埋深将增加，因而管顶平接适用于地面坡度较大或下游管径大于上游管径时。

在特殊情况下，如下游管段地面坡度急增，下游管段管径可能小于上游管段，此时管道衔接应采取管底平接，即上游管段终端和下游管段始端的管底标高相同。

在地形坡度较大地区，为了调整管内流速所采用的管道坡度将会小于地面坡度。为了保证下游管段的最小覆土厚度和减少上游管段的埋深，可根据地面坡度采用跌水连接。

在旁侧支管与干管交汇处，支管接入干管的转弯角度，与下游管道的夹角一般应大于90°，以防止在上游管道中产生回水。支管接入交汇检查井时，应避免与干管底有较大落差，若落差不足 1 m，可在支管上设斜坡；若落差大于 1 m，可在支管上设跌水井，跌落后再接入交汇井，以保证干管有良好的水利条件。

提示：在地势平坦地区，管道坡度应大于地面坡度，当管道埋深达到允许最大埋深时，必须减小下游管道埋深，这时上、下游管道采用提升泵站衔接。

3）管道综合

管道综合是指建筑物与各种管线之间的综合布置过程。污水管道、合流管道与生活给水管道相交时，应敷设在生活给水管道的下面；排水管道与其他地下管线（或构筑物）的水平和垂直最小净距，应根据两者的类别、高程、施工先后和管线损坏的后果等因素，按当地城市管道综合规划确定；污水管道与建筑物的最小水平净距：管道埋深浅于建筑物基础时为 2.5 m，深于建筑物基础时应通过计算确定但不得小于 3.0 m；与给水管道的最小水平净距：给水管径≤200 mm 时为 1.5 m，给水管径＞200 mm 时为 3.0 m；其他排水管道、热力管沟、中压煤气管、乔木、路侧石边缘、油管、压缩空气管、氧气管、乙炔管的最小水平净距为 1.5 m，与高压煤气管和架空管基础的最小水平净距为 2.0 m，与低压煤气管和通信管线的最小水平净距为 1.0 m，与电力管线的最小水平净距为 0.5 m；污水管道应在给水和再生水管道下方的最小水平净距为至少 0.4 m；与其他排水管道煤气管、热力管沟、电力电缆（穿管）、压缩空气、涵洞基础的最小垂直距离为 0.15 m，与油管、氧气管、乙炔管的最小垂直距离为 0.25 m，与电力电缆（直埋）、照明管线、通信（直埋）管线的最小垂直距离为 0.5 m。

提示：地下管线的水平布置顺序，自外侧向路中线方向一般依次为电力、通信、煤气、热力、给水管线、污水管线、雨水管线。地下管线的竖向布置顺序：一般为电力、通信管线在最上；往下为煤气、热力、给水管线；再往下为雨水管线；污水管线在最下方。各种管线发生矛盾的避让原则是新建让已建、临时让永久、小让大、压力管让重力管、检修不频繁让检修频繁。

5. 污水管道水力计算方法

在进行污水管道水力计算时，通常污水设计流量为已知，需要确定管道的断面尺寸和敷设坡度。为了使水力计算获得较为满意的结果，必须认真分析设计地区的地形等条件，并充分考虑水力计算设计数据的有关规定。所以，必须在规定的设计充满度和设计流速下选择管道的断面尺寸，并且要求达到能够排泄设计流量。管道坡度应参照地面坡度和最小坡度的规定进行确定：一方面要保证使管道尽可能与地面坡度平行敷设，但同时又不能小于最小设计坡度的规定，以免管道内流速达不到最小设计流速而产生淤积。当然，也应避免管道坡度太大而使流速大于最大设计流速，导致管壁受冲刷。

提示： *在具体计算中，已知设计流量 Q 及管道粗糙系数 n，需要求出管径 D、水力半径 R、充满度 h/D（h 为水深、D 为管径）、管道坡度 i 和流速 v。为了简化计算，常采用水力计算图。*

4.1.2　污水管道系统设计流量的确定

污水管道系统是由收集和输送城市污水的管道及其附属构筑物组成的基础设施网络。

污水管道系统的设计流量是污水管道及其附属构筑物能保证通过的最大流量。通常以最高日最大时流量作为污水管道系统的设计流量，其单位为 L/s。合理确定设计流量是污水管道系统设计的主要内容。污水设计流量包括生活污水和工业废水两大类。

1. 生活污水设计流量

1）居民生活污水设计流量

居民生活污水主要来自居民区，它的计算如式（4.3）所示。

$$Q_1 = \frac{nNK_z}{24 \times 3\,600} \tag{4.3}$$

式中：Q_1——居民区生活污水设计流量，L/s；

n——居民区生活污水定额，L/(人·d)；

N——设计入口数；

K_z——生活污水量总变化系数。

（1）居民生活污水定额。居民生活污水量定额可分为居民生活污水定额和综合生活污水定额，可参考居民生活用水定额或综合生活用水定额确定。

① 居民生活污水定额。它是指居民每人每天日常生活产生的污水量，包括生活中的洗涤、冲厕、洗澡等产生的污水量。

② 综合生活污水定额。它是指居民生活污水和公共设施（包括娱乐场所、宾馆、浴室、商业网点、学校和机关办公室等地方）排出污水的总和。

（2）设计入口。设计入口是指污水排水系统设计期限终期的规划人口数，是计算污水设计流量的基本数据，该值由城镇（地区）的总体规划确定。由于各个城镇性质或规模不同，城镇工业、仓储、交通运输、生活居住用地分别占城镇总用地的比例和指标也有所不同。因此，在计算污水管道服务的设计入口时，常用人口密度与居民区面积相乘得到，如式（4.4）所示。

$$N = \rho F \tag{4.4}$$

式中：N——设计入口数，人；

ρ——人口密度，人/km^2；

F——居民区面积，km^2。

人口密度反映人口的稠密程度，是指在一定时期单位土地面积上居住的人口数，以每平方千米常住的人口数量来表示。若计算人口密度所用的地区面积包括街道、公园、运动场、水体等，得到的人口密度称作总人口密度；若所用的面积只是街区，计算出的人口密度称作街区人口密度。通常在规划或初步设计时，是根据总人口密度计算污水量的。而在技术设计或施工图设计时，则采用街区人口密度计算污水量。

（3）生活污水量总变化系数。由于居民生活污水定额是平均值，因此根据设计入口和生活污水定额计算得到的是污水平均流量，而实际流入污水管道的污水量时刻都在变化。例如，夏季和冬季污水量就不同，一天中各个时段污水量也是不同的。一般来说，居住区的污水量在凌晨的几个小时中最小，6:00 到 8:00 和 17:00 到 20:00 污水流量最大。从以上所述中可知，在一个小时内污水量也是有所变化的，但是这个变化很小，在污水管道的设计中，通常假定 1 h 内流入污水管道的污水量是均匀的。这样的假定不会影响污水排水系统设计和运转的合理性。

我国自 1972 年起，先后在北京 19 个点进行 1 年的观测，长春 4 个点进行 4 个月的观测和广州 1 个点进行 2 个月的观测，加上郑州、鞍山和广州的历史观测资料，共 27 个观测点的 2 700 多个数据，经综合分析后得出了生活污水总量变化系数值。同时，各地区普遍认为，当污水平均日流量大于 1 000 L/s 时，总变化系数至少应为 1.3。当然，居民区生活污水量总变化系数值也可按综合分析得出的总变化系数与平均流量间的关系式求得，如式（4.5）所示。

$$K_z = \frac{2.7}{Q^{0.11}} \tag{4.5}$$

式中：Q——平均日平均时污水流量，L/s；

其余符号意义同前。

当 Q＜5 L/s 时，K_z=2.3；Q＞1 000 L/s 时，K_z=1.3。

2）公共建筑生活污水设计流量

公共建筑包括公共浴室、旅馆、医院和学校的住宿区、洗衣房、餐饮娱乐中心等，公共建筑生活污水量与居民生活污水量合并计算时应选用综合生活污水量定额。

公共建筑生活污水设计流量的计算如式（4.6）所示。

$$Q_2 = \frac{mq_d K_h}{3\,600T} \tag{4.6}$$

式中：Q_2——公共建筑生活污水设计流量，L/s；

m——公共建筑在设计使用年限其所服务的用水单位数；

q_d——公共建筑最高日生活污水排水定额，L/(用水单位·d)；

K_h——公共建筑生活污水时变化系数；

T——公共建筑最高日排水时间，h。

工业企业生活污水和淋浴污水设计流量的计算如式（4.7）所示。

$$Q_3 = \frac{A_1 B_1 K_1 + A_2 B_2 K_2}{3\,600T} + \frac{C_1 D_1 + C_2 D_2}{3\,600} \tag{4.7}$$

式中：Q_3——工业企业生活污水及淋浴污水设计流量，L/s；

A_1——一般车间最大班职工人数，人；

A_2——热车间最大班职工人数，人；

B_1——一般车间职工生活污水定额，一般以 25 L/（人·班）计；
B_2——热车间职工生活污水定额，一般以 35 L/(人·班)计；
K_1——一般车间生活污水量时变化系数，一般以 3.0 计；
K_2——热车间生活污水量时变化系数，一般以 2.5 计；
C_1——一般车间最大班使用淋浴的职工人数，人；
C_2——热车间最大班使用淋浴的职工人数，人；
D_1——一般车间的淋浴污水定额，以 40 L/(人·次)计；
D_2——高温、污染严重车间的淋浴污水定额，以 60 L/(人·次)计；
T——每班工作时数，h。

2. 工业废水设计流量

工业废水设计流量的计算如式（4.8）所示。

$$Q_4 = \frac{mMK_z}{3\,600T} \tag{4.8}$$

式中：Q_4——工业废水设计流量，L/s；
m——生产过程中每单位产品的废水量，L/单位产品；
M——产品的平均日产量；
T——每日生产时数；
K_z——总变化系数。

生产单位产品或加工单位数量原料所排出的平均废水量，也被称为单位产品的废水量定额。工业企业的工业废水量随各行业类型、采用的原材料、生产工艺特点和管理水平等有很大差异。

在不同的工业企业中，工业废水的排出情况都不相同。对于工业废水，有些工厂是均匀排出的，也有变化很大的，甚至一些个别车间的废水也可能在短时间内一次排放。因而工业废水量的变化取决于工厂的性质和生产工艺过程。工业废水量的日变化一般较小，其日变化系数、时变化系数可实测。

3. 地下水渗入量

在地下水较高的地区，因当地土质、管道及接口材料、施工质量等因素的影响，一般均存在地下水渗入现象，设计污水管道系统时宜考虑地下水渗入量。地下水渗入量（Q_5）一般以单位管道延长米或单位服务面积公顷计算。

4. 城市污水设计总流量的计算

城市污水总的设计流量是居民生活污水、公共建筑生活污水、工业企业生活污水和工业废水设计流量四部分之和。在地下水位较高地区，还应加入地下水渗入量。城市污水总设计流量一般采用直接求和的方法进行计算，因此城市污水设计总流量（Q_5）的表达式如式（4.9）所示。

$$Q_5 = Q_1 + Q_2 + Q_3 + Q_4 \tag{4.9}$$

式中：Q_1——居民生活污水设计流量，L/s；
Q_2——公共建筑生活污水设计流量，L/s；
Q_3——工业企业生活污水及淋浴污水设计流量，L/s；
Q_4——工业废水设计流量，L/s。

提示：上述求污水总设计流量的方法，是假定排出的各种污水都在同一时间内出现最大流量的。污水管道设计是采用这种简单累加法来计算流量的。但在设计污水泵站和污水厂时，如果也采用各项污水最大时流量之和作为设计依据，将很不经济。因为各种污水最大时流量同时发生的可能性很小，各种污水流量汇合时，可以互相调节，而使流量高峰降低。因此，为了正确、合理地决定污水泵站和污水处理厂各构筑物的最大污水设计流量，就必须考虑各种污水流量的逐时变化，即知道一天中各种污水每小时的流量，然后将相同小时的各种流量相加，求出一天中流量的逐时变化，取最大时流量作为总设计流量。按这种综合流量计算法求得的最大污水量，作为污水泵站和污水处理厂构筑物的设计流量，是比较经济合理的。但往往由于缺乏污水量逐时变化资料而不便采用。

当设计污水管道系统时，应分别列表计算出各居住区生活污水、工业废水和工厂生活污水设计流量，然后得出污水设计流量综合表。

4.1.3 污水管道系统的平面布置

1. 污水管道系统的布置原则

污水管道系统的布置要确定污水厂、出水口、泵站及主要管道的位置。当利用污水灌溉农田时，还需要确定被灌溉农田的位置、范围以及灌溉干渠的位置。

污水管道系统的平面布置对整个排水系统起到重要的作用。为了使城市排水系统达到技术上先进，经济上合理；既能发挥其功能，满足实用性，又能处理好排水系统与城市其他部分设施的相互关系，污水管道系统的平面布置应遵循以下基本原则。

（1）尽可能在管线较短和埋深较小的情况下，让较大区域内的污水自流排出。

（2）充分利用地形，在整个排水区域较低的地方敷设主干管和干管，便于支管的污水自流接入。

（3）污水管网尽可能避免穿越河道、铁路、地下建筑或其他障碍物，也减少与其他地下管线和构筑物交叉。

（4）污水干管一般沿城市道路布置，不宜设置在交通繁忙的快车道下或狭窄的街道。

（5）管线布置要简洁顺直，不要绕弯，尽量不设或少设中途泵站。

2. 污水管道系统的具体布置

管道系统的平面布置也称为定线。污水管道系统的平面布置一般按主干管、干管、支管的顺序依次进行。在一定条件下，地形一般是影响管道定线的主要因素。定线时应充分利用地形，使管道的走线符合地形趋势，一般宜顺坡排水。污水管道中的水流靠重力流动，因此管道必须设置坡度。在地形平坦地区，管线虽然不长，埋深亦会增加很快，当埋深超过一定限值时，需要泵站抽升污水。这样便会增加基建投资和常年运转费用，对系统来说，是很不利的。

1）确定排水区界，划分排水区域

排水区界是排水系统规划的界线，在排水区界内应根据地形和城市的竖向规划，划分排水流域。一般情况下，流域边界应与分水线相符合。在地形起伏及丘陵地区，流域分界线与分水线基本一致；在地形平坦无显著分水线的地区，应使干管在最小埋深的情况下，让绝大部分污水自流排出。如有河流或铁路等障碍物贯穿，应根据地形情况、周围水体情况及倒虹管的设置情况等，进行方案比较，以决定是否分为几个排水流域。每一个排水流域应有一根或一根以上的干管，根据流域高程情况，确定干管水流方向和需要污水提升的地区。

2）污水干管布置

城市污水主干管和干管是污水管道系统的主体。每一个排水区域一般有一条或几条主干管，来汇集各干管的污水。它们的布置恰当与否将影响整水污水管道系统的合理性。主干管的走向取决于城市的布局和污水处理厂的位置，主干管终端通向污水处理厂，其始端最好是排泄大量工业废水的工厂，管道建成后可立即得到充分利用。

污水干管应布置成树状网络，根据地形条件，可采用平行式或正交式布置。通常影响污水管平面布置的主要因素有：地形和水文地质条件；城市总体规划、竖向规划和分期建设情况；排水体制，线路数目；污水处理利用情况，处理厂和污水排放口位置；排水量大的工业企业和公共建筑的分布和排水情况；道路和交通情况；地下管线和构筑物的分布情况。污水干管的走向与数目取决于污水厂和出水口的位置和数目，所有管线都应朝出水口方向铺设并组成枝状管网。

3）污水支管布置

污水支管的平面布置取决于地形及街区建筑特征，并应便于用户接管排水。一般有低边式、围坊式和穿坊式三种布置形式。

低边式布置是指将污水支管布置在街坊地势较低的一边。这种布置形式适用于街坊面积较小而污水又集中的出水方式，具有管线较短的特点，在城市规划中被普遍采用。

围坊式布置是指将污水支管布置在街坊四周，这种布置形式适用于地势平坦并采用集中出水的大型街坊。

穿坊式布置是指污水管道穿过街坊，而街坊四周不设置污水支管，这种布置形式适用于街坊内部建筑规划已确定或街坊内部管线自成体系，具有管线较短工程造价低的特点，但由于管道维护管理不便，在设计中很少采用。

4）控制点的确定和泵站的设置

在污水排水区域内，对管道系统的埋深起控制作用的地点称为控制点。各条管道的起点大都是该管道的控制点，这些控制点中离污水处理厂或出水口最远的一点，通常就是整个系统的控制点。具有相当深度的工厂排出口或某些低洼地区的管道起点，也可能成为整个管道系统的控制点。这些控制点的管道埋深影响着整个污水管道系统的埋深。

确定控制点的标高，一方面应根据城市的竖向规划，保证排水区域内各点的污水都能够排出，并考虑发展，在埋深上适当留有余地；另一方面，不能因照顾个别控制点而增加整个管道系统的埋深。对此通常采取一些措施，例如加强管材强度，填土提高地面高程以保证最小覆土厚度，设置泵站提高管位等方法，以减小控制点管道的埋深，从而减小整个管道系统的埋深，降低工程造价。

提示：在排水管道系统中，由于地形条件等因素的影响，通常需设中途泵站、局部泵站和终点泵站。泵站设置的具体位置应考虑环境卫生、地质、电源和施工条件等因素，并应征询规划、环保、城建等部门的意见。

3. 污水管道在街道上的位置

城市街道下有给水、污水、雨水、煤气、热力、电力、通信等管线，工厂内的管线更多，街道下还可能有地铁、人行过街隧道等障碍物。污水管道在街道上的位置应综合规划、统筹安排、合理布置，方便施工和维护管理。条件许可时，在地下设施拥挤和交通繁忙的街道下，可以将污水管线与其他管线布设在一个管廊内，以利于管线综合维护和管理，但雨水管线一般不布设在管廊内，通常单独与管廊平行布设。

所有地下管线应尽量布置在道路绿化带，人行步道和非机动车道之下，只有在不得已的情况下，才将埋深大的污水和雨水管道布置在机动车道下。很多管线布置在机动车道下，施工或检修时则需开挖、破路，这是地下管线工程的一大通病，应注意避免。

污水管道一般沿道路敷设并与道路中心线平行，在交通频繁的道路上应尽量避免污水管道横穿道路。当道路宽于 50 m 且两侧街坊都需要向支管排水时，常在道路两侧各设一条污水管道。对于城市快速路、轨道交通线等，污水管道也宜布置在两侧。

污水管道与其他地下管线或建筑设施之间的相互位置，应满足：保证在敷设和检修管道时互不影响；污水管道被损坏时，不至于影响附近建筑和基础设施，不会污染生活用水。

污水管道与其他地下管线或建筑设施的水平和垂直最小净距，应根据两者的类型、标高、施工顺序和管道损坏的后果等因素，按管道的综合设计要求确定。

4.1.4 污水管道系统的设计计算

污水管道系统是由收集和输送城市区域中的生活污水和工业企业生产废水的管道及其附属的构筑物组成的，其中生活污水占有较大的比例。

1. 设计管段与设计流量的确定

1）设计管段及其划分

两个检查井之间的管段采用的设计流量不变，且采用同样的管径和坡度，称为设计管段。在确定设计管段时，为了简化计算，不需把每个检查井都作为设计管段的计算节点。如果检查井未发生跌水，且连接的管道流量和坡度均保持不变，则该检查井可不作为计算节点，即设计管段上可以包括多个检查井。如同给水管网一样，污水管网也可以被简化为由管段和节点构成的污水管网。根据管道平面布置图，凡有集中流量进入，有旁侧管道接入的检查井均应作为设计管段的起讫点，设计管段的每个起讫点应编上号码。

2）设计管段中设计流量的组成

污水设计管段中设计流量包括本段流量和转输流量。本段流量包括本段沿线流量流入的居民生活排水量和本段接入的公共建筑生活排水量。转输流量包括上游或旁侧流来的居民生活排水量和上游或旁侧管流来的公共建筑生活排水量。

3）沿线流量计算

在污水管网节点设计流量计算时，只有居民生活污水是沿线流量，其余污水流量一般作为集中流量处理。沿线流量采用面积比例进行分配，不是直接分配设计流量，而是分配平均日流量，在计算管段设计流量时再乘以总变化系数。

通常，面积比流量（q_0）的计算如式（4.10）所示。

$$q_0 = \frac{n\rho}{86\,400} \tag{4.10}$$

式中：n——居住区生活污水定额，L/(人·d)；

ρ——人口密度，人/km^2。

4）节点设计流量计算

污水管网的节点设计流量计算包括从该节点下游管段的沿线街坊流入的本段流量与该节点所接纳的集中污水流量（简称集中流量）。

工矿企业和公共建筑的污水排放一般采用集中式排放，所以工业企业的工业废水、生活污水与淋浴污水流量往往作为集中流量，公共建筑污水流量也作为集中流量。因为这些集中流量的值一般比较大，所以它们的接纳点一般必须作为节点，以避免造成较大的计算误差。

管段分配的沿线流量全部加到上游节点作为节点流量。节点设计流量往往与管段设计流量计算同时进行。

5）管段设计流量的计算

每一设计管段的污水设计流量可能包括几种流量：本段流量 q_1，它是从管段沿线街坊流来的污水量；转输流量 q_2，它是从上游管段和旁侧管段流来的污水量；集中流量 q_3，它是从工业企业或其他大型公共建筑物流来的污水量。

对于某一设计管段而言，本段流量 q_1 是沿线变化的。为了方便计算，通常假定本段流量集中在起点进入设计管段，而且流量不变。本段流量 q_1 的计算如式（4.11）所示。

$$q_1 = F_1 q_0 K_z \tag{4.11}$$

式中：q_1——设计管段的本段流量，L/s；

F_1——设计管段服务的街区面积，hm^2；

q_0——单位面积的本段平均流量，即面积比流量，L/hm^2；

K_z——生活污水量总变化系数。

从上游管段和旁侧管段流来的污水平均流量以及集中流量对于设计管段是不变的。包含本段流量 q_1（本段服务的街区面积 F_1）、转输流量 q_2（上游、旁侧管段服务的街区面积 F_2）和集中流量 q_3 的设计管段总流量 Q 的计算如式（4.12）所示。

$$Q = F q_0 K_z + q_3 \tag{4.12}$$

式中：F——包括本段服务的街区面积 F_1 和上游、旁侧管段服务的街区面积 F_2 的总服务面积。

若不同街区的面积比流量不一样，应先分别计算本段和转输的污水平均流量，求和后确定相应的生活污水量总变化系数，最后确定设计管段总流量。

2. 污水管网水力计算

污水管网水力计算的目的在于经济合理地确定管径、坡度、标高和埋深。

1）水力计算的具体步骤

（1）污水管道管径和管道坡度的确定。污水管道管径和管道坡度在设计管段具体计算中，通常采用水力计算图表进行计算。

污水管道起始管段的水力计算，首先应考虑不计算管段问题，合理确定不计算管段的管径和坡度。

管道坡度应参照地面坡度和保证自净流速的最小坡度的规定来确定。要使管道尽可能与地面坡度平行敷设，以减小管道埋深。但同时管道坡度又不能小于最小设计坡度的规定，以免管道内流速达不到最小设计流速而产生淤积。当然也应避免因管道坡度太大而使流速大于最大设计流速，从而导致管壁受冲刷。

提示：对于下游其他管段的水力计算，管道坡度的确定原则同上。通常随着设计流量的增加，下游管段的管径一般会增大一级或两级，或保持不变，但当管道坡度骤然增大时，下游管段的管径可以缩小，但缩小的范围不得超过 50～100 mm。这样，可根据流量的变化确定管径。一般情况下，随着设计流量逐段增加，设计流速也应相应增加，如流量保持不变，流速不应减小，只有在管道坡度由大骤然变小的情况下，设计流速才允许减小；管道的设计充满度不能超过最大充满度要求。综合考虑以上几方面因素，通过试算完全可以合理地确定污水管道的管径和坡度。

（2）污水管道标高和埋深的确定。污水管道标高和埋深的确定，也应自上游依次向下游管段进行。

应合理确定整个管道系统的控制点，作为主干管的起始点。按确定最小埋深的三个途径分别计算起点埋深，从而确定起始点最小埋深。根据管径和充满度计算管段的水深，根据设计管段长度和管道坡度计算设计管段降落量，最后确定起始管段起讫点的标高和埋深。

根据管段在检查井处采用的衔接方法，可确定下游管段的标高和埋深。在旁侧管与干管或主干管的连接点处，要考虑干管的已定埋深是否允许旁侧管接入。若连接处旁侧管的埋深大于干管埋深，则需在连接处的干管上设置跌水井，以使旁侧管能接入干管。若连接处旁侧管的管底标高比干管的管底标高高出许多，为使干管有较好的水力条件，需在连接处前的旁侧管上设置跌水井。

2）水力计算

（1）不计管段的确定。按照规范规定，污水管道在街区和厂区内的最小管径为 200 mm，其最小设计坡度为 0.004；在街道下的最大管径为 300 mm，最小设计坡度为 0.003，当管道粗糙系数为 0.014 时，通过计算，上述管段对应的设计流量分别为 9.19 L/s 与 14.63 L/s。当设计污水流量小于上述值时，已经没有选择管径的余地，因此可以不通过计算而直接采用最小管径；在平坦地区可以直接采用相应的最小设计坡度。

（2）较大坡度地区管段计算。当管段敷设地点有一定的地形坡度可以利用时，管道计算坡度可以选择地面坡度。管段直径选用满足最大充满度要求的最小直径。由已知的设计流量和坡度，求其他水力参数。

（3）平坦或反坡地区管段计算。当管道敷设地点地形比较平坦甚至是反坡时，管段设计不但要考虑规范规定的最小流速、最大充满度等技术要求，同时要认真考虑经济性问题。

（4）管段高程计算。污水管道衔接设计是由上游管段向下游管段进行的：首先确定管段起点埋深，对于非起点管段，则应确定它与上游管段的衔接关系，即根据具体情况选用衔接方式（管顶平接、水面平接和管底平接），以确定本管段的起点埋深；然后用本管段设计确定的管径、坡度、充满度等以及管段长度，推求本管段的终端埋深，以作为下游管段的衔接条件。管段末端埋深的计算如式（4.13）所示。

$$(Z_2 - H_2) = (Z_1 - H_1) - iL \tag{4.13}$$

式中：Z_1、Z_2——管段上、下游节点处的地面高程，m；

H_1、H_2——管段上、下游节点处的埋设深度，m，根据管道衔接等技术条件确定；

L——管段长度，m；

i——管段坡度，m。

4.2　污水管网设计案例

4.2.1　项目背景

HY 市位于广东省北部，是珠三角的东北门户，源城区是 HY 市的政治、经济、文化中心。HY 市水域面积宽阔，拥有丰富的水资源，其中新丰江及东江干流 HY 段水质均达到国家地表水Ⅱ类水质标准，新丰江水库的水质则一直保持在Ⅰ类水质标准。

宝源片区及老城西区位于 HY 市源城区新丰江两岸，面积约 8.96 km^2。该片区内未构建成型的污水收集系统，新丰江沿岸村居、商业区及新建居住小区的生活污水通过合流管渠直排新丰江，造成了严重的污染，近年来新丰江的水质也有所下降。

4.2.2　总体治理目标

总体治理目标如下。

（1）完善市政污水管网的建设，最终实现雨污分流。

（2）削减雨季 CSO（combined sewer overflow，合流制溢流；下同）溢流污染。

（3）近期目标：搭建区域污水主干系统及截污系统，有效收集直排新丰江的污水，实现新丰江旱季污水零排放。

（4）远期目标：进一步清污分流，实现污水零排放。

4.2.3　排水现状

1）污染源现状

新丰江沿岸共有 14 个主要的排污口，以宝源片区两条大口径合流渠污染最为严重。

2）污水管建设现状

片区内已建 *D*300～600 mm（*D* 为排污管道直径；下同）的污水管长 13.5 km，分布较为分散，不成系统，收集的污水未能有效转输至污水厂进行处理。

3）存在问题

在旱季，污水直排新丰江；在雨季，CSO 溢流污染严重；新建小区存在雨污混接。

4.2.4　治污思路

治污思路如下。

（1）搭建污水主干系统，确保区域内的污水得到有效收集与输送。

（2）完善截污与支管系统，提高污水收集率，为排水改造支管的接驳创造条件。

（3）建设初雨收集措施，收集重点污染区域的初雨，削减雨季的 CSO 溢流污染。

4.2.5　总体方案

1. 污水主干系统布局

沿新丰江边的道路及双下路新建 *D*600～1 200 mm 污水干管及污水泵站（井）两座，以收集片区内的污水，最终通过污水厂北侧规划路 $D1\ 200$ mm 污水管及 $D1\ 650$ mm 进厂总管转输至城区污水处理厂进行处理。现状管网分布示意图如图 4.3 所示。

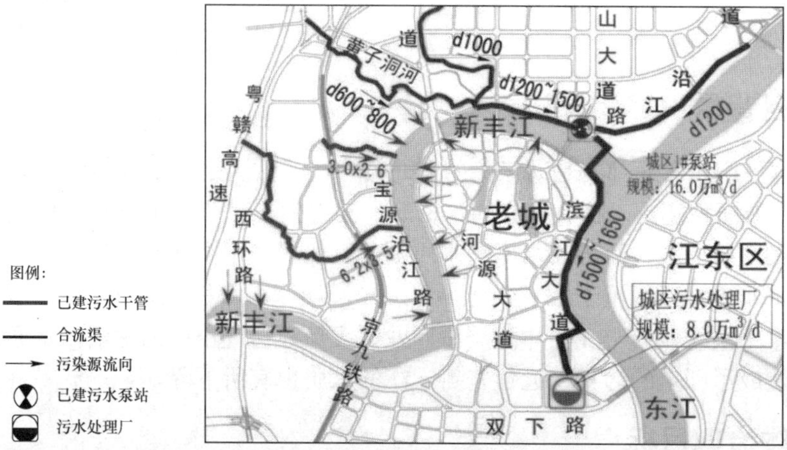

图 4.3　现状管网分布示意图

近期共新建 $D300$～$D1\ 200$ mm 市政污水管 9.3 km，污水泵站（井）3 座。工程建安费用约 14 230.00 万元，总投资约 20 271.85 万元（含征地拆迁费）。污水主干系统布局示意图如图 4.4 所示。

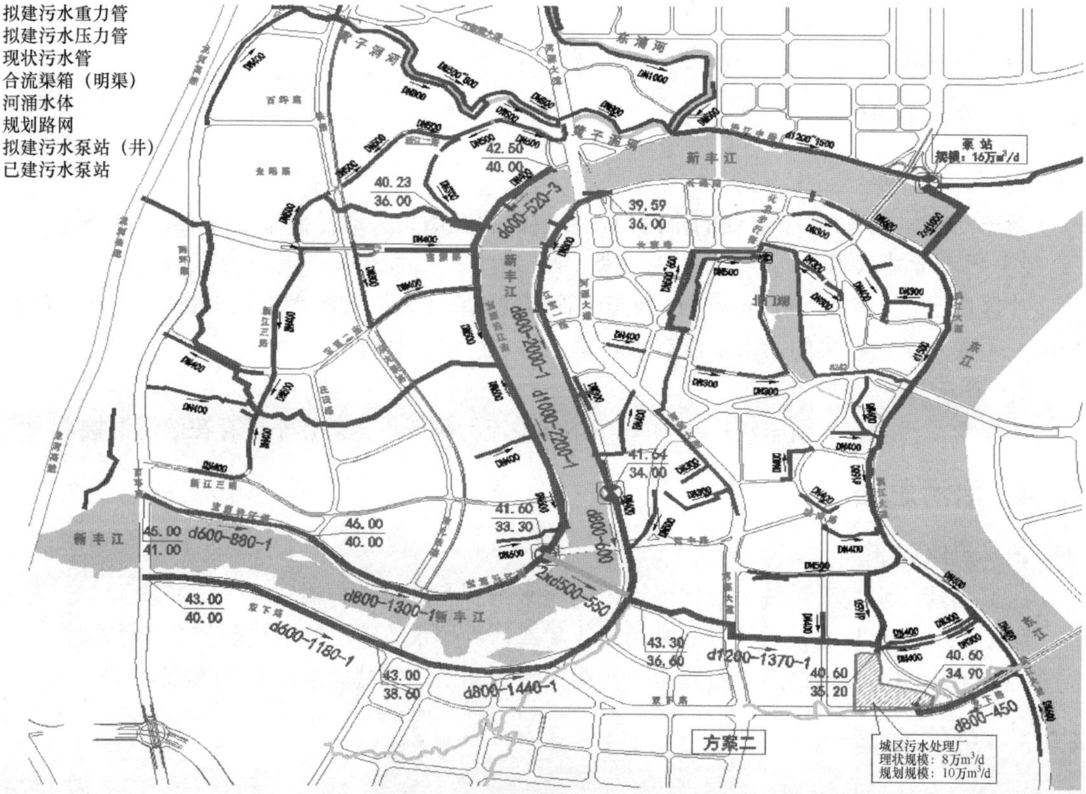

图 4.4　污水主干系统布局示意图

2. 截污系统与污水支管系统布局

根据污水干管布局、排水现状及区域的建设计划，进行截污与支管系统的布局，提高污水收集率，最终实现雨污分流。

3. 建设初雨收集设施

针对区域内大口径的合流渠，通过建设初雨收集调蓄设施，削减雨季溢流污染。

4.2.6　工程设计

1. 管道敷设

宝源沿江路管道（横断面如图 4.5 所示）：宝源片区污水干管敷设于新丰江西北岸的道路上，沿宝源沿江路及沿江西路敷设，北起河源大道西侧，南至 2#泵站，设计管径 *D*600～1 000 mm，长约 2.7 km，施工采用支护开挖和顶管施工。

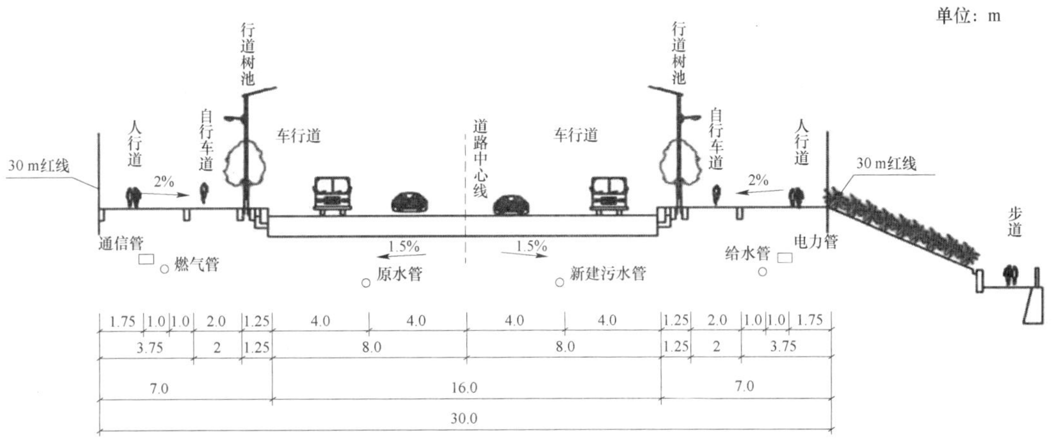

图 4.5　宝源沿江路管道横断面

江宝一路管道（横断面如图 4.6 所示）：老城西区污水干管沿现状江宝一路及规划道路（约 600 m 长，现为 3～4 m 宽村道）敷设，北起长堤路，南至河源中学西侧，设计管径 *D*600～

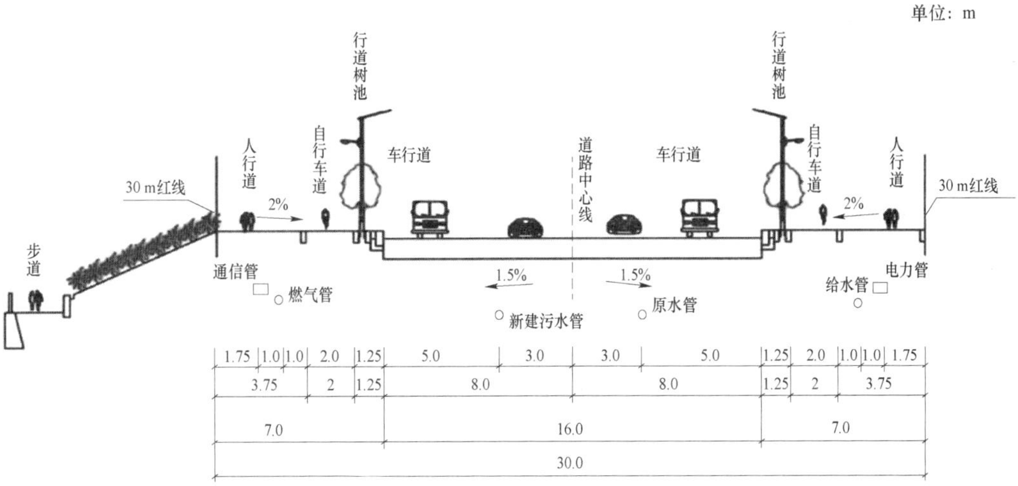

图 4.6　江宝一路管道横断面

800 mm，长约 2.6 km，埋深 3.5～9.3 m，负责收集河源中学以北区域并转输宝源片区的污水，施工主要采用顶管。

2. 压力管道

压力管道管径 DN300～600 mm，总长 2 630 m，其中陆地管道长 2 160 m，过江管道长 2×235 m（2×DN600 mm）。

过江管道采用沉管施工。

3. 泵站设计

1）1#泵站

旱季设计规模：6 000 m^3/d，水泵 2 小用 1 大备。单台小泵工况点为：流量（Q）=125 m^3/h，H（扬程）=12 m，P（功率）=7.5 kW。单台大泵工况点为：Q=250 m^3/h，H=12 m，P=18.5 kW；雨季设计规模为 12 000 m^3/d，增加 1 台大泵。泵站设计地面标高 39 m，泵站进水口管底标高为 34.08 m（进水管径 DN1 000 mm），泵站出水管管中心标高为 37.5 m（出水管径 DN500 mm）。

2）2#泵站

旱季设计规模为 5 000 m^3/d，水泵 2 小用 1 大备。单台小泵工况点为：Q=105 m^3/h，H=14 m，P=7.5 kW。单台大泵工况点为：Q=300 m^3/h，H=14 m，P=22 kW。雨季设计规模为 12 000 m^3/d，增加 1 台大泵。泵站设计地面标高为 40 m，泵站进水口管底标高为 33.74 m（进水管径 DN800 mm），泵站出水管管中心标高为 38.5 m（出水管径 DN500 mm）。

3）城区 2#泵站

旱季设计规模为 20 000 m^3/d，水泵 2 小用 1 大备。单台小泵工况点为：Q=417 m^3/h，H=18.5 m，P=37 kW。单台大泵工况点为：Q=625 m^3/h，H=18.5 m，P=55 kW。雨季设计规模为 35 000 m^3/d，增加 1 台大泵。泵站设计地面标高为 40 m，泵站进水口管底标高为 32.67 m（进水管径 DN1 000 mm），泵站出水管管中心标高为 38.5 m（出水总管径 DN600 mm）。

4. 调蓄池设计

根据《城镇径流污染控制调蓄池技术规程》（CECS 416—2015），用于分流制排水系统控制雨水径流污染时，实际调蓄容积 V 按式（4.14）计算。

$$V = 10HF\psi\beta \tag{4.14}$$

式中：H——调蓄量，mm，可取 4～8 mm；

F——汇水面积，hm^2；

ψ——径流系数，本项目取 0.65；

β——安全系数，本项目取 1.2。

1）1#调蓄池

汇水面积 78.47 hm^2，调蓄量取 4 mm（受场地限制取低值），则调蓄容积为 24 482.64 m^3。

受用地限制，1#调蓄池分为两池，有效水深 3.1 m，池深 4.0 m，池宽 10 m，单池长 40 m。

1#调蓄池采用水泵强排进水，重力流出水的方式。排水通过控制出水阀门开启度调节排入污水管网流量。底部剩余污水采用潜水污物泵提升至污水管网排放。进水泵启停：采用超声波液位计自动控制启停。当调蓄池重力流排空完成时或需要加速排空时，人工开启排污泵，进行抽排。

2）2#调蓄池

汇水面积 120.08 hm^2，调蓄量取 5.5 mm，则调蓄容积为 51 514.32 m^3。

2#调蓄池有效水深 3.5 m，池深 4.5 m（局部深 5.5 m），池宽 20 m，池长 70 m。

2#调蓄池采用截流重力流进水，水泵强排出水的方式。通过污水泵排至污水管网。底部剩余污水采用潜水排污泵提升至污水管网排放。排水泵启停主要采用人工控制开启，最低水位超声波液位计自动控制停止。池底沉积物，采用人工清理外运交有资质单位处理。依江而建的调蓄池实景图如图 4.7 所示。

图 4.7　依江而建的调蓄池实景图

4.3　雨水管道系统设计

雨水管道系统的设计通常按以下步骤进行。

（1）收集并整理设计地区的各种原始资料，包括地形图、排水工程规划图、水文和地质条件、降雨状况等，并以此作为基本的设计数据。

（2）划分排水流域，进行雨水管道定线。

（3）划分设计管段。

（4）划分并计算各设计管段的汇水面积。

（5）根据排水流域内各类地面的面积或其所占比例，确定该排水流域的平均径流系数，或根据规划的地区类别，选择合适的区域综合径流系数。

（6）确定设计重现期和地面集水时间。

（7）确定管道的埋深。

（8）确定单位面积径流量。

（9）选择管道材料。

（10）计算设计流量。

（11）进行雨水管道水力计算。

（12）绘制雨水管道平面图及纵剖面图。

下文重点介绍雨量分析及暴雨强度公式、雨水管道的设计流量、雨水管道的水力计算、雨水径流调节、城市防洪排涝设计和基于海绵城市理念的市政排水工程设计等内容。

4.3.1 雨量分析及暴雨强度公式

1. 雨量分析

1）降雨量

降雨量是指在一定时间内，单位地面面积上降雨的雨水深度，其计量单位为 mm。由于体积除以面积等于长度，所以降雨量的单位又可以采用“长度/时间”表示，这样表示的降雨量又称为单位时间内的降雨深度。按时间范围不同，降雨量统计数据的计量方式有以下几种。

（1）年平均降雨量：指多年观测的各年降雨量的平均值，计量单位为 mm/年。

（2）月平均降雨量：指多年观测的各月降雨量的平均值，计量单位为 mm/月。

（3）最大日降雨量：指多年观测的各年中降雨量最大一日的降雨量，计量单位为 mm/天。

降雨量可用专用的雨量计（自动雨量计）测得。雨量计测得的数据一般是每场雨的降雨时间和累计降雨量之间的对应关系。以降雨时间为横坐标、累计降雨量为纵坐标绘制的曲线称为降雨量累计曲线。

2）降雨历时

降雨历时指的是连续降雨时间，可指一场雨的全部降雨时间，也可指全部降雨时间中的任一连续降雨时段，用 t 表示，其计量单位为 min 或 h。

3）降雨强度与暴雨强度

降雨强度是指某一连续降雨时段内的平均降雨量，即单位时间内的平均降雨深度，用 i 表示，其计量单位为 mm/min 或 L/(s • hm^2)，其计算如式（4.15）所示。

$$i=\frac{H}{t} \tag{4.15}$$

式中：i——降雨强度（mm/min）；

H——降雨量（mm）；

t——降雨历时（min）。

工程设计中考虑的降雨多为暴雨性质，所以常用暴雨强度表示降雨强度。暴雨强度常用单位时间内单位面积上的降雨量 q 表示，计量单位为 L/（s • hm^2）。在实际计算中，通常将用降雨深度表示的降雨强度折算为用体积表示的暴雨强度 q。设降雨量为 1 mm/min，则用体积表示的暴雨强度 q 与降雨强度 i 的折算如式（4.16）所示。

$$q=\frac{10\,000\times1\,000i}{1\,000\times60} \tag{4.16}$$

式中：符号意义同式（4.15）。

4）降雨面积与汇水面积

降雨面积指的是降雨所笼罩的面积。降雨面积和汇水面积均可用 F 表示，单位为 hm^2（或 km^2）。

5）暴雨强度的频率和重现期

暴雨强度的频率指的是观测年限内，某种强度的暴雨和大于该强度的暴雨出现的次数占观测年限内降雨总次数的百分数，计算如式（4.17）所示。

$$P_n = \frac{m}{n} \times 100\% \tag{4.17}$$

式中：P_n——暴雨强度的频率；

m——观测年限内某种强度的暴雨和大于该强度的暴雨出现的次数；

n——观测年限内降雨总次数。

频率小的暴雨强度出现的可能性小，反之则大。暴雨强度的重现期指的是某种强度的暴雨和大于该强度值的暴雨重复出现的时间间隔。在工程设计中，常用重现期来代替频率。

暴雨强度的重现期通常用 P 表示，单位为年，计算如式（4.18）所示。

$$P = \frac{N}{m} \tag{4.18}$$

式中：P——暴雨强度的重现期，年；

N——观测年限，年；

m——观测年限内某种强度的暴雨和大于该强度的暴雨出现的次数，次。

2. 暴雨强度公式

暴雨强度公式是反映设计暴雨强度、降雨历时、设计重现期这三者之间关系的数学表达式。可采用的暴雨强度公式如式（4.19）所示。

$$q = \frac{167A_1(1 + C\lg P)}{(t + b)^n} \tag{4.19}$$

式中：q——设计暴雨强度，L/（s·hm^2）；

P——设计重现期，年；

t——降雨历时，min；

A_1、C、b、n——地方参数（待定参数），根据统计方法进行计算确定。

地方参数与城市的具体气象条件有关。对于目前尚无暴雨强度公式的城市，可借用气象条件相似地区的暴雨强度公式。

4.3.2　雨水管道的设计流量

降落在地面上的雨水，并非全部经雨水管道排出，一部分会渗透到地下，一部分会蒸发，还有一部分会滞留在地势低洼处，剩下的雨水才会进入附近的雨水口。因此，掌握降雨情况后，还要根据环境、地势等具体条件确定雨水管道的设计流量（简称雨水设计流量），这也是雨水管道设计中的重要内容。

城区和工业企业区的雨水管道属于小汇水面积上的排水构筑物，其雨水设计流量的计算如式（4.20）所示。

$$Q = \psi qF \tag{4.20}$$

式中：Q——雨水设计流量，L/s；

ψ——径流系数，即径流量和降雨量的比值，其值小于 1；

q——设计暴雨强度，L/（s·hm^2）；

F——汇水面积，hm^2。

雨水设计流量的计算，主要包括确定汇水面积、确定径流系数、确定设计暴雨强度、计算雨水管段设计流量和计算单位面积径流量等 5 个方面内容。

1. 确定汇水面积

确定汇水面积时，应结合雨水管道布置情况和地形坡度划定每个设计管段的汇水面积：地形平坦时，按就近排入附近雨水管道的原则划分；地形坡度较大时，应按地面雨水径流的水流方向划分。划分好每个设计管段的汇水面积后，应对每块汇水面积进行编号并计算面积值。

2. 确定径流系数

雨水降落到地面之后，形成地表径流的那部分雨水量称为径流量。径流量与降雨量的比值称为径流系数。

影响径流系数的因素有很多，如汇水面积上的地面覆盖情况、建筑物的密度与分布地形、地貌、地面坡度、降雨强度、降雨历时等。其中，主要的影响因素是汇水面积上的地面覆盖情况和降雨强度。

以上所讲为单一种类地面的径流系数。在实际情况中，汇水面积常由各种不同的地面面积组成，随着不同地面占有面积的变化，径流系数也会发生变化。对于由多种地面面积组成的整块汇水面积，其径流系数可按其组成中的各单一地面面积用加权平均法计算而得，这一径流系数称为平均径流系数，计算如式（4.21）所示。

$$\psi_{av}=\frac{\sum F_i\psi_i}{F} \tag{4.21}$$

式中：ψ_{av}——汇水面积上的平均径流系数；

F_i——汇水面积上各单一种类地面的面积，hm^2；

ψ_i——各单一种类地面对应的径流系数；

F——总汇水面积，hm^2。

在实践中，汇总地面种类及各类地面的面积存在一定的困难，在计算工作量很大或无法得到准确数据的情况下，可采用区域综合径流系数，其具体内容如表 4.3 所示。

表 4.3　区域综合径流系数

区域情况	ψ
城镇建筑稀疏区	0.20～0.45
城镇建筑较密集区	0.45～0.60
城镇建筑密集区	0.60～0.70

3. 确定设计暴雨强度

设计暴雨强度 q 与设计重现期 P 以及降雨历时 t 有关，在公式中只要确定这二者的值，就可通过暴雨强度公式求得设计暴雨强度值。

1）确定设计重现期

在设计计算中，若采用较大的设计重现期，则所得雨水设计流量就越大，雨水管道的设计断面尺寸也要相应增大，以保证排水通畅。这样一来，管道对应的汇水面积上积水的可能性会减少，但会增加工程的造价；反之，可降低工程造价，但地面积水的可能性会增大，易导致排水不畅。

雨水管道的排水设计重现期应根据汇水地区性质、城镇类型、地形特点和气候特征等因素，经技术经济比较取值，具体如表 4.4 所示。

表 4.4　雨水管道的排水设计重现期　　单位：年

城镇类型	城区类型			
	中心城区	非中心城区	中心城区的重要地区	中心城区地下通道和下沉式广场等
超大城市和特大城市	3～5	2～3	5～10	30～50
大城市	2～5	2～3	5～10	20～30
中等城市和小城市	2～3	2～3	3～5	10～20

注：① 按表中所列重现期设计暴雨强度公式时，均采用年最大值法；② 雨水管道应按重力流、满流计算；③ 超大城市指城区常住人口在 1 000 万以上的城市，特大城市指城区常住人口在 500 万以上、1 000 万以下的城市，大城市指城区常住人口在 100 万以上、500 万以下的城市，中等城市指城区常住人口在 50 万以上、100 万以下的城市，小城市指城区常住人口在 50 万以下的城市（以上包括本数，以下不包括本数）。

2）确定降雨历时

雨水管道的降雨历时的计算如式（4.22）所示。

$$t = t_1 + t_2 \tag{4.22}$$

式中：t——降雨历时，min；

t_1——地面集水时间，min；

t_2——管道内雨水流行时间，min。

（1）确定地面集水时间。地面集水时间 t_1 是指雨水从汇水面积上最远点流到第 1 个雨水口的地面雨水流动时间，应根据汇水距离、地形坡度和地面种类通过计算确定。在实际应用中，要准确地确定地面集水时间较为困难，故通常不予计算，而采用经验数值。

根据经验，在汇水面积较小、地形较陡、建筑密度较大、雨水口分布较密的地区，宜采用较小的值，如 5～8 min；而在汇水面积较大、地形较平坦、建筑密度较小、雨水口分布稀疏的地区，宜采用较大的值，如 10～15 min。

（2）确定管道内雨水流行时间。管道内雨水流行时间 t_2 是指雨水在管道内从第一个雨水口流到设计断面的时间。它与雨水在管内流经的距离及管内雨水的流行速度有关，计算如式（4.23）所示。

$$t_2 = \sum \frac{L}{60v} \tag{4.23}$$

式中：t_2——管道内雨水流行时间，min；

L——各设计管段的长度，m；

v——各设计管段满流时的流速，m/s。

4. 计算雨水管段设计流量

图 4.8 为某城区设计管段汇流示意图，其中Ⅰ、Ⅱ、Ⅲ分别为毗邻的三个街区，1、2、3 分别为距离街区Ⅰ、Ⅱ、Ⅲ最近的雨水口，4 为设计断面位置。1 与 2 之间为管段 1–2，2 与 3 之间为管段 2–3，3 与 4 之间为管段 3–4。下文以此为例介绍雨水管段设计流量的计算方法。

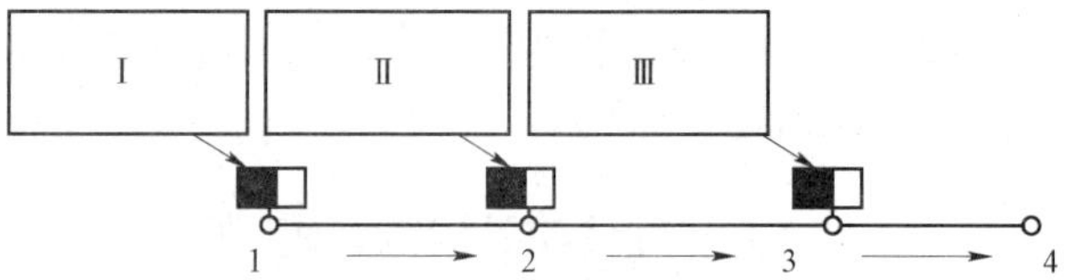

图 4.8　某城区设计管段汇流示意图

为便于求得各设计管段相应的雨水设计流量，先做出以下几点假设。

（1）汇水面积随降雨历时的增加而均匀增加。

（2）降雨历时大于或等于汇水面积最远点的雨水流到设计断面的集流时间。

（3）地面坡度的变化是均匀的，径流系数 ψ 为定值，且 $\psi=1$。

管段 1−2 收集的是街区Ⅰ的雨水，其设计流量如式（4.24）所示。

$$Q_{1-2}=F_1 q_{1-2} \tag{4.24}$$

式中：Q_{1-2}——管段 1−2 的设计流量，L/s；

F_1——街区Ⅰ的汇水面积，hm^2；

q_{1-2}——管段 1−2 的设计暴雨强度，$L/(s\cdot hm^2)$。

管段 2−3 收集的是管段 1−2 和街区Ⅱ流来的雨水，也即街区Ⅰ和街区Ⅱ上的雨水均流到了管段 2−3 中，因此管段 2−3 的设计流量如式（4.25）所示。

$$Q_{2-3}=(F_1+F_2)q_{2-3} \tag{4.25}$$

式中：Q_{2-3}——管段 2−3 的设计流量，L/s；

F_1——街区Ⅰ的汇水面积，hm^2；

F_2——街区Ⅱ的汇水面积，hm^2；

q_{2-3}——管段 2−3 的设计暴雨强度，$L/(s\cdot hm^2)$。

同理可求得管段 3−4 的设计流量如式（4.26）所示。

$$Q_{3-4}=(F_1+F_2+F_3)q_{3-4} \tag{4.26}$$

式中：Q_{3-4}——管段 3−4 的设计流量，L/s；

F_3——街区Ⅲ的汇水面积，hm^2；

q_{3-4}——管段 3−4 的设计暴雨强度，$L/(s\cdot hm^2)$；

其余符号意义同式（4.24）、式（4.25）。

由上述内容可知，各设计管段的雨水设计流量等于该管段所承担的全部汇水面积和该管段设计暴雨强度的乘积。由于各设计管段的集水时间不同，所以各管段的设计暴雨强度是不同的。

5. 计算单位面积径流量

单位面积径流量 q_0 是暴雨强度 q 与径流系数 ψ 的乘积，如式（4.27）所示。

$$q_0=\psi q=\psi\frac{167A_1(1+C\lg P)}{(t_1+t_2+b)^n} \tag{4.27}$$

式中：符号意义同前。

对于某一具体工程来说，P、t_1、ψ、A_1、b、C、n 均为已知数，因此，只要求出各设计管段内的雨水流行时间 t_2，即可求出相应设计管段的 q_0 值。

4.3.3　雨水管道的水力计算

1. 雨水管道水力参数的相关规定

为保证雨水管道的正常工作，避免发生淤积和冲刷等现象，雨水管道水力计算的各项参数应符合如下规定。

1）设计充满度

（1）雨水中主要含有泥砂等无机物，较污水清洁，而且暴雨径流量大，对于设计重现期较大的暴雨强度，其降雨历时一般不会很长。因此，雨水管道的充满度应按满流设计，即 h/D（h 为水深、D 为管径）=1。

（2）明渠超高不得小于 0.20 m。

（3）街道边沟应有等于或大于 0.03 m 的超高。

2）设计流速

为了防止雨水中的泥砂沉积，设计流速应高一些。雨水管道的最小设计流速一般为 0.75 m/s；若为明渠，最小设计流速可采用 0.4 m/s。最大设计流速可参考污水管道的最大设计流速。

雨水管道的实际设计流速应在最小设计流速与最大设计流速之间。

3）最小管径和最小设计坡度

为了保证管道养护的便利性，防止管道发生阻塞，雨水管道的最小管径为 300 mm，相应的最小设计坡度为 0.003；雨水口连接管的最小管径为 200 mm，相应的最小坡度为 0.01。

2. 雨水管道的水力计算

雨水管道的水力计算仍按匀流考虑，其计算公式与污水管道的计算公式相同，但要按满流计算，即 h/D=1。

雨水管道通常选用混凝土管或钢筋混凝土管，其管壁粗糙系数 n 一般采用 0.013。设计流量 Q 是经过计算后求得的已知数，因此只有管径 D、设计流速 v 和设计坡度是未知的。

提示：在实际应用中，可参考地面坡度假定设计坡度，并根据设计流量值，从水力计算图或水力计算表中求得 D 和 v 的值，并确保其值符合水力计算基本参数的规定，再进行后续计算。

4.3.4　雨水径流调节

因为雨水设计流量中包含了降雨高峰时段的雨水径流量，其值往往很大。随着城市的发展，不透水地面的面积会增加，这会使雨水的径流量增大，从而导致雨水设计流量增大，管道的断面尺寸也要随之增大，这相应地会使管道工程的造价增高。

因此，通过各种方法调节雨水径流，可减小下游管道的高峰雨水流量，进而可以减小下游管道断面尺寸，以降低市政工程造价。

1. 雨水径流调节方法

雨水径流的调节方法主要是蓄洪，蓄洪除了可以解决原有管道不能满足排水需求的问题，还可以利用蓄存的雨水为缺水地区供水。蓄洪方法主要有管道容积调洪法和调节池蓄洪法。

1）管道容积调洪法

管道容积调洪法是利用管道本身的空隙容量临时调节最大流量蓄洪的方法，适用于地形坡度较小的地区。但它的调洪能力有限，如果一味加大排水管径，虽然可以排出降雨高峰期的雨水，但也会增加工程造价，所以此方法较少被采用。

2）调节池蓄洪法

调节池蓄洪法是在雨水管道系统上设置人工调节池，把雨水径流的高峰雨水流量暂存其内，待高峰流量下降至设计流量后，再将储存在调节池内的水慢慢排出。

此方法具有蓄洪能力强的特点可有效调节雨水径流，从而使其下游的管道断面减少，降低管道工程造价。调节池蓄洪法在国内外工程实践中已得到广泛的应用。

2. 调节池设置位置

在下列情况下设置调节池，通常可以取得良好的技术经济效果。

（1）城市距离水体较远，需长距离输水时。

（2）需设置雨水泵站排出雨水时，应在泵站前设置调节池。

（3）城市附近有天然洼地、池塘、公园、水池等，可将这些地区设为调节池，这样既可调节径流，又可补充水体景观，美化城市。

（4）在雨水干管的中游或大流量交汇处设置调节池，可降低下游各管段的设计流量。

（5）处于发展或分期建设中的城区，设置调节池可解决原有雨水管道排水能力不足的问题。

（6）在干旱地区，设置调节池可用于蓄洪养殖和灌溉。

3. 调节池形式

调节池有以下几种形式。

1）溢流堰式调节池

溢流堰式调节池构造如图 4.9 所示。它一般设置在干管一侧，有进水管和出水管。进水管较高，管顶一般与池内最高水位相平；出水管较低，管底一般与池内最低水位相平。

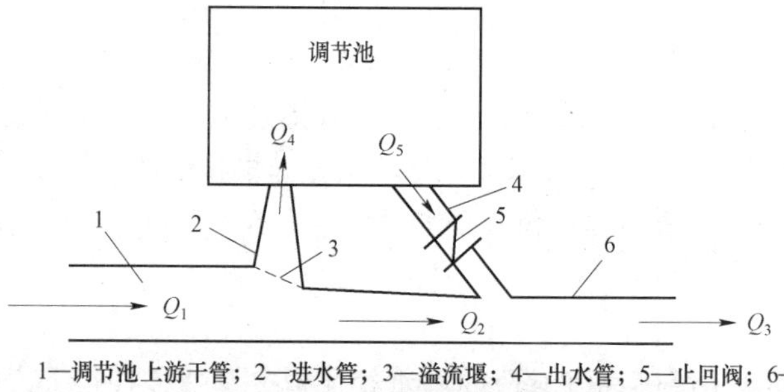

1—调节池上游干管；2—进水管；3—溢流堰；4—出水管；5—止回阀；6—调节池下游；
Q_1—调节池上游雨水干管流量；Q_2—不进入调节池的超越流量；Q_3—调节池下游雨水干管的流量；
Q_4—调节池进水流量；Q_5—调节池出水流量。

图 4.9　溢流堰式调节池构造

溢流堰式调节池工作原理如下。

（1）刚开始雨水流量小，$Q_1 \leqslant Q_2$，雨水流量不进入调节池而直接排入下游干管。

（2）当雨水流量增大，$Q_1 > Q_2$ 时，将有 $Q_4=(Q_1-Q_2)$ 的流量通过进水管进入调节池，调节池中水位逐渐升高；当调节池中的水量达到最低出水水位时，调节池开始出水，出水流量为 Q_5。

（3）出水起始阶段 $Q_4 > Q_5$，调节池中的水位会不断上升。

（4）当 $Q_4=Q_5$ 时，调节池中水位达到最大，不再上升，此时 Q_5 达到最大。

（5）随后，Q_1 开始减小，Q_4 也不断减小，$Q_4<Q_5$，调节池中的水会不断被排出，直至被排空。

这种调节池适用于地形坡度较大的地段。

2）流槽式调节池

流槽式调节池构造如图 4.10 所示，其工作原理如下。

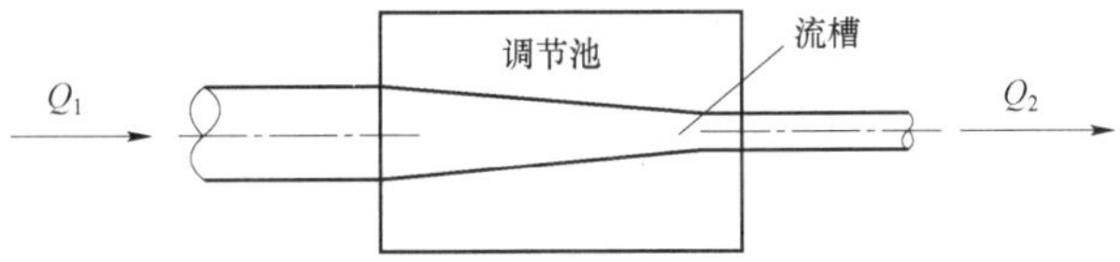

Q_1—调节池上游雨水干管流量；Q_2—调节池下游雨水干管流量。

图 4.10 流槽式调节池构造

（1）当 $Q_1 \leqslant Q_2$ 时，雨水经池底渐缩断面流槽全部流入下游雨水干管排走，池内流槽深度等于下游干管的直径。

（2）当 $Q_1>Q_2$ 时，雨水不能及时全部排出。当雨水在调节池内淹没流槽时，调节池开始蓄水。

（3）当 Q_1 达到最大值时，池内水位和流量也达到最大。

（4）随后 Q_1 减小，调节池内的蓄水开始经下游干管排出。

（5）当 $Q_1<Q_2$ 时，池内水位才逐渐下降，直到排空为止。

这种调节池适用于地形坡度较小而管道埋深较大的地区。

4.3.5 城市防洪排涝设计

1. 防洪标准

进行防洪设计时，需要根据该工程的性质、范围以及重要性等因素，选定某一降雨频率作为计算洪峰流量的标准，此标准称为防洪标准。在实际工程中，一般用暴雨强度重现期衡量防洪标准的高低：暴雨强度重现期越大，则防洪标准越高，即洪峰流量越大，对应的防洪规模也越大；反之，防洪标准越低，即洪峰流量越小，对应的防洪规模也越小。

在确定防洪标准时，应分析受洪水威胁地区的洪水特征、地形条件，以及河流、堤防、道路或其他地物的分隔作用，可以将该地区分为几个部分单独进行防护时，应划分出独立的防洪保护区，对各个防洪保护区的防洪标准应分别确定。

根据我国《防洪标准》（GB 50201—2014）规定，城市防护区应根据政治、经济地位的重要性、常住人口或当量经济规模指标分为 4 个防护等级，防护等级和防洪标准如表 4.5 所示。

表 4.5 城市防护区的防护等级和防洪标准

防护等级	重要等级	常住人口/万人	当量经济规模/万人	防洪标准/（重现期/年）
Ⅰ	特别重要	≥150	≥300	≥200
Ⅱ	重要	<150，≥50	<300，≥100	200～100
Ⅲ	比较重要	<50，≥20	<100，≥40	100～50
Ⅳ	一般	<20	<40	50～20

2. 设计洪峰流量计算

设计洪峰流量指的是相对于防洪设计标准的洪水流量。计算设计洪峰流量的方法较多，目前我国常用的计算方法有地区性经验公式法、推理公式法和洪水调查法。

1）地区性经验公式法

在缺乏水文资料的地区，洪峰小面积径流量的计算可采用以流域面积 F 为参数的一般地区性经验公式：公路科学研究所的经验公式和水利科学院水文研究所的经验公式。

（1）公路科学研究所的经验公式。当没有暴雨资料、汇水面积小于 10 km^2 时，计算公式如式（4.28）所示。

$$Q_P = K_P \times F^m \tag{4.28}$$

式中：Q_P——设计洪峰流量，m^3/s；

K_P——随地区及洪水频率而变化的流量模数；

F——流域面积，km^2；

m——随地区及洪水频率而定的面积指数。

（2）水利科学院水文研究所的经验公式。在可对洪水进行一定程度调查的情况下，当汇水面积小于 100 km^2 时，可采用的经验公式如式（4.29）所示。

$$Q_P = K_P \times F^{\frac{2}{3}} \tag{4.29}$$

式中：符号意义同前。

2）推理公式法

我国水利科学院水文研究所提出的推理公式已得到广泛的应用，公式如式（4.30）所示。

$$Q = 0.278F\frac{\psi \times S}{\tau^n} \tag{4.30}$$

式中：Q——设计洪峰流量，m^3/s；

F——流域面积，km^2；

ψ——径流系数；

S——暴雨雨力，即与设计重现期相应的最大 1 h 降雨量，mm/h；

τ——流域的集流时间，h；

n——暴雨强度衰减指数。

用该公式求设计洪峰流量时，需要较多的基础资料，计算过程也较为烦琐。此公式在流域面积为 40～50 km^2 时，适用度较高。

3）洪水调查法

洪水调查法是指对河流、山溪在历史上出现的特大洪水流量的调查和推算。调查工作主要包括以下几方面。

（1）查阅历史上洪水的概况及洪水痕迹标高。

（2）调查访问在河道附近世代久居的群众。

（3）在以上两点的基础上，还应沿河道两岸进行实地勘探，寻找和判断洪水痕迹，推导出洪水位出现的频率，选择和测量河道的过水断面及其他特征值，之后再通过流速和流量相关的公式进行计算。

对于上述，三种计算设计洪峰流量的方法，应特别重视洪水调查法，最好在此方法的基础上，结合其他方法进行洪峰流量计算。

3. 城市排涝设计

城市内涝是由于强降雨或连续性降雨超过城镇排水能力，致使城镇大面积区域积水或一定面积范围内积水过深的渍水灾害现象。城市内涝灾害发生时，城市交通、通信、水、电、气、暖等生命线工程系统瘫痪，社会经济活动中断，人民生命财产受到威胁，其灾害损失已远远超过因物质破坏而引起的直接经济损失。暴雨成灾、洪水浸城，城市防洪排涝是事关城市可持续发展、城市生态及城市运行安全的一个系统工程。

提示：城市排涝是指流域范围内较大汇流面积上较长历时暴雨产生的涝水的排放，以防止洪水和相关损害。与城市防洪不同，城市排涝排的是流域之内的雨水，城市防洪则是针对流域之外的洪水涌入，主要是防河洪、山洪和海洪。与城市排雨不同，城市排涝针对的是较大汇流面积上较长历时暴雨，城市排雨则是解决较小汇流面积上短历时暴雨产生的排水问题。与农田水利排涝不同，城市排涝不允许有淹没，要求涝水不漫溢。

1）城市内涝防治系统规划设计原则

城市内涝防治系统设计应在城市总体规划、城市防洪规划的基础上进行，在流域范围和城市排水与污水处理规划范围内统筹规划，合理布局，配套建设，洪涝兼治；同时应充分利用城市的自然条件和地形、地貌，进行内涝防治系统布置。

城市内涝防治系统的规划设计应综合考虑各项内涝防治设施的排水能力，系统规划和组合，确定合理的设计标准，达到径流量控制的要求。各项内涝防治设施的建设应相互协调、互为补充。城市雨水径流的最终出路一般为河流和湖泊等水体，这些水体的规划、设计、运行和调度往往是以天然形成的流域为单位，不受行政区划限制。与此相比，内涝防治的主要工作对象是人为设置的城市，与当地的水系和流域的划分不一定完全重合。

城镇内涝防治系统的规划设计应尊重客观规律，考虑城镇所处流域的整体规划，并与之相适应。雨水径流的出路主要是一个空间分配问题。对于特定的降雨事件，水量是不可压缩的，因此，城镇规划应为雨水提供足够的空间和合理出路。

提示：城镇化过程往往会导致本地区的雨水径流总量增加，进而导致下游地区雨水径流和峰值流量增加，峰值流量发生的时间提前。因此，城镇内涝防治系统设计的重要目标之一是不把内涝问题从本地区转移至其他地区，不把上游的问题转移到下游。

合理的内涝防治规划设计应该充分发挥和利用现有设施对雨水的滞留、调蓄、渗透和过滤作用。这些设施包括天然形成的雨水行泄通道、洼地、湿地、渗透性能良好的土壤和天然植被等。内涝防治系统中的源头控制设施如可渗透路面、生物滞留设施和植草沟等均是以模拟天然排水方式为基础的人工设施。

流经城镇的过境河流是城镇区域内雨水径流的重要出路之一。上游来水的过境流量会直接影响河流的水位，过境河流的水位又会直接影响城镇内涝防治系统排除雨水的能力。因此，当城镇的雨水径流通过市政排水系统或内河排放至过境河流时，应充分考虑暴雨期间和暴雨之后上游的过境流量，并通过与流域管理机构协调，确定过境河流在此期间的合理水位，并以此为基础确定内涝防治系统的设计边界条件。

内涝防治系统除应满足规划确定的内涝防治设计重现期外，还应考虑超过该重现期时的应对措施，并符合以下规定。

（1）应保护既有的河道和明渠等敞开式的雨水行泄通道。

（2）应保持雨水行泄通道和河道漫滩畅通，不得非法占用。

（3）应为河道漫滩的雨水行泄通道预留足够的侧向移动空间。

（4）此外，城市内涝防治系统的源头控制设施、排水管渠系统和综合防治系统除应满足各自的技术要求外，还应通过整体校核，满足内涝防治系统设计重现期的要求。对不满足内涝防治设计重现期标准的既有地区，应结合地区整体改建，分期实现。

2）城市内涝防治设计标准

《室外排水设计标准》（GB 50014—2021）规定的城市内涝防治设计重现期，实际上是城市大排水系统，即城市内涝综合防治系统（排涝系统）的设计重现期标准，在选用时应根据城市类型、积水影响程度和内河水位变化等因素，经技术经济比较后确定。城市内涝防治设计重现期的规定取值如表 4.6 所示，并应符合以下要求：人口密集、内涝易发且经济条件较好的城市，宜采用规定的上限；目前不具备条件的地区可分期达到标准；当地面积水不满足要求时，应采取渗透、调蓄、设置雨洪行泄通道和内河整治等措施；对超过内涝设计重现期的暴雨，应采取预警和应急处置等控制措施。

表 4.6 城市内涝防治设计重现期的规定取值

城市类型	重现期/a	地面积水设计标准
超大城市和特大城市	50～100	（1）居民住宅和工商业建筑物的底层不进水； （2）道路中一条车道的积水深度不超过 15 cm
大城市	30～50	
中等城市和小城市	20～30	

注：表中所列设计重现期适用于采用年最大值法确定的暴雨强度公式；超大城市指城区常住人口在 1 000 万以上的城市；特大城市指城区常住人口 500 万以上、1 000 万以下的城市；大城市指城区常住人口 100 万以上、500 万以下的城市；中等城市指城区常住人口 50 万以上、100 万以下的城市；小城市指城区常住人口在 50 万以下的城市（以上包括本数，以下不包括本数）；“地面积水设计标准”中的道路“积水深度”是指该车道路面标高最低处的积水深度。

3）城市排涝设计水量计算方法

城市内涝排涝设计水量可采用推理公式法和数学模型法进行计算。

（1）推理公式法。

用于城市内涝防治系统的设计暴雨强度公式的形式与用于雨水管道的相同，但由于内涝防治系统与雨水管道系统考虑的排水历时、汇水面积不同，所以两个系统在同样的重现期下，往往会得出不同的设计水量。雨水管道系统针对短历时的排水（一般为 5～120 min），汇水面积较小，在同样的重现期，计算得出的暴雨强度较大。内涝防治系统考虑较长降雨时间（3～24 h）、较大汇水面积上的积水，因此，对于同样的重现期，计算得出的暴雨强度较小。另外，以往雨水管道设计所用的暴雨强度公式中统计雨量资料时以分钟为单位，一般取最大 5～120 min 的降雨资料统计，而内涝防治系统设计需要较长降雨时间（3～24 h）的资料，所以用于城市雨水管道的设计暴雨强度公式，不能直接用于内涝防治系统。在有条件的地方，应编制适用于内涝防治系统的暴雨强度公式，即长降雨历时的暴雨强度公式。

（2）数学模型法。

数学模型法是我国目前城镇排水工程设计中应用最广的雨水径流计算方法，具有公式简明和所需参数少等优点，计算公式同上述污水管道的水力计算的基本公式。

然而这一方法主要适用于较小规模排水系统的计算，应用于较大规模排水系统时会产生较大误差。城市内涝防治系统包括源头控制系统、雨水管道系统和内涝排涝系统，汇水面积较大（超过 2 km^2），降雨时空分布不均匀，系统中包括了各种渗、蓄调节设施和管网汇流过程等因素。在有条件的地区，应尽可能采用数学模型法确定设计涝水量。利用数学模型计算涝水量的方法，与计算雨水管道设计水量的数学模型法方法相同，但是用于计算涝水的暴雨强度公式，应采用长降雨历时（3～24 h）、统计资料和年最大值法编制。

4）内涝排涝河渠及调蓄设施布局

城市排涝渠系统由主干排涝渠、城市排水管网和调蓄设施组成。主干排涝渠主要负责城区雨洪的排泄，并具有一定的调蓄作用；城市排水管网是按市政建设的技术要求建设的排水体系，排水标准与排涝干渠道不同。主干排涝渠是按内涝防治工程设计标准设计的。

城市主干排涝渠的布局一般均已形成，大多数由自然河道演变而成，应根据现有的条件和实际状况，尽量改造城市主干排涝渠，以保证其排涝能力，发掘其调蓄的最大潜力，按水生态和水环境的建设要求，治理城区主干排涝渠系统，为城市建设生态、休闲的亲水长廊。

城市排水管网的布局和排水能力，是影响城市雨水淹没程度的关键。应按照城区排水的标准进行设计，结合市政建设的要求，大力改造城市排水管网的布局，使之与城市主干排涝渠系统的建设相配套。

调蓄设施布局内涝防治系统的调蓄设施包括具有重要水文调蓄功能的城市湖泊、河流、坑塘、低洼地以及各种自然或人工调蓄海绵城市基础设施，是减缓暴雨径流、防治内涝的重要安全措施。在城市规划、建设和旧城区改造中，应大力推广各种海绵城市低影响设施建设。

5）排涝河道的设计要求

排涝河道的布置应根据地形、地质条件、河网与排水管网分布及承泄区位置，结合施工条件、征地拆迁、环境保护与改善等因素，经过技术经济比较，综合分析确定。

排涝河道的规模和控制点设计水位，应根据排涝要求确定。河道的纵坡、横断面等应进行经济技术比较后选定。城市排涝河道具有排涝、生态景观、水质净化等多种功能，河床、护坡、岸边绿地建设应考虑各方面的要求，综合分析确定。设计河道水位既要考虑城市排水管网出水的顺畅，又要考虑下游承泄区水位的影响，优先设计直接自流排放。当下游承泄区水位产生顶托，需要设置排涝水闸和排水泵站时，应要综合考虑两者的关系，既要减少排水泵站投资和能耗，又要从排水安全性考虑，预估最不利情况下的排水措施。

根据涝区典型年相关数据设计暴雨承洪区相应水位。分析涝区暴雨与承洪区的遭遇水位关系，如涝区暴雨和承洪区高水位遭遇可能性较大，则采用排涝期间与治涝同标准承洪区水位；如其遭遇可能性较小，可采用历年排涝期间的承洪区的多年平均高水位。承洪区为海洋或感潮河道时，宜采用相应于治涝标准的高潮位或多年平均潮位。

开挖、改建、拓浚城市排涝河道，既要考虑排水通畅、流态平稳，也要和海绵城市建设相结合，以生态河道建设为目标。如果受条件限制，排涝河道不宜明挖，可用管（涵）衔接。

城市主城区的排涝河道，可以根据排涝及城市建设要求进行防护，并与城市建设、城市景观、生态环境相协调；城市非主城区且无特殊要求的排涝河道，可保持原河床形态。

城市的排涝河道应建设为生态型河道，充分利用河流的自然形状；平面形态要蜿蜒曲折；形成交替的浅滩和深潭；保留靠山河段、大的深水潭以及河畔林；尽量将原河床及沿岸滩地纳入平面规划中；尽量与周围自然地形相融合；土方工程量要限制在最低。

河道平面设计应考虑河道的蜿蜒性，在满足相关规划的情况下，平面形态设计宜依据现状河道走向，保留及恢复河道的自然弯曲形态，控制裁弯取直；同时充分考虑现有地形特点，尽量避免高挖低填，减少土方工程量。

河道纵断面设计要形成交替的浅滩和深潭，尽可能不设挡水建筑物，确保干流和支流的连续性，不画直线形的纵断面图。横断面设计也要形成浅滩和深潭的形态，确保水域到陆地间的过渡带。不建造水流浅平的矩形断面，河床宽度要适中。横断面分为矩形断面、梯形断面和复式断面三种。在水资源短缺的城市，城市排涝河道尽量设计为复式断面，既能保证大暴雨径流排放，也有利于旱季河水水质保持。

城市排涝河道的护岸应设计为生态型护岸。生态型护岸是在行洪排涝要求和保证岸坡结构稳定的前提下，维持和保护河流廊道的自然空间特征，能与周围生态系统（陆地生态系统、水体生态系统等）相互和谐、协同发展，以保持物质、能量流动的连续性。生态型护岸设计不仅要满足河流的流量、流速、冲淤平衡要求，同时要创造适宜于植物生长和动物栖息的多样性空间，这样才有利于提高水资源的生态承载能力，有利于提高河道生态系统的自我调节、自我平衡能力，也有利于提高水体的自净化能力。

4.3.6 基于海绵城市理念的市政排水工程设计

1. 海绵城市理念介绍

1）海绵城市理念的来源

海绵城市建设的核心是雨洪管理。在国外，城市雨洪管理代表性的理念主要包括以下三种。

（1）美国的低影响开发。20 世纪 90 年代，美国马里兰州普润斯·乔治县提出“低影响开发”理念，用于城市暴雨最优化管理实践，采用源头削减、过程控制、末端处理的方法进行渗透、过滤、蓄存和滞留，防治内涝灾害，融合了基于经济及生态环境可持续发展的设计策略。其目的是维持区域天然状态下的水文机制，通过一系列的分布式措施构建与天然状态下功能相当的水文和土地景观，减轻城市化地区水文过程畸变带来的社会及生态环境负效应。

（2）英国的城市可持续发展排水系统。其侧重“蓄、滞、渗”，提出了通过 4 种途径（储水箱、渗水坑、蓄水池、人工湿地）“消化”雨水，减轻城市排水系统的压力。

（3）澳大利亚的水敏感性城市设计。其侧重“净、用”，强调城市水循环过程的“拟自然设计”。

提示： 在国内，目前尽管受国外低影响开发等理念影响，且相关研究与实践探索已有一段时间，但 2013 年之前国内对于海绵城市的研究只有零星论述。海绵城市的明确提出并为社会各界所熟知，始于 2013 年中央城镇化工作会议提出“建设自然积存、自然渗透、自然净化的海绵城市”。2014 年 10 月，中华人民共和国住房和城乡建设部发布的《海绵城市建设技术指南——低影响开发雨水系统构建（试行）》指出，海绵城市是指城市能够像海绵一样，在适应环境变化和应对自然灾害等方面具有良好“弹性”，下雨时吸水、蓄水、渗水、净水，需要时将蓄存的水“释放”并加以利用。这一定义被不少文献采用。这些文献在一定程度上指出了海绵城市的主要功能及特征，但未能全面系统地回答什么是海绵城市这一根本性问题。

2）海绵城市建设应考虑的基本问题

海绵城市的内涵涉及对海绵城市基本功能和发展目标的理解，也会影响海绵城市的发展路径和建设内容。相关学者认为，在阐述海绵城市概念时不能受低影响开发等理念的局限，应综合考虑以下几个方面的问题。

（1）城市水文及其伴生过程规律。

从水文学观点来看，在城市环境下雨水的演进包括冠层截流、土壤入渗、地表洼蓄、陆表和水域蒸散、坡面径流及汇流过程、管网收集与排放、河网汇集与调控等环节，且耦合了水质、生态动力学等过程。

城市水问题是城市水文各环节及其伴生过程变化共同作用的结果。因此，流域水文规律是海绵城市的科学基础。对于海绵城市的内涵，一定要从城市水文过程的角度进行系统的认识和描述，不能只突出某一环节，其内涵的阐述要有利于构建更加完整、平衡和协调的城市水循环过程，体现出对地表水文过程的源头、中间和末端规律的重视。

（2）中国城镇化进程中面临的主要水问题及其复杂关系。

海绵城市建设作为城市水系统的重要治理模式，是城市生态文明建设的重要组成部分。因此，海绵城市建设必须有助于实质性地解决中国城镇化进程中的主要水问题。随着中国城镇化的快速发展，中国城市面临的洪涝灾害、水资源短缺、水环境污染及水生态退化几大水问题越来越突出，并相互交织在一起。对于这些城市水问题，不能分而治之，而应当统筹解决。海绵城市应当体现对城市洪涝、水资源、水环境、水生态等问题的系统考虑和综合治理，在适应环境变化方面具有良好的弹性和抗压性。作为城市发展战略，海绵城市要引领未来水系统治理乃至城市建设，要有前瞻性和全面性。

（3）城市雨洪管理模式和措施之间的协调性。

海绵城市强调充分发挥自然的作用，故在构建海绵城市时，应利用土壤、植被、水系的自然渗透、积存和净化能力。海绵城市的构建途径是多样的，低影响开发措施是其中之一。中国诸多城市人口和产业聚集程度极高，暴雨强度高，污染物排放量大、来源广，仅靠自然调蓄和净化难以实现雨洪高标准管理。海绵城市建设应该在城市及片区等不同尺度上与“绿色基础设施”“灰色基础设施”有机结合。城市水系统的治理需要对自然水循环和社会水循环统筹考虑，同时，在防洪标准上要考虑小区、城市及区域的协调。

因此，海绵城市的内涵可以基本概括为：海绵城市是一种城市水系统综合治理模式，以城市水文及其伴生过程的物理规律为基础，以城市规划建设和管理为载体，有机结合“绿色基础设施、灰色基础设施”，充分发挥植被、土壤、河湖水系等对城市雨水径流的积存、渗透、净化和缓释作用，实现城市防洪治涝、水资源利用、水环境保护与水生态修复的有机结合，使城市能够减缓或降低自然灾害和环境变化的影响，具有良好的弹性和可恢复性。

提示：海绵城市主要面对的是洪涝灾害发生较为频繁的城市，其建设可以更好地应对洪涝灾害和环境变化。海绵城市理念的提出改变了传统城市的建设模式。面对洪涝灾害，传统城市的建设模式是通过管道排出雨水，而海绵城市在建设中更多使用渗水砖、下沉式绿地等环保措施来进行积水的排出，从源头将雨水分散，然后缓慢地进行释放，既有效收集了雨水，又能避免洪涝灾害。

设计人员在建设海绵城市的雨水系统时主要以渗透、收集、净化、使用以及排放等技术手段实现对雨水的控制，保证城市的海绵功能。“海绵体”是建设海绵城市的要素，首先是指江、河、湖等自然水系，其次是建设绿地、花园、可渗透路面等城市配套设施，达到水资源循环利用的目的，也为缓解城市用水紧张提供支持。

2. 基于海绵城市理念的市政排水设计

1）海绵城市理念在市政排水设计中的应用意义

（1）提升雨水资源利用率。

生物的生存以及人类的生产生活都和水资源有紧密的联系，特别是在城市人口日益密集的前提下。而我国淡水资源的人均占有量远低于世界淡水资源人均占有量，仅依靠江河湖泊以及城市周边的水资源无法满足城市现代化发展需要。由于多数城市会有降雨降雪，若能积极利用自然降雨并收集起来，在一定程度上可以缓解城市用水紧张的问题。将雨水资源通过管道等排水设施集中起来，在完成初步的过滤和消毒后用于城市的绿化或生活用水等，以达到水资源的循环利用。

但是在雨水收集的过程中存在一定的问题：现代化城市中多数为水泥沥青道路和集中的建筑，可渗透的泥土层较少，自然渗透的能力很差，雨水无法通过道路渗入地下。很多雨水未被利用的原因就在于积水停留在土地表面后，经过自然蒸发作用被带走，或者进入城市的污水系统后无法循环使用。海绵城市理论的出现为水资源的循环利用提供了更多的支持，不仅可以实现雨水的循环利用，还可以降低供饮用的水资源被用于城市运营的概率。

基于海绵城市理论的给排水工程，是将城市的现有建筑和道路进行分析与规划，然后再按城市的水文条件以及人口密度分布进行后续的城市公共设施规划。这些公共设施中主要包括与给排水工程相关的市政道路工程、给排水工程以及绿化工程等。除此之外，为了更好地保障雨水收集工作，需要精心设计道路和周边雨水收集系统，从而为改善城市水循环以及提高用水安全性提供支持。

（2）改善城市生态环境。

我国在未引入海绵城市理论之前存在排水系统堵塞、城市缺水的情况，这一方面严重影响了人民的日常出行，另一方面对于城市的正常运行非常不利。海绵城市理论会在改善城市给排水系统的同时优化环境，为创造更加和谐、文明的城市发挥一定的功效。

首先，海绵城市理论非常重视可持续发展和绿色发展，会通过雨水的处理来保障城市的水资源供给。其次，海绵城市理论尊重自然发展的规律，通过分析城市自然环境和水文条件，在较小范围改变现有环境的基础上实现水资源的循环利用。再次，海绵城市理论可以在现有城市建设和给排水系统建设的前提下合理布局，这样不仅可以达到改善城市水循环的目的，而且可以减少资源和经济成本的浪费。最后，海绵城市理论和我国号召的可持续发展理论与绿色发展非常适宜，能够在城市良性发展的前提下实现对自然的保护。

（3）改善初期雨水污染问题。

降水初期，雨水会在降落的同时吸收大气中的污染成分，因此初期雨水的污染程度较高。为了降低初期雨水的污染程度，设计人员模拟雨水的渗滤过程做了对比实验，实验结果表明：将沸石、蛭石、煤渣以及陶粒 4 种基质放入到路面或者绿化带表面，并选择最合适的配比，能够有效减缓初期雨水的渗透速度，提高污染物的降解能力。

（4）有效防止洪涝灾害。

海绵城市的建设能够有效减少洪涝灾害，缓解城市污水排放紧张的问题。当降雨量超过可容最大值时，海绵城市的超标雨水径流系统开始工作，将多余的雨水量通过相应的措施排出，避免灾害的发生。

提示： 雨水堆积对城市而言有一定的危害，这是因为其中的成分存在一定的腐蚀性。当雨水过多产生堆积现象时，会对地面、建筑物或市政设施产生负面影响，增加市政设施维修的工作量，而如果雨水能够通过渗透等方式被及时排出，则能够降低设施被腐蚀的概率。

2）基于海绵城市理念的市政排水设计应用

（1）人行道设计。

过去，我国在排水设计中不够成熟，所以很多城市排水系统能力较差。首先，道路在长期使用下不够平坦，强降雨期间非常容易产生大水坑，影响出行质量。其次，下水道口处的水流量较大且汇聚来的水流往往会带来很多垃圾，若不及时清理非常容易引起排水口堵塞，道路积水难以迅速排净。最后，部分下水井设置不合理，当城市处于强降雨期时，雨水难以快速排放到路面之外，若行人对道路不够熟悉容易引发危险，会发生道路被雨水覆盖看不清而滑入雨水井的情况。因此，改变城市的排水系统，将海绵城市理论融入其中成为城市道路建设和给排水系统优化的关键。

海绵城市理念应用于人行道建设的重点有两点：一是道路设计，二是材料选择。雨水中可能存在各种化学物质，若城市为煤炭城市，大气中可能含有大量的二氧化硫，当雨水和空气的成分反应后可能具有较强的腐蚀性，长期腐蚀下可能导致道路不平的现象。为了更好地收集雨水并减轻腐蚀，应当保障人行道路具有一定的倾斜度，从而保障雨水借助重力作用快速流入雨水收集口。与此同时，为了更好地利用雨水，在排水系统中加入净化装置非常有必要，而处理后的雨水可以用于城市建设的多个方面。此外，为了保证雨水的渗透率，需要选择透水性较强的材料。这样不仅可以保证雨水的渗透效率，还可以减少积水留存的可能，同时这些透水材料不会和水发生化学或物理反应，所以也不会产生性状改变，因此减少了道路不平的情况。

（2）机动车道路设计。

我国多数城市的机动车行驶道路会采用不透水材料，降雨后会出现积水的情况，这不仅影响了车辆正常经过，还会进一步引发热岛效应。而将海绵城市理论应用于机动车道路设计中不仅可以缓解热岛效应，还会提高行车质量。与以往的机动车行驶道路相比，引入海绵城市理论后，在道路设计中会利用透水性较强的材料作为路面施工材料，并且会应用更加先进的道路铺设技术，所以无论是路面积水程度还是城市水循环上均会得到优化。具体设计为路面采用渗水型沥青混凝土材料，中下层为不透水高强度材料，这样不仅可以减少积水对路面的影响，还可以避免雨水渗透造成道路基础强度降低。在降雨期间，雨水会通过倾斜坡度汇入旁边的排水装置中。

（3）绿化带设计。

绿化带除了具有生态作用外还可以过滤雨水中的杂质。为了更好地发挥绿化带的作用，设计时可以在绿化带种植土的下方铺设过滤砂石，绿化植物旁边放入溢流管。另外，绿化带可有效降低雨水的排放速度。

（4）与城市绿地的衔接。

海绵城市理论为建设生态化城市提供了支持，因此在城市给排水工程设计阶段，设计人员应当重视城市绿地的作用，在促进城市生态文明发展的同时优化市政给排水系统。城市绿地一般有植草沟、下沉式绿地等，根据城市的地貌选择不同的衔接方式。

提示：城市发展过程中可以通过建设人工水池来提高城市透水率：一方面可以改善城市环境，为城市的生态发展提供支持；另一方面为雨水的收集和利用提供便利。例如，在住宅小区的景观设计中加入池塘作为蓄水池，收集降落的雨水；为了提高城市土地利用率，可以将雨水利用装置布置在地下。而城市的广场、室外停车场等地面可以采用透水性更好的铺装，如嵌草砖等，这样有利于雨水的快速渗透，还可以缓解雨水径流过高造成的积水问题。

4.4 排水管渠材料及附属构筑物

4.4.1 常用排水管材及制品

1. 排水管渠的断面

1）排水管渠系统断面形式的基本要求

排水管渠的断面形式除必须满足静力学、水力学方面的要求外，还应经济和便于养护。在静力学方面，管道必须有较大的稳定性，在承受各种荷载时是稳定和坚固的；在水力学方面，管道断面应具有最大的排水能力，并在一定的流速下不产生沉淀物；在经济方面，管道单位长度造价应该是最低的；在养护方面，管道断面应便于冲洗和清通淤积。

2）常用的管渠断面形式

最常用的管渠断面形式是圆形，半椭圆形、马蹄形、矩形、梯形和蛋形等也比较常见。

2. 常用排水管渠材料

1）对管渠材料的要求

对管渠材料的要求：排水管渠必须具有足够的强度，以承受外部的静荷载和动荷载及内部水压；排水管渠应具有能抵抗污水中杂质的冲刷和磨损的作用及抗腐蚀的性能；排水管渠必须不透水，以防止污水渗出或地下水渗入；排水管渠的内壁应整齐光滑，使水流阻力尽量减少；排水管渠应就地取材，并考虑到预制管件及快速施工的可能。

输送腐蚀性污水的管渠必须采用耐腐蚀材料，其接口及附属构筑物必须采取相应的防腐蚀措施。

2）常用排水管道的材料及制品

常用排水管道的材料及制品主要有以下几种。

（1）混凝土管和钢筋混凝土管。混凝土管和钢筋混凝土管适用于排除雨水、污水。其管口通常有承插式、企口式、平口式三种。

（2）陶土管。陶土管是由塑性黏土制成的。根据需要可制成无釉、单面釉、双面釉的陶土管。若采用耐酸黏土和耐酸填充物，还可以制成特种耐酸陶土管。陶土管一般制成圆形。

（3）金属管。常用的金属管有铸铁管及钢管。室外重力流排水管道一般很少采用金属管，只有当排水管道承受高内压、高外压时或对渗漏要求特别高的地方采用，如排水泵站的进出水管、穿越铁路和河道的倒虹管等。

（4）聚氯乙烯塑料硬质管。聚氯乙烯塑料硬质管近年来在排水工程中得到了广泛应用。聚氯乙烯塑料硬质管材质轻，便于施工和搬运；具有优异的耐酸、耐碱和耐腐蚀性能，特别适用于酸碱废水和腐蚀性废水；聚氯乙烯塑料硬质管道水力条件较好。

3）大型排水管渠

一般情况下，当排水管渠设计直径大于 2 m 时，可以在现场建造排水管渠。建造大型排水管渠的常用材料有砖、石、陶土块，混凝土块、钢筋混凝土块和钢筋混凝土。大型排水管渠的断面形式有矩形、圆形、半椭圆形等。

4.4.2　排水管渠系统上的附属构筑物

为了排除污水，除管渠本身外，还需在管渠系统上设置某些附属构筑物，这些构筑物包括雨水口、连接暗井、溢流井、检查井、跌水井、水封井、换气井、倒虹管、出水口、冲洗井、防潮门等。

1. 雨水口、检查井、连接暗井、溢流井

1）雨水口

雨水口是在雨水管渠或合流管渠上收集雨水的构筑物。街道路面上的雨水首先经雨水口通过连接管流入排水管渠。

雨水口的形式、数量和布置，应按汇水面积所产生的流量、雨水口的泄水能力及道路形式确定。

雨水口间距宜为 25～50 m。连接管串联雨水口个数不宜超过 3 个。雨水口连接管长度不宜超过 25 m。

当道路纵坡大于 0.02 时，雨水口的间距可大于 50 m，其形式数量和布置应根据具体情况和计算确定。坡段较短时可在最低点处集中收水，其雨水口的数量或面积应适当增加。

雨水口深度不宜大于 1 m，并根据需要设置沉泥槽。当遇特殊情况需要浅埋时，应采取加固措施。有冻胀影响地区的雨水口深度可根据当地经验确定。

2）检查井、连接暗井

雨水口以连接管与街道排水管渠的检查井相连。当排水管直径大于 800 mm 时，也可在连接管与排水管连接处不另设检查井，而设连接暗井。

3）溢流井

溢流井是截流干管上最重要的构筑物。最简单的溢流井是在井中设置截流槽，槽顶与截流干管的管顶相平，也可采用溢流堰式或跳跃堰式的溢流井。

2. 检查井、跌水井、水封井、换气井

1）检查井

检查井的位置，应设在管道交汇处、转弯处、管径或坡度改变处、跌水处以及直线管段上每隔一定距离处。

检查井一般采用圆形，由井底（包括基础）、井身和井盖（包括盖底）三部分组成，是排水管道上的重要附属设施。我国仅建筑小区每年就需要构筑约 1 000 万个排水用检查井，这些检查井多为砖砌，耗费大量黏土实心砖，而且施工养护难、井体容易渗漏。若在建筑小区内采用塑料排水检查井替代传统的砖砌检查井，将节约大量宝贵的土地资源、节约人工、加快施工进度、提高排水管道防渗漏性能等，具有显著的经济效益、社会效益和环境效益。

2）跌水井

跌水井是设有消能设施的窖井，它可以克服水流跌落时产生的巨大冲击力。当管渠跌水水头为 0.5～2.0 m 时，宜设跌水井；当管渠跌水水头大于 2.0 m 时，必须设跌水井。管渠转弯处不宜设跌水井。

跌水井的进水管管径不大于 200 mm 时，一次跌水水头高度不得大于 6 m；管径为 300～600 mm 时，一次跌水水头高度不宜大于 4 m。跌水方式一般可采用竖管或矩形竖槽。管径大于 600 mm 时，其一次跌水水头高度及跌水方式应按水力计算确定。

3）水封井

当工业废水能产生引起爆炸或火灾的气体时，其管道系统中必须设置水封井。水封井位置应设在产生上述废水的排出口处及其干管处并间隔适当距离。

水封井深度不应小于 0.25 m，井上宜设通风设施，在井底应设沉泥槽。水封井以及同一管渠系统中的其他检查井，均不应设在车行道和行人众多的地段，并应适当远离产生明火的场地。

4）换气井

污水中的有机物常在管渠中沉积而厌氧发酵，发酵产物分解产生的甲烷、硫化氢、二氧化碳等气体，如与一定体积的空气混合，在点火条件下将产生爆炸，甚至引起火灾。为防止此类偶然事故的发生，同时也为保证在检修排水管渠时工作人员能较安全地进行操作，有时在街道排水管的检查井上设置通风管，使此类有害气体随同空气沿庭院管道、出户管及竖管排入大气中，这种设有通风管的检查井称为换气井。

3. 倒虹管、出水口

1）倒虹管

排水管渠遇到河流、山涧、洼地或地下构筑物等障碍物时，不能按原有的坡度埋设，而是按下凹的折线方式从障碍物下通过，这种管道称为倒虹管。通过河道的倒虹管，一般不宜少于两条；通过谷地、旱沟或小河的倒虹管可采用一条。通过障碍物的倒虹管，还应符合与该障碍物相交的有关规定。

倒虹管的设计要求如下。

（1）最小管径宜为 200 mm。

（2）设计流速应大于 0.9 m/s，并应大于进水管内的流速。

（3）当管内设计流速不能满足上述要求时，应加强定期冲洗措施，冲洗时流速不应小于 1.2 m/s。

（4）倒虹管的管顶距规划河底距离一般不宜小于 1.0 m。在通过航运河道时，其位置和管顶距规划河底距离应与当地航运管理部门协商确定，并设置标志，遇冲刷河床应考虑防冲措施。

（5）倒虹管宜设置事故排出口。

（6）合流管道设倒虹管时，应按旱流污水量校核流速。

2）出水口

排水管渠排入水体的出水口的位置和形式，应根据污水水质、下游用水量情况、水体的水位变化幅度、水流方向、地形变迁和主导风向等因素确定。出水口应采取防冲刷、消能、加固等措施，并视需要设置标志。出水口与水体岸边连接处应采取防冲、加固等措施，一般用浆砌块石做护墙和铺底；在受冻胀影响的地区，出水口应考虑用冻胀材料砌筑，其基础必须设置在冰冻线以下。

4. 冲洗井、防潮门

1）冲洗井

当污水管内流速不能保证自清时，为防止淤塞，可设置冲洗井。冲洗井的出流管道上设有闸门，井内设有溢流管道以防止井中水深过大。冲洗水可用上游来水或自来水。用自来水时，供水管的出口必须高于溢流管管顶，以免污染自来水。冲洗井一般适用于小于 400 mm 管径的较小管道，冲洗管道的长度一般为 250 m 左右。

2）防潮门

临海城市的排水管渠往往受潮汐的影响。为防止涨潮时潮水倒灌，在排水管渠出水口上游的适当位置上应设置装有防潮门（或平板闸门）的检查井。临河城市的排水管渠，为防止高水位时河水倒灌，有时也采用防潮门。

第 5 章　污水处理厂设计

5.1　新建污水处理厂设计

5.1.1　污水处理厂厂址选择与平面布置

1. 城市污水处理厂厂址选择

城市污水处理厂是城市排水工程的一个重要组成部分，恰当地选择污水处理厂的位置，关系到城市环境保护的要求、污水利用的可能性、污水管网系统的布置以及污水处理厂本身的投资、年经营管理费用等。城市污水处理厂厂址选择应考虑下列因素。

（1）用地要求：用地要求比较规则，最好有适当坡度的地段，以满足污水在处理流程上自流要求；不宜设在雨季容易被淹没的低洼之处，厂址标高一般应在二十年一遇洪水位以上；宜选择地质条件较好、土壤承载力较好（一般要求在 150 kPa 以上）、地下水位低的地方。

（2）厂址必须位于集中给水水源下游，并应设在城镇工厂区及居住区的下游。为保证卫生要求，厂址应与城镇工业区、居住区保持约 300 m 以上距离。但也不宜太远，以免增加管道长度，提高造价。

（3）厂址宜设在城市夏季最小频率风向的上风侧。

（4）应有方便的交通、运输和水电条件。厂址宜靠近公路及河流，以利于污泥运输及处理后出水就近排放。

（5）污水处理厂的位置选择应与污水管道系统布局统一考虑。当污水处理厂位置确定后，主干管的流向也就随之确定；反之，根据地形及其他条件确定排水方向后，污水处理厂选址方向也就随之确定。从利于污水自流排放出发，厂址宜选在城市低处，沿途尽量不设或少设提升泵站。此外，厂址宜结合出水口位置考虑，通常污水处理厂设在水体附近，便于处理后的污水就近排入水体，减少排放渠道的长度。

（6）污水处理厂具体位置的确定还应考虑污水厂本身对用地各方面要求，以利于污水处理厂建设的技术合理性与投资的经济性。

（7）应考虑厂址位置近远期结合问题。城市污水处理厂位置选择是十分复杂的，各种因素常互相矛盾。通常不可能各方面要求都得到满足，在选择中要抓主要矛盾、分清主次条件，进行深入调查研究、分析比较。对于不能满足的某些条件，分析其影响大小及有无解决办法及弥补措施。当有几个位置可供选用时，要进行方案技术经济比较，以确定最佳方案。

2. 城市污水处理厂的平面布置

污水处理厂平面布置应遵循以下原则。

（1）功能分区明确，构筑物布置紧凑，减少占地面积；同时必须考虑敷设管渠的要求，维护、检修方便及施工时地基的相互影响等。一般构筑物的间距为 5～8 m，如有困难达不到时应不小于 3 m。

（2）建筑造型、厂区绿化及与周围环境应相协调，有良好的卫生条件。

（3）考虑近远期结合，便于建设，并使一期相对完整，同时考虑分期施工的要求。

（4）根据污水处理的工艺流程，使布置管线力求简洁、顺畅，避免迂回重复；相关构筑物应尽量靠近，以减少连接管渠长度及水头损失，并考虑运转时操作方便；尽可能采用重力流。

（5）构筑物布置要结合地形、地质条件，尽量减少土石方工程量及避开劣质地基。

（6）平面布置满足消防、绿化要求。

厂区竖向设计应遵循下列原则。

（1）污水经进水泵房提升后输送到配水井，而后经重力流到后续的各处构筑物，尽量减少提升泵扬程，减少能耗。

（2）厂区高程满足处理后尾水在受纳水体的最高水位时能自流排放；雨水能自流排入下游水体。

（3）尽可能减少厂区挖填土石方工程量，节约工程投资。

5.1.2　预处理设施设计

污水的预处理设施主要包括格栅和沉砂池等。它们常被设置在污水处理工艺流程中的核心处理设施之前，虽然不能有力地去除污水中的溶解性有机污染物质，但对改善和保障后续核心处理设施的正常运转是不可缺少的。

1. 格栅

1）一般规定

格栅是由一组平行的金属栅条或筛网制成，被安装在污水渠道上、泵房集水井的进口处或污水厂的端部，用以截留较大的悬浮物或漂浮物，如纤维、碎皮、毛发、果皮、蔬菜、塑料制品等。一般情况下分粗、细两道格栅，粗格栅的作用是拦截较大的悬浮物或漂浮物，以便保护水泵；细格栅的作用是拦截粗格栅未截留的悬浮物或漂浮物。

2）格栅除污机设备选用

目前，格栅除污机已经设备化、产品化，设备制造厂提供格栅宽度、栅条间隙、安装尺寸等技术性能参数，一般可根据设计水量进行设备选型。

污水厂常见的格栅除污机有高链式格栅除污机、反捞式格栅除污机、回转式格栅除污机、阶梯式格栅除污机、钢丝绳牵引式格栅除污机、内进式鼓形格栅除污机及旋转式齿耙格栅除污机。其适用条件及特点比较如表 5.1 所示。

表 5.1　格栅除污机的适用条件及特点比较

设备名称	适用条件	特　点
高链式格栅除污机	用于泵站进水渠（井），拦截捞取水中的漂浮物，以保护水泵正常运行，一般作为中、细格栅使用	（1）水下无运转部件，使用寿命长，维护检修方便； （2）构造简单，运行可靠，适用水深不大于 2 m
反捞式格栅除污机	用于泵站前，特别泥砂沉积量较大的场合，拦截、捞取水中漂浮物，一般作为粗、中格栅使用	（1）齿耙栅后下行，栅前上行捞渣，不会将栅渣带入水下，捞渣彻底； （2）当底部沉积物较多时，不会堵耙，避免造成事故
回转式格栅除污机	捞取各种原水中漂浮物，一般设在粗格栅之后，用作中格栅	（1）结构紧凑，缓冲卸渣； （2）耐磨损，运行可靠，可全自动运行
阶梯式格栅除污机	是一种典型的细格栅，适用于井深较浅，宽度不大于 2 m 的场合	（1）水下无传动件，结构合理，使用寿命长，维护保养方便； （2）采用独特的阶梯式清污原理，可避免杂物卡阻及缠绕
钢丝绳牵引式格栅除污机	主要用于雨水泵站或合流制泵站，拦截粗大的漂浮物或较重的沉积物，一般作为粗、中格栅使用	（1）捞渣量大，卸渣彻底，效率高； （2）宽度可达 4 m，最大深度可达 30 m； （3）易损件少，水下无运转部件，维护检修方便，运行极其安全可靠
内进式鼓形格栅除污机	主要用于去除城镇污水和工业废水中的漂浮物，该机集截污、齿耙除渣、螺旋提升、压榨脱水四种功能于一体	（1）集多种功能于一体，结构紧凑； （2）过滤面积大，水头损失小； （3）清渣彻底，分离效率高； （4）全不锈钢结构，维护工作小； （5）设备价格相对较高
旋转式齿耙格栅除污机	主要用于城市污水和工业废水处理中截取并自动清除污水中的漂浮物和悬浮物，一般设在粗格栅之后，是典型的细格栅	（1）无栅条，诸多小齿耙相互连接组成一个较大的旋转面，捞渣彻底； （2）卸渣效果好； （3）齿耙强度高，有聚酰胺和不锈钢两种材质； （4）有过载保护措施，运行可靠

2. 沉砂池

沉砂池的功能是利用物理原理去除污水中密度较大的无机颗粒污染物，如泥砂、煤渣等，它们的相对密度约为 2.65 g/cm^3。城镇污水处理厂一般均应设置沉砂池。

沉砂池常见的形式有平流式沉砂池、曝气式沉砂池及旋流式沉砂池等。

1）平流式沉砂池

（1）平流式沉砂池的一般规定。平流式沉砂池是常用的形式，具有构造简单、处理效果较好的优点。一般设于初次沉淀池之前，以减轻沉淀池的负荷及改善污泥处理构筑物的条件；也可设于泵站、倒虹管前以减轻机械、管道的磨损。

（2）设计参数。沉砂池的格数不应少于 2 个，并应按并联系列设计。当污水量较小时，可考虑一格工作、一格备用。

设计流量应按最大设计流量计算；在合流制处理系统中，应按合流流量计算。

设计流量时水平流速要求：最大流速应为 0.3 m/s，最小流速应为 0.15 m/s；最大设计流量时，污水在池内的停留时间不应少于 30 s，一般为 30～60 s。

设计水深的确定：设计有效水深不应大于 1.2 m，一般采用 0.25～1.0 m，每格宽度不宜小于 0.6 m。

沉砂量的确定：城镇污水的沉砂量可按 3/105 污水量计算，沉砂含水率约为 60%，容重为 1.5 t/m^3。

砂斗容积按 2 d 的沉砂量计算，斗壁倾角 55°～60°。

池底坡度一般为 0.01～0.02；当设置除砂设备时，应根据设备要求考虑池底形状。

排砂一般宜采用机械方法。采用人工排砂时，排砂管直径不应小于 200 mm。

当采用重力排砂时，沉砂池和储砂池应尽量靠近，以缩短排砂管的长度，并设排砂闸门于排砂管的首端，使排砂管畅通和易于养护管理。沉砂池的超高不宜小于 0.3 m。

提示：平流沉砂池结构简单、除砂效果较好，特别是对大颗粒（D>0.6 mm）去除效果好；但其占地面积大，抗冲击负荷能力差，本身不具备分离砂粒上有机物的能力，对于排出的砂粒必须进行专门的砂洗分离有机物。根据《建设部推广应用和限制禁止使用技术》（中华人民共和国建设部于 2004 年 3 月 18 日发布第 218 号公告）（中华人民共和国建设部于 2008 年改为中华人民共和国住房和城乡建设部）中的要求，平流沉砂池自 2005 年 1 月 1 日起限制使用，不得用于规模≥10 000 m^3/d 而且环境要求较高的新建城镇污水处理厂。

2）曝气式沉砂池

（1）曝气式沉砂池的一般规定。普通沉砂池的沉砂中含有约 15%的有机物，使沉砂的后续处理难度增加。采用曝气式沉砂池可克服这一缺点。曝气式沉砂池是在池的一侧通入空气，使池内水流产生与主流垂直的横向旋流。曝气式沉砂池的优点是通过调节曝气量，可以控制污水的旋流速度，使除砂效率较稳定，受流量变化的影响较小。

（2）设计参数。

曝气式沉砂池的旋流速度应保持 0.25～0.3 m/s。水平流速为 0.1 m/s。最大时流量的停留时间为 1～3 min。

有效水深为 2～3 m，宽深比一般采用 1～1.5。长宽比可达 5，当池长比池宽大得多时，应考虑设置横向挡板。

处理每立方米污水的曝气量为 0.1～0.2 m^3 空气。

空气扩散装置设在曝气式沉砂池的一侧，距池底 0.6～0.9 m，送气管应设置调节气量的阀门。

池子的形状应尽可能不产生偏流或死角，在集砂槽附近可安装纵向挡板。

池子的进口和出口布置，应防止发生短路，进水方向应与池中旋流方向一致，出水方向应与进水方向垂直，并宜设置挡板。池内应考虑设消泡装置。

曝气沉砂池去除细砂效率高，有机物分离效果好，污水中的油脂物质在空气气浮作用下能形成浮渣被去除，对污水起预曝气作用，防止厌氧分解。在实际运营中，曝气沉砂池旋流速度难以测定，只能通过调节曝气量来控制，掌握难度较大，往往会存在过度曝气的问题；操作环境较差，夏季对空气污染较大。

3）旋流式沉砂池

（1）旋流式沉砂池的一般规定。旋流式沉砂池是一种带有立式搅拌装置（桨叶分离机），水流在池内呈旋流状态的沉砂池。旋流式沉砂池由进水口、出水口、沉砂区、储砂区组成，配套专用设备有电动机、减速器、桨叶分离机、排砂管、空气管、鼓风机等。如果采用水泵排砂，则排砂管、空气管、鼓风机等可以省略。

沉砂区为圆柱形水池，进水沿切线方向进入，并在桨叶分离机的控制下在池中旋转，出水沿与进水相反的方向流出沉砂池。在旋流作用下，砂粒与有机污泥分离，在离心力作用下被抛向池壁，并沿池壁下滑进入储砂区。

（2）设计参数。

沉砂池水力表面负荷不大于 200 $m^3/(m^2 \cdot h)$，最高时流量的水力停留时间不小于 30 s。沉砂区水深 1.0～1.2 m，径深比控制在 2.0～2.5。

进水渠道直段长度应为渠道宽的 7 倍，并且不小于 4.5 m，以创造平稳的进水条件。

在最大流量的 40%～80%情况下，进水渠道流速为 0.6～0.9 m/s，在最小流量时大于 0.15 m/s；但最大流量不大于 1.2 m/s。

出水渠道与进水渠道的夹角大于 270°，以防止短流。出水渠道宽度为进水渠道的 2 倍，直线段不小于出水渠道宽度。

沉砂池前应设格栅。沉砂池下游设堰板，以便保持沉砂池内所需的水位。旋流式沉砂池的平面布置如图 5.1 所示。

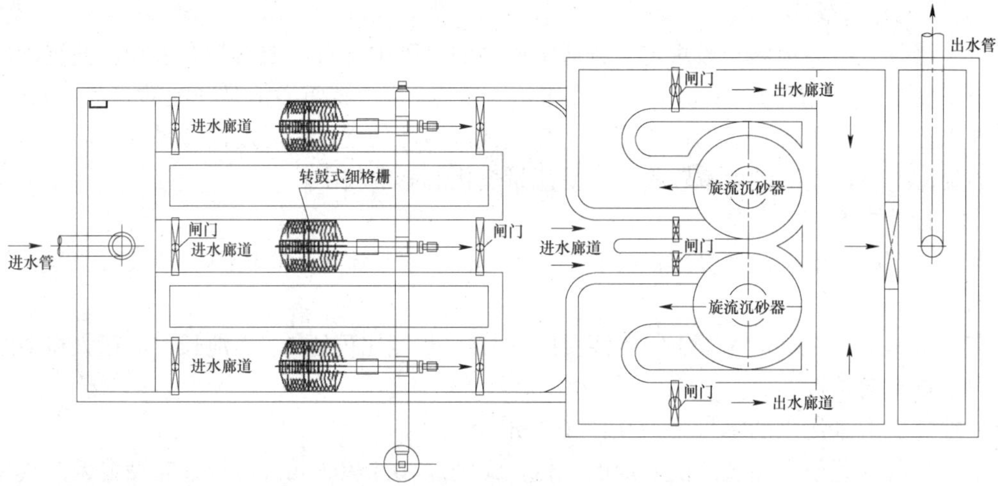

图 5.1 旋流式沉砂池的平面布置

（3）规格尺寸。

旋流式沉砂池的设计不仅与表面负荷、停留时间有关，而且与专用设备有关。目前国内已经形成系列化的旋流式沉砂池和配套设备可供选用。在选型后需对部分参数进行校核，不满足要求时应进行调整。

旋流沉砂池布置紧凑，占地小，节省土建费用，能耗低，对细砂去除效率较高，水力旋流的流态可去除砂粒表面的有机物，操作环境较好，可以通过调整搅拌桨的转速适应水量变化。但旋流沉砂池对进出水渠道的长度有较严格要求，在布置上仍会占用一定的面积；且对进水流速有一个范围要求，对水量变化有较严格的适用范围；对细格栅运行效果要求严格，要防止布条等物体的带入对叶轮及提砂设备造成影响。

5.1.3 常规市政污水处理厂污水处理工艺选择及工艺设计

1. 传统活性污泥法

1）传统活性污泥法类型

传统活性污泥法是活性污泥法的基本模式，以去除污水中有机物和悬浮物为主要目的，适用于无须考虑除磷脱氮的情况，其核心处理单元由曝气池和沉淀池组成。因运行方式和参数不同，传统活性污泥法演变出传统曝气工艺、完全混合工艺、阶段曝气工艺、吸附再生工艺、延时曝气工艺、高负荷曝气工艺、深井曝气工艺、纯氧曝气工艺等。

上述诸工艺各具特点，但基本设计方法相同，其优缺点、适用性及主要设计参数如表 5.2 所示。

表 5.2 传统活性污泥工艺比较与选择

工艺	优点	缺点	适用性	主要设计参数
传统曝气工艺	（1）有机物去除率较高；（2）不易发生污泥膨胀；（3）出水水质稳定	（1）耐冲击负荷能力差；（2）供氧利用率低；（3）运行费用较高	（1）适于大中型水量；（2）不控制出水氮磷	N_s=0.2～0.4 kgBOD$_5$/（kgMLSS · d）；θ_c=3～10 d；X=1 500～3 500 mgMLSS/L
完全混合工艺	（1）耐冲击负荷能力较强；（2）池内水质均匀，电耗低；（3）负荷率较高	（1）有机物去除率略低；（2）易发生污泥膨胀	（1）适用于中小水量；（2）适用于工业废水；（3）不控制出水氮磷	N_s=0.2～0.6 kgBOD$_5$/（kgMLSS · d）；θ_c=5～15 d；X=2 000～3 500 mgMLSS/L
阶段曝气工艺	（1）耐冲击负荷能力较强；（2）池内溶解氧较均匀；（3）二沉池出水效果好	（1）有机物去除率略低；（2）易发生污泥膨胀	（1）适于大中型水量；（2）不控制出水氮磷	N_s=0.2～0.4 kgBOD$_5$/（kgMLSS · d）；θ_c=3～10 d；X=1 000～3 000 mgMLSS/L
吸附再生工艺	（1）曝气池体积较小；（2）有耐冲击负荷能力；（3）曝气电耗低	（1）有机物去除率较低；（2）溶解有机物去除差；（3）剩余污泥量较大	（1）悬浮有机物较多；（2）强化一级处理；（3）高浓度污水预处理	N_s=0.2～0.4 kgBOD$_5$/（kgMLSS · d）；θ_c=3～10 d；X=1 000～3 000 mgMLSS/L
延时曝气工艺	（1）有机物去除率较高；（2）剩余污泥量少且稳定；（3）硝化反应彻底	（1）曝气池体积大；（2）运行电耗高；（3）污泥活性差	（1）适用于中小水量；（2）出水氨氮控制严格	N_s=0.05～0.15 kgBOD$_5$/（kgMLSS · d）；θ_c=0.5～2.5 d；X=3 000～6 000 mgMLSS/L
高负荷曝气工艺	（1）曝气池体积小；（2）曝气电耗低；（3）负荷率高	（1）有机物去除率低；（2）不发生硝化反应；（3）剩余污泥量大	（1）强化一级处理；（2）污水预处理	N_s=1.5～5 kgBOD$_5$/（kgMLSS · d）；θ_c=5～15 d；X=200～500 mgMLSS/L

续表

工艺	优点	缺点	适用性	主要设计参数
深井曝气工艺	（1）曝气池占地小； （2）充氧动力效率高； （3）有利于冬季保持水温	（1）曝气池构造复杂； （2）维修困难	（1）适用于工业废水； （2）适用于高浓度废水	N_s=1～1.2 kgBOD$_5$/（kgMLSS·d）； θ_c=5 d； X=3 000～5 000 mgMLSS/L
纯氧曝气工艺	（1）氧利用率高； （2）污泥指数低； （3）剩余污泥量少	（1）曝气池构造复杂； （2）运行成本高	（1）适用于工业废水； （2）适用于高浓度废水	N_s=0.4～0.8 kgBOD$_5$/（kgMLSS·d）； θ_c=5～15 d； X=6 000～10 000 mgMLSS/L

注：BOD$_5$为5日生化需氧量，其中BOD为生化需氧量，全称为biochemical oxygen demand，下同；N_S为曝气池BOD$_5$的污泥负荷；θ_c为曝气池的污泥龄；X为曝气池混合液污泥浓度；MLSS为混合液悬浮固体浓度，全称为mixed liquid suspended solids，下同。

2）曝气池及其设计

曝气池按照水力学流态的不同分为完全混合式和推流式。完全混合式进水迅速与池内混合液混合，曝气池内各点水质均匀，池型为圆形或正多边形，一般可与二沉池合建，目前使用较少。推流式池内水质从入口到出口逐步降低，其池型多为廊道式，是目前应用最为广泛的形式。

曝气池设计方法主要有污泥负荷法和污泥龄法。污泥负荷法属于经验参数设计方法，污泥龄法属于经验参数与动力学参数相结合的设计方法。近年来，国际水质协会（International Association on Water Quality，IAWQ）推荐的活性污泥数学模型开始在国内应用。活性污泥数学模型包括13种水质指标、20个动力学参数、8个生物反应过程，是全面反映活性污泥生物处理系统运行状态的数学方程组，可用于活性污泥系统的数值模拟，以指导实际运行管理，用于工程设计则可使设计更科学合理，最大限度地接近工程实际。

下文以污泥负荷法设计推流式曝气池为例，对相关设计计算进行分析。

在按污泥负荷法设计推流式曝气池中，需要估算出水溶解性BOD$_5$。二沉池出水BOD$_5$由溶解性BOD$_5$和悬浮性BOD$_5$组成，其中只有溶解性BOD$_5$与工艺计算有关。出水溶解性BOD$_5$估算如式（5.1）所示。

$$S_e = S_z - 7.1K_d f C_e \tag{5.1}$$

式中：S_e——出水溶解性BOD$_5$，mg/L；

S_z——二沉池出水总BOD$_5$，mg/L；

K_d——活性污泥自身氧化系数，d^{-1}；

f——二沉池出水SS（suspended substance），水质中的悬浮物；

C_e——二沉池出水SS，mg/L。

确定污泥负荷N_s，计算如式（5.2）、式（5.3）所示。

$$N_s = \frac{K_2 S_e f}{\eta} \tag{5.2}$$

$$\eta = \frac{S_0 - S_e}{S_0} \tag{5.3}$$

式中：η——曝气池进水 BOD_5 去除率；

K_2——动力学参数；

S_0——曝气池进水 BOD_5 浓度；

其余符号意义同式（5.1）。

曝气池有效容积 V 用污泥负荷法计算，如式（5.4）所示。

$$V = \frac{QS_0}{XN_s} \tag{5.4}$$

式中：Q——设计进水流量；

X——曝气池混合液污泥浓度；

其余符号意义同式（5.2）、式（5.3）。

复核容积负荷 F_V 计算如式（5.5）所示。

$$F_V = \frac{QS_0}{1\,000V} \tag{5.5}$$

式中：符号意义同式（5.4）。

污泥回流比 R、回流污泥浓度 X_R 计算如式（5.6）、式（5.7）所示。

$$R = \frac{X}{X_R - X} \tag{5.6}$$

$$X_R = \frac{10^6}{\mathrm{SVI}} \times r \tag{5.7}$$

式中：X——曝气池混合液污泥浓度；

SVI——污泥指数；

r——与二沉池有关的修正系数。

剩余污泥由生物污泥和非生物污泥组成。生物污泥由微生物的同化作用产生，并因微生物的内源呼吸而减少。非生物污泥由进水悬浮物中不可生化部分产生。剩余污泥量ΔX_V 计算如式（5.8）所示。

$$\Delta X_V = YQ\frac{S_0 - S_e}{1\,000} - K_d V f \frac{X}{1\,000} \tag{5.8}$$

式中：Y——活性污泥产率系数；

K_d——活性污泥自身氧化系数；

V——曝气池有效容积；

f——二沉池出水 SS 中 VSS 所占比例；

其余符号意义同式（5.1）、式（5.4）。

剩余非生物污泥ΔX_s 计算如式（5.9）所示。

$$\Delta X_s = Q(1 - f_b f)\frac{C_0 - C_e}{1\,000} \tag{5.9}$$

式中：C_0——设计进水 SS，mg/L；

f_b——进水 VSS 中可生化部分比例；

其余符号意义同式（5.1）、式（5.4）。

复核污泥量 θ_c 计算如式（5.10）所示。

$$\theta_c = \frac{XVf}{1000\Delta X_V} \tag{5.10}$$

式中：X——曝气池混合液污泥浓度；

V——曝气池有效容积；

f——二沉池出水 SS 中 VSS 所占比例；

ΔX_V——剩余污泥量。

根据生物动力学原理，当曝气池体积 V，曝气池混合液污泥浓度 X 已知时，进水 BOD_5 浓度 S_0 与出水 BOD_5 浓度 S_e 之间的关系如式（5.11）所示。

$$\frac{Q(S_0 - S_e)}{XfV} = K_2 S_e \tag{5.11}$$

式中：符号意义同式（5.1）、式（5.3）、式（5.4）、式（5.10）。

2. 脱氮除磷活性污泥法

长期以来，城镇污水的处理均以去除 BOD（biological oxygen demand，生化需氧量）和 SS 为目标，并不考虑对无机营养物质氮和磷的去除。随着防止水体富营养化和再生水回供的要求，有效地降低污水中氮、磷的含量，成为污水处理厂工艺选择时的一个重要因素。某些化学法和物理法可以有效地从污水中脱氮除磷，如化学药剂除磷、吹脱法去氮、离子交换法去除氨氮和磷酸盐。化学法或物理化学法运行费用较高，只能作为城镇污水处理的一个补充手段。因此，生物脱氮除磷工艺显得尤为重要。

传统活性污泥法主要去除污水中溶解性的有机物，污水中氮、磷的去除仅限于微生物细胞合成而从污水中摄取的数量，去除率低，氮为 20%～40%，磷仅为 5%～20%。为了有效地降低污水中氮、磷含量，利用生物脱氮除磷技术原理，已经发展了多种具有生物脱氮和除磷功能的污水处理工艺，在降解有机物的同时，具有较强的脱氮除磷效果，且去除率高，与化学法和物理法相比，生物脱氮除磷技术节省投资和运行费用，成为脱氮除磷工艺的主导潮流。

下文主要介绍几种常见的处理工艺。

1）缺氧–好氧生物脱氮活性污泥法（A_1/O）

缺氧–好氧生物脱氮活性污泥法（A_1/O）简称“A_1/O 生物脱氮工艺”，是一种有回流的前置反硝化生物脱氮工艺，由前段缺氧池、后段好氧池串联组成，平面设计如图 5.2 所示。

该工艺与传统生物脱氮工艺相比的主要特点如下。

（1）流程简单，构筑物少，大大节省了基建费用。

（2）在原污水 C/N（碳/氮）较高（大于 4）时，不需外加碳源，以原污水中的有机物为碳源，保证了充分的反硝化，降低了运行费用。

（3）好氧池设在缺氧池之后，可使反硝化残留的有机物得到进一步去除，提高出水水质。

（4）缺氧池在好氧池之前，由于反硝化消耗了一部分碳源有机物，可减轻好氧池的有机负荷，也可起到生物选择器的作用，有利于控制污泥膨胀。

（5）反硝化过程产生的碱度也可以补偿部分硝化过程对碱度的消耗。

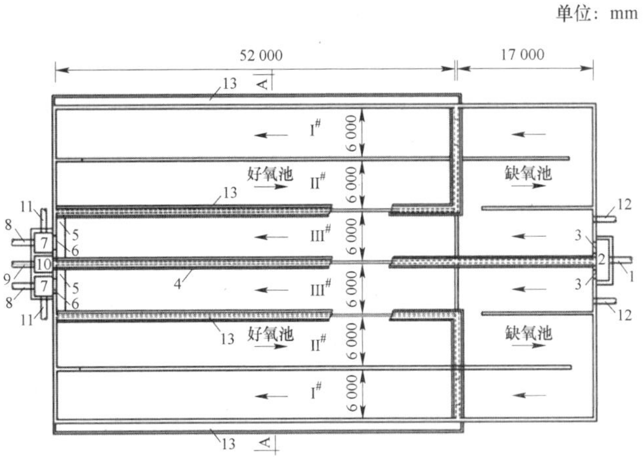

1—进水管；2—进水井；3—进水孔；4—回流污泥渠道；5—集水槽；6—出水孔；7—出水井；8—出水管；
9—回流污泥管；10—回流污泥井；11、12—混合液回流管；13—空气管廊。

图 5.2　A_1/O 生物脱氮工艺生物池平面设计

（6）该工艺在低污泥负荷、长泥龄条件下运行，因此系统剩余污泥量少，有一定稳定性。

（7）便于在常规活性污泥法基础上改造成 A_1/O 脱氮工艺。

（8）混合液回流比的大小直接影响系统的脱氮率，一般混合液回流比取 200%～500%，太高则动力消耗太大。因此 A_1/O 工艺的脱氮率一般为 70%～80%，难以进一步提高。

A_1/O 生物脱氮工艺好氧池的关键设备与常规活性污泥法相同，在缺氧反应池内采用机械搅拌。目前机械搅拌机类型主要有潜水搅拌机、推进式搅拌机、桨式搅拌机等，应根据污水处理规模、反应池类型、池深、混合液浓度等进行比选。此外，还有硝化混合液回流泵，具有大流量、低扬程、无堵塞、耐腐蚀、维修及安装方便的优点（多采用潜污泵或混合液回流专用泵）。

2）厌氧–好氧生物除磷活性污泥法（A_2/O）

厌氧–好氧生物除磷活性污泥法（A_2/O）简称"A_2/O 生物除磷工艺"，是由前段厌氧池和后段好氧池串联组成，生物池平面设计如图 5.3 所示。该工艺的 BOD_5 去除率与普通活性污泥法基本相同，而磷的去除率为 70%～80%，剩余污泥中磷的含量在 2.5%以上。

该工艺主要技术特点如下。

（1）工艺流程简单。

（2）厌氧池设在好氧池之前，可起到生物选择器的作用，有利于抑制丝状菌的膨胀，改善活性污泥的沉降性能，并能减轻后续好氧池的负荷。

（3）反应池水力停留时间较短。一般厌氧池水力停留时间为 1～2 h，好氧池水力停留时间为 2～4 h，总停留时间 3～6 h；厌氧、好氧水力停留时间之比一般为（1:2）～（1:3）。

（4）A_2/O 生物除磷工艺是通过排除富磷剩余污泥实现的，因此其除磷效果与排放的剩余污泥量直接相关，只有在短泥龄条件下运行，才能达到除磷的目的。

（5）便于在常规活性污泥工艺基础上改造成 A_2/O 生物除磷工艺。

（6）受运行条件和环境条件影响较大，因此除磷率难以进一步提高。一般处理城镇污水的除磷率在 75%左右。

单位：mm

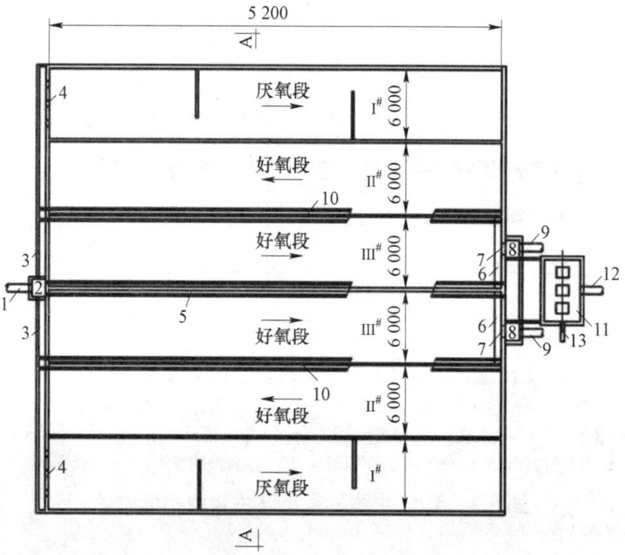

1—进水管；2—进水井；3—配水渠；4—进水孔；5—回流污泥渠道；6—集水槽；7—出水孔；8—出水井；9—出水管；10—空气管廊；11—回流污泥泵房；12—回流污泥管；13—剩余污泥管。

图 5.3 A_2/O 生物除磷工艺生物池平面设计

A_2/O 生物除磷工艺好氧反应池的关键设备与常规活性污泥法相同。在厌氧反应池内设潜水搅拌机，使原污水与回流污泥充分混合，并可推动水流，增加池底流速，避免污泥下沉。

3）厌氧–缺氧–好氧活性污泥法（A^2/O）

厌氧–缺氧–好氧活性污泥法（A^2/O）简称“A^2/O 生物脱氮除磷工艺”，是在 A_2/O 生物除磷工艺基础上增设了一个缺氧池，并将好氧池出流的部分混合液回流至缺氧池，具有同步脱氮除磷功能。

污水经预处理和一级处理后首先进入厌氧池，在厌氧池中的反应过程与 A_2/O 生物除磷工艺中的厌氧反应过程相同；在缺氧池中的反应过程与 A_1/O 生物脱氮工艺中的缺氧过程相同；在好氧池中的反应过程兼有 A_2/O 生物除磷工艺和 A_1/O 生物脱氮工艺在好氧池中的反应和作用。因此，A^2/O 生物脱氮除磷工艺可以达到同步去除有机物、硝化脱氮、除磷的功能。

A^2/O 生物脱氮除磷工艺适用于对氮、磷排放指标均有严格要求的城镇污水处理，其特点如下。

（1）工艺流程简单，总水力停留时间少于其他同类工艺，节省基建投资。

（2）在厌氧、缺氧、好氧环境下交替运行，有利于抑制丝状菌的膨胀，改善污泥沉降性能。

（3）不需要外加碳源，厌氧、缺氧池只进行缓速搅拌，节省运行费用。

（4）便于在常规活性污泥工艺基础上改造成 A^2/O 生物脱氮除磷工艺。

（5）脱氮效果受混合液回流比大小的影响，除磷效果受回流污泥夹带的溶解氧和硝态氮的影响，因而脱氮除磷效果不可能很高。

（6）沉淀池要防止产生厌氧、缺氧状态，以避免聚磷菌释磷而降低出水水质和反硝化产生氮而干扰沉淀。但溶解氧含量也不宜过高，以防止循环混合液对缺氧池的影响。

传统 A^2/O 工艺也存在着本身固有的缺点，脱氮和除磷对外部环境条件的要求是相互矛盾的，脱氮要求有机负荷较低，污泥龄较长，而除磷要求有机负荷较高，污泥龄较短，往往很难权衡。另外，回流污泥中含有大量的硝酸盐，回流到厌氧池中会影响厌氧环境，对除磷不利。

为了克服传统 A^2/O 工艺的缺点，出现了多种改良型 A^2/O 工艺。

（1）UCT 生物脱氮除磷工艺。UCT（university of cape town）生物脱氮除磷工艺的流程框图见图 5.4。与 A^2/O 法相比，UCT 工艺不同之处在于污泥先回流至缺氧池，而不是厌氧池，再将缺氧池部分混合液回流至厌氧池，从而减少了回流污泥中过多的硝酸盐对厌氧放磷的影响。但是 UCT 生物脱氮除磷工艺增加了一次回流，多一次提升，运行费用将增加。

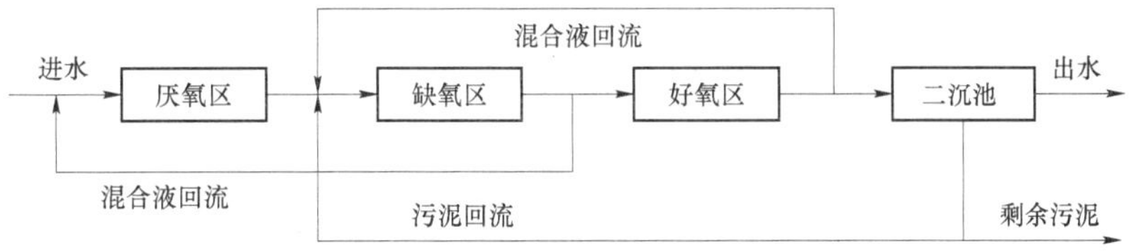

图 5.4　UCT 生物脱氮除磷工艺流程框图

（2）MUCT 工艺。为了避免 UCT 生物脱氮除磷工艺因两套内回流交叉而使缺氧段的停留时间不易控制，以及避免溶解氧自好氧段经缺氧段进入厌氧段，干扰磷的释放，产生了 MUCT 工艺（modified university of cape town，改良性 UCT 工艺）。与 UCT 工艺相比，MUCT 工艺的不同之处在于将缺氧段一分为二，形成两套独立的内回流。其流程框图见图 5.5。

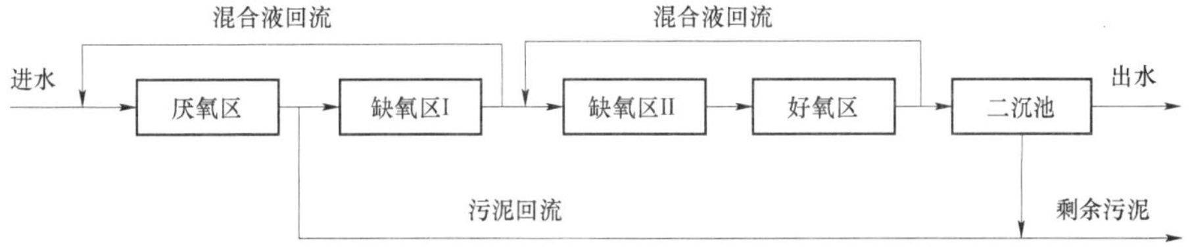

图 5.5　MUCT 工艺流程框图

此外，还有取消混合液回流的 A^2/O 工艺和倒置型 A^2/O 工艺等改良型，各有不同特点，限于篇幅，此处不展开阐述。

3. 氧化沟法

氧化沟又称连续循环式反应池或循环曝气池，因其构筑物呈封闭的沟渠型而得名，故有人称其为“无终端的曝气系统”。

氧化沟法是活性污泥法的一种变形技术，它把连续式反应池用作生物反应池。污水和活性污泥的混合液在该反应池中以一条闭合式曝气渠道进行连续循环。氧化沟通常在延时曝气条件下使用，水和固体的停留时间长，有机物质负荷低。它使用一种带方向控制的曝气和搅拌装置，向反应池中的物质传递水平速度，从而使被搅动的液体在闭合式曝气渠道中循环。

氧化沟池底水平流速 $v>0.3$ m/s，污泥负荷和污泥龄的选取需考虑污泥稳定化和氨氮硝化两个因素。一般污泥龄为 10～30 d，污泥负荷在 0.05～0.10 $kgBOD_5$/（kgMLVSS·d）之间（MLVSS 为混合液中可挥发性的悬浮固体浓度，代表活性微生物的量，全称为 mixed liquor volatile suspended solid），水力停留时间为 12～24 h，污泥浓度（MLSS）一般在 4 000～

5 000 mg/L。

氧化沟曝气池占地面积比一般的生物处理方法要大，但是由于其不设初沉池，一般也不建污泥厌氧消化系统，因此，节省了构筑物之间的空间，使污水处理厂总占地面积并未增大，在经济上具有竞争力。

氧化沟的技术特点如下。

（1）处理效果稳定，出水水质好，并且具有较强的脱氮功能，有一定的抗冲击负荷能力。

（2）工程费用相当于或低于其他污水生物处理技术。

（3）污水处理厂只需要最低限度的机械设备，增加了污水处理厂正常运转的安全性。

（4）管理简化，运行简单。

（5）剩余污泥较少，污泥不经消化也容易脱水，污泥处理费用较低。

（6）与其他工艺相比，臭味较小。

（7）构造形式和曝气设备多样化。

（8）曝气强度可以调节。

氧化沟系统的基本构成包括氧化沟池体、曝气设备、进出水装置、导流和混合装置。

氧化沟处理城镇污水时，一般不设初沉池，悬浮状的有机物可在氧化沟中得到好氧稳定。为了防止无机沉渣在氧化沟中积累，原污水应先经过格栅及沉砂池进行预处理。氧化沟工艺流程如图 5.6 所示。

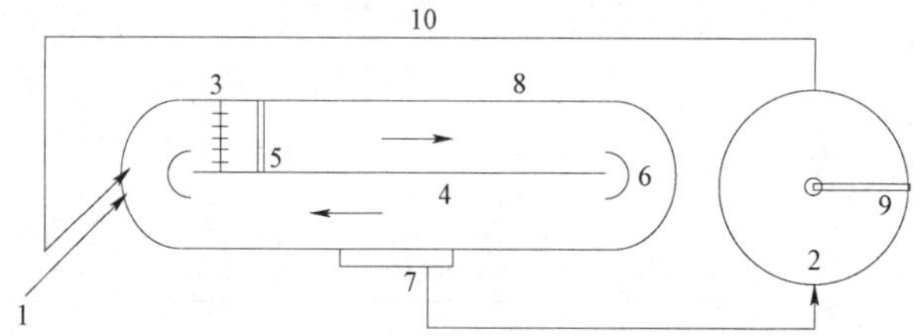

1—进水；2—沉淀池；3—转刷；4—中心墙；5—导流板；6—导流墙；7—出水堰；8—边壁；9—刮泥板；10—回流污泥。

图 5.6 氧化沟工艺流程

4. 周期循环活性污泥法（CASS）

周期循环活性污泥法的简称为 CASS（cyclic activated sludge system），它是在 SBR（sequencing batch reactor activated sludge process，序列间歇式活性污泥法）的基础上发展出来的，也是在 SBR 池中的进水处增加一个生物选择器，促使达成连续进水、间歇排水。

工艺原理：CASS（周期循环活性污泥法）工艺集沉淀与曝气在同一个池内，除去通常活性污泥法的一沉池及二沉池，在一定的时间上污染物的降解是一个推流的过程，然而微生物则主要处在缺氧、好氧、厌氧的周期变化当中进行徘徊，从而能够实现去除污染物的目的，且同时还拥有相对较好的除磷、脱氮功用。CASS 操作周期通常可以分作 5 个阶段，分别是进水阶段曝气阶段、沉淀阶段、滗水阶段与闲置阶段。

在 CASS 反应池中，大致可分为预反应区与主反应区 2 个部分。在预反应区内，微生物可经由酶快速吸附污水里大多数可溶解性有机物，经过高负荷的快速积累过程，这对进水量、水质、pH 值与有害有毒物质起到一个相对较好的缓冲效果，并且此时可以起到有效抑制丝状菌的生长发育的作用，同时能够有效防止污泥膨胀；然后于主反应区中经过低负荷的降解流程。

5. 曝气生物滤池

微生物附着在载体表面生长而形成膜状，当污水经载体表面和生物膜接触的过程中，污水中的有机污染物即被微生物吸附、稳定，最终转化为 H_2O（水）、CO_2（二氧化碳）、NH_3（氨气）和微生物细胞物质，使污水得到净化。

曝气生物滤池是一种高效生物反应器，该技术已在国内多项工程中得到成功的应用。活性滤料曝气生物滤池的最大特点是使用了一种新型粒状滤料，在其表面生长有生物膜，污水自下向上流过滤料，池底则提供曝气，使废水中的有机物发生吸附、截留与生物分解。

曝气生物滤池能够进行短程硝化反硝化脱氮，陶粒填料为异养菌、自养菌和反硝化细菌分别占据不同生态位、形成合理的微环境体系提供了有效的载体，较低的曝气量和定期反冲洗又使得竞争能力较弱的 NO_2–N 氧化细菌不能在反应器内形成优势群体而被自然淘汰，因而氨氧化产生的 NO_2–N 可直接被反硝化去除。

6. 载体流动床生物膜工艺

载体流动床生物膜工艺（moving bed biofilm reactor，MBBR）是一种生物膜法与活性污泥相结合的高效污水处理工艺，微生物附着、生长于悬浮填料表面，形成一定厚度的微生物膜层。填料在鼓风曝气的扰动下在反应池中随水流浮动，带动附着生长的生物菌群与水体中的污染物和氧气充分接触，污染物通过吸附和扩散作用进入生物膜内，被微生物降解。附着、生长的微生物可以达到很高的生物量，因此反应池内生物浓度是悬浮生长活性污泥工艺的 2～4 倍。载体流动床生物膜工艺具有容积负荷率高、脱氮能力强、运行稳定、出水水质优良等特点。载体上的高浓度的生物菌群可获得很强的 COD 降解能力，载体上丰富的生物菌群类型，增加了对难降解有机物的降解性能，使系统的出水水质更好。生物膜的污泥龄长，非常适宜于硝化菌的生长，硝化菌浓度高，因此硝化脱氮能力显著。

5.1.4　沉淀池设计

城市污水处理厂经生化处理后，多数需要在沉淀池中完成固液分离。通常把生物处理后的沉淀池称为二沉池或最终沉淀池（终沉池）。

二沉池设计时参数的选用应符合以下原则。

（1）二沉池的设计流量应为污水的最大时流量，不包括回流污泥量。但在沉淀池中心筒的设计中则应包括回流污泥量。

（2）二沉池个数或分格数不应少于 2 个，并宜按并联设置。

（3）二沉池沉淀时间为 1.5～4.0 h。

（4）二沉池表面负荷 q 在 0.6～2.0 m^3/（m^2 • h）之间，该值的大小与污水水质和混合污泥浓度有关。当污水中无机物含量较高时，可采用较高的 q 值；而当污水中的溶解性有机物较多时，则 q 值宜低。混合液污泥浓度越高，q 值越低；反之，q 值越高。

（5）二沉池的固体负荷 G 一般小于 150 kg/(m^2 • d)。

（6）出水堰负荷不宜大于 1.7 L/（s • m）。

（7）二沉池污泥斗的作用是储存和浓缩沉淀污泥，提高回流污泥浓度，减少回流量。由于活性污泥易因缺氧使其失去活性而腐化，因此污泥斗的容积不能过大。对于曝气池后二沉池一般规定污泥斗的储泥时间为 2 h，生物膜法后按 4 h 污泥量计算。

（8）二沉池宜采用连续机械排泥措施。当用静水压力排泥时，二沉池的静水头在生物膜法后不小于 1.2 m，曝气池后不小于 0.9 m。污泥斗的斜壁与水平面夹角不应小于 55°。

5.1.5 深度处理工艺设计

一般来讲，二级或者三级处理的出水含有少量的悬浮物和难以去除的色度、臭味和有机物。为达到“一级 A 标准”或回用要求，需进一步深度处理。

深度处理的工艺流程，根据出水不同要求，有多种组合形式，包括以下一些工艺或其中几种的组合：混凝沉淀、气浮、过滤、活性炭吸附、臭氧氧化、离子交换、电渗析、反渗透、超滤、纳滤等等。具体工艺的选择应视进水水质情况、出水的水质要求、出水具体用途等而定。目前应用于深度处理较多的工艺主要有混凝沉淀、过滤、活性炭吸附等。

污水二级处理出水再进行深度处理的去除对象及所采用的处理技术见表 5.3。

表 5.3 深度处理的去除对象及所采用的处理技术

去除对象		有关指标	采用的主要处理技术
有机物	悬浮状态	SS、VSS	过滤、混凝沉淀
	溶解状态	BOD_5、COD_{Cr}、TOC、TOD	混凝沉淀、活性炭吸附、臭氧氧化
植物性营养盐类	氮	TN、NH_3–N、NO_2–N、NO_3–N	吹脱、折点氯化、生物脱氮
	磷	PO_4–P、TP	生物除磷、化学除磷
微量成分	溶解性无机物、无机盐类	电导率、Na^+（钠离子）、Ca^{2+}（钙离子）、Cl^-（氯离子）	反渗透、电渗析、离子交换
	微生物	细菌、病毒	臭氧氧化、消毒

注：COD_{Cr} 为用重铬酸钾为氧化剂测出的化学需氧量、TOC 为总有机碳、TOD 为总需氧量、TN 为总氮、NH_3–N 为氨氮、NO_2–N 为亚硝酸盐氮、NO_3–N 为硝酸盐氮、PO_4–P 为正磷酸盐、TP 为总磷；下同。

混凝沉淀、过滤、活性炭吸附以及反渗透工艺对污染物的去除较为全面，但活性炭吸附和反渗透工艺的投资和运行费用较高；混凝沉淀和过滤工艺相对简单，具有成熟的运行管理经验，且运行费用相对较低。

“混凝、沉淀（澄清）—过滤—消毒”的工艺应用于国内外许多污水深度处理工程，如北京华能热电厂、北京水源六厂（利用高碑店二级出水进行深度处理后回用于工业用水和市政杂用水）、大连柳春河回用水示范工程等均采用“澄清—砂滤—消毒”工艺。国内也有采用直接过滤工艺的，如西安邓家村污水处理厂污水回用工程、深圳滨河污水处理厂厂内污水回用工程等。国外有日本名古屋、东京、大阪及美国加州等均采用这一工艺。

混凝沉淀目前常用的两种工艺：高密度澄清池（高效沉淀池）；传统的混凝、斜管沉淀池或平流沉淀池。其中，高密度澄清池是将混合、絮凝、沉淀高度集成一体，由混合区、絮凝区、沉淀区和浓缩区及泥渣回流系统和剩余泥渣排放系统组成。近年，高密度澄清池因实际运行效果稳定可靠，且占地小，节省投资，比传统工艺形式有较大优势，陆续在工程中得到推广、应用。

过滤单元是深度处理的核心单元，目前国内应用于深度处理工艺的过滤单元主要有气水反冲洗滤池、曝气生物滤池、D 型滤池、滤布滤池、精密过滤车间等。

气水反冲洗滤池滤速低、占地面积大、过滤周期相对较短；冲洗自耗水量大；易跑滤料，需定期更换滤料；并且水头损失较大。

D 型滤池过滤精度高、滤速快、截污量大、占地面积适中；不需要频繁地更换滤料；单位造价低于气水反冲洗石英砂滤池。

滤布滤池采用物理过滤原理去除总悬浮固体，过滤时随着滤布上污泥的积累，滤布过滤阻力增加，滤池水位升高，当测压装置测得滤布内外水位差达到设定的反冲洗值时，开始反冲洗过程。滤布滤池处理效果好、出水稳定、土建费用低、占地小，但是自动化程度要求高、设备费用及维护费用高。

精密过滤车间采用微滤级不锈钢滤网，过滤速度快，滤网使用寿命长，占地面积小，反洗效果好，反冲洗消耗水量小，构造简单，运行费用低，但投资较高。

曝气生物滤池占用面积小，为常规工艺的 1/10～1/5，运行费低；进水要求悬浮物 50～60 mg/L；填料多为页岩陶粒，直径 5 mm，层高 1.5～2 m；具有容积负荷、水力负荷大，水力停留时间短，所需基建投资少，出水水质好，运行能耗低，运行费用少的特点。

对于特殊水质，二级处理后的 COD 多为难降解物质，需利用强氧化剂将微生物无法直接降解的大分子物质和微生物自身代谢产物降解为小分子物质，以便进一步去除污染物。可增设高级氧化工艺，如臭氧接触池氧化等。

5.1.6　消毒及附属设施设计

市政污水经过二级处理后，水质改善，细菌含量大幅度减少，但细菌的绝对值仍很可观，并存在病原菌的可能，为防止对人类健康产生危害和对生态造成污染，在污水排入水体前应进行消毒。

目前，污水处理厂中最常用的消毒方式是二氧化氯、次氯酸钠和紫外线。下文主要介绍二氧化氯消毒和紫外线消毒等相关内容。

1. 二氧化氯消毒

二氧化氯（ClO_2）是黄色气体，带有辛辣味，易溶于水，常温下在水中溶解度为 2.9 g/L，二氧化氯在压缩加压时不稳定，在水中极易挥发，因而不能储存，必须现场制备。

制备方法有化学法和电解法。化学法是以氯酸盐或亚氯酸盐和盐酸为原料；电解法是利用食盐和水为原料，通过特制的隔膜电解槽，产生气体或液化的二氧化氯。

污水处理厂出水加氯量可采用 5～15 mg/L。

消毒剂与水需要充分的接触时间，使消毒剂发挥作用，达到预期的杀菌效果。接触池的混合接触时间不应小于 30 min。

2. 紫外线消毒

紫外线消毒是细菌、病毒和其他病原微生物细胞吸收紫外线能量后，其遗传物质 DNA（deoxyribo nucleic acid，脱氧核糖核酸）发生突变，使其不能再繁殖而达到对水和废水进行消毒的目的。

紫外线消毒具有高效、经济、环保、安全的优点。其缺点是消毒效果受出水水质影响。紫外线消毒设施平面设计如图 5.7 所示。

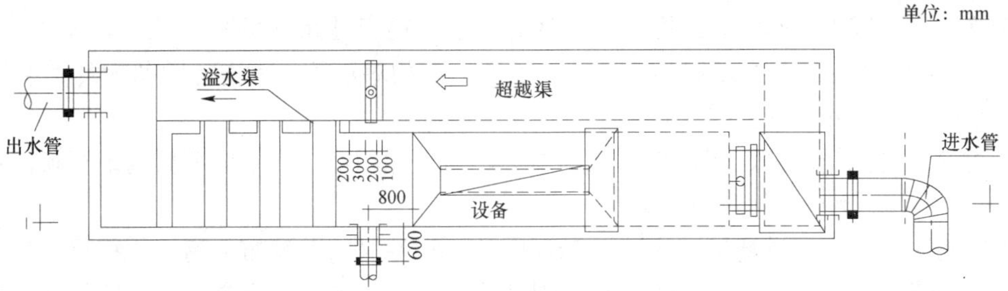

图 5.7　紫外线消毒设施平面设计

1）紫外线消毒器

紫外线消毒器主要有两种，即浸水式和水面式紫外线消毒器。浸水式紫外线消毒器是把光源置于水中，此法的特点是紫外线利用率高，杀菌效能好，但设备的构造复杂。水面式紫外线消毒器构造简单，利用反射罩将紫外线辐射到水中，由于反射罩吸收紫外线，以及光线散射，实现杀菌，但杀菌效果不如前者。

2）设计要点

紫外消毒剂量是单位面积上接收到的紫外线能量，是所有紫外线辐射强度和曝光时间的乘积，常用单位是毫焦耳每平方厘米（mJ/cm^2）。紫外消毒剂量的大小与出水水质、水中所含物质种类、灯管的结垢系数等多种因素有关，应通过试验确定。

在工程设计和应用时，可通过有资质的第三方使用同类设备在类似水质中所做的检验报告确定。城镇污水处理厂达到二级标准和一级 B 标准时，紫外线有效剂量不低于 15 mJ/cm^2，达到一级 A 标准时，紫外线的有效剂量不低于 20 mJ/cm^2。

提示：光照接触时间为 10～100 s。紫外线在照射管道中的水流时，尽可能保持推流状态。灯管前后的渠长度不宜小于 1 m。水位可由固定溢流堰或自动水位控制器控制。

水流流速最好不小于 0.3 m/s，以减小套管结垢；可采用串联运行，以保证所需的接触时间。紫外线照射渠一般设置 2 条，当水量较小只设置 1 条紫外线照射渠时，应设置超越渠道。

5.2　污水处理厂提标改造设计

城镇污水处理厂提标前，应首先对其服务范围内的污水水质、产生量展开核定。提标工程的原处理构筑物和新建构筑物的设计水质、水量应以核定后的污水水质、产生量为准。当核定后发现偏差大时，应在核实已建污水处理厂服务范围内的污水水质、产生量、偏差原因和已建处理构筑物的能力之后，再判断提标、改造的必要性。

提标、改造需要针对性地解决这几个设计指标的达标问题。

1）COD、BOD

将出水 COD、BOD 分别由 60 mg/L、20 mg/L 降低至 50 mg/L、10 mg/L。通过强化预处理与生物处理措施，提高对有机物的去除率。一般情况下，按照一级 B 出水标准设计的污水处理厂的出水有机物都能够达到一级 A 的出水水质；在特殊情况下，可以采用投加粉末活性炭作为应急或补充措施。

2）SS

将出水 SS 由 20 mg/L 降低至 10 mg/L，需对现有的二沉池出水进行进一步的处理，需要增加混凝、沉淀和过滤措施；通过高效沉淀或过滤措施，能够将出水 SS 控制在 10 mg/L 以内。

3）NH_3-N［水（废水）中氨氮含量指标］

将出水由 5（8）mg/L 降低至 3（5）mg/L，需要强化现有预处理和生物处理措施，如在生化池中加入膜组件构建膜生物反应器系统以提高系统的硝化能力，或者通过增加曝气生物滤池设施提高出水硝化效果。

4）总氮量

将出水由 25 mg/L 降低至 15 mg/L，需要强化现有预处理和生物处理措施，必要时外加碳源提高反硝化效率。如果强化措施依然不能使总氮量（total nitrogen，TN）达标的话，则需要考虑增加反硝化生物滤池。

具体工艺参考 5.1.5 深度处理工艺设计。

5.3　污水处理厂设计项目案例

5.3.1　新建污水处理厂设计案例

下文以广东省高新技术产业开发区 HS 工业城基础设施建设工程项目——HS 工业城污水处理厂工程（二期）为例，对新建污水处理厂设计进行阐述。

1. 工程概况

HS 工业城处于 HS 市，地处珠江三角洲腹地、粤港澳大湾区珠江西岸的核心区内，是广东省“珠西战略”和江门市委市政府“工业立市”的重要组成部分。污水处理厂总平面图如图 5.8 所示，其中，x、y 为坐标方向。

单位：m

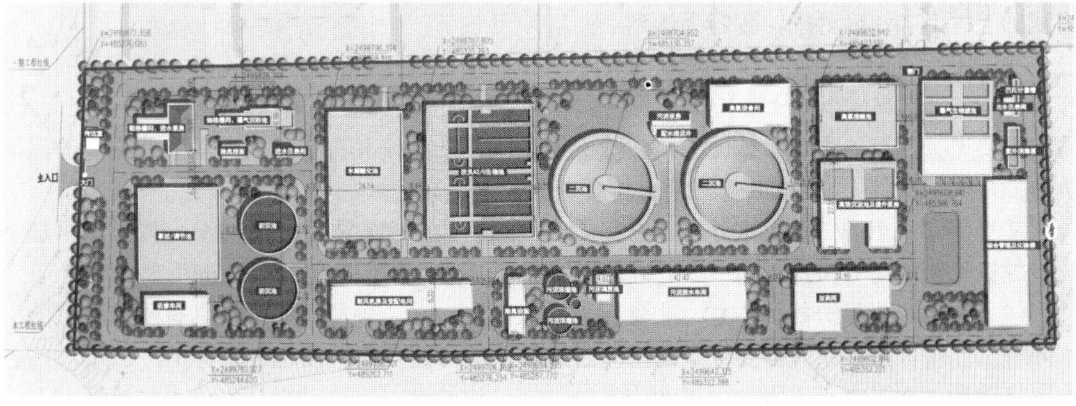

图 5.8　污水处理厂总平面图

本项目的污水处理厂建设内容包含新建二期工程（12 000 m^3/d）及一期工程（12 000 m^3/d）工艺改造。二期工程中工业废水占总规模的 55%（约 6 600 m^3/d），生活污水占总规模的 45%（约 5 400 m^3/d）。项目出水达到《地表水环境质量标准》（GB 3838—2002）Ⅳ标准（TN 外）

及广东省地方标准《水污染物排放限值》（DB 44/26—2001）第二时段一级排放标准和《城镇污水处理厂污染物排放标准》（GB 18919—2002）一级 A 标准。

项目设计进出水水质统计表如表 5.4 所示。

表 5.4　进出水水质统计表

项目	设计进水水质	设计出水执行标准
pH 值/(mg/L)	6～9	6～9
COD_{Cr}/(mg/L)	350	≤30
BOD_5/(mg/L)	150	≤6
SS/(mg/L)	350	≤10
NH_3-N/(mg/L)	25	≤1.5
TN/(mg/L)	60	≤15
TP/(mg/L)	5	≤0.3
石油类/(mg/L)	20	≤0.5

2. 处理重点和难点分析

经分析研究，本工程的重点主要如下。

1）进水水质污染负荷较高，污水处理的除磷脱氮难度大

其中 TN、TP、SS 的去除率分别要求达到 75.0%、94.0%、97.1%，如单独采用常规的二级处理工艺，难以保证这几项指标的去除率达标。

2）尾水排放水体的水指标要求高，处理标准严格

除采用生物脱氮除磷工艺外，还应通过合理分配及有效利用碳源、延长污泥龄和充分曝气来控制出水的总氮，并附加深度处理工艺与化学除磷以控制 SS、TP 等其他出水指标。

（1）BOD_5 指标分析。BOD_5 去除率要求大于 96.0%，该项指标在采用生物除磷脱氮工艺的基础上再附加深度处理，较容易达到。

在采用具有除磷脱氮的生物降解工艺中，在微生物进行硝化与反硝化时，自养型的亚硝酸菌、硝酸菌具有很小的比增长速率，与去除碳源的异养型微生物相比要小一个数量级以上，因此需要进行脱氮的生化系统比单纯去除碳源 BOD_5 的系统具有更长的污泥龄或更低的污泥负荷，在这种条件下，BOD_5 的去除率将会有大幅度提高。

从目前常采用的一些污水处理工艺来看，处理后的 BOD_5 浓度可消减 90%以上，再加上同步脱氮除磷中对 BOD_5 的进一步消减，能够保证 BOD_5 出水浓度低于 6 mg/L。

（2）COD_{Cr} 指标分析。COD_{Cr} 去除率要求大于 91.4%。同样，在采用具有除磷脱氮的生物降解工艺中，由于系统需要较长的污泥龄或较低的污泥负荷，在这种条件下，COD_{Cr} 的去除率将较高。而且由于进水中含工业废水，处理难度较大，需通过提高生化系统活性污泥浓度，延长污泥的吸附与接触时间，使分解缓慢的大分子有机物的停留时间变长，在提高其降解率的基础上再附加深度处理，一般能确保 COD_{Cr} 去除率在 90.0%以上。

（3）SS 指标分析。SS 去除率要求大于 97.1%。

污水处理厂出水中悬浮物浓度不仅涉及出水 SS 指标，还因为组成出水悬浮物的主要是

活性污泥絮体，其本身的有机成分就很高，因此对出水的BOD_5、COD等指标也有很大影响，所以控制污水处理厂出水的SS指标是最基本的，也是很重要的。

为了降低出水中的悬浮物浓度，在工程中应采取适当的措施，如采用适宜的污泥负荷（F/M值）以保持活性污泥的凝聚及沉降性能，投加药剂，采用较小的沉淀池表面负荷、采用较低的出水堰负荷，充分利用活性污泥悬浮层的吸附网络作用以及增加过滤环节等。在污水处理方案选用合理、工艺参数取值合理、单体设计优化以及采用深度处理的条件下，完全能够使出水SS指标在10 mg/L以下。

（4）NH_3–N指标分析。NH_3–N去除率要求大于94.0%。

本工程进水氨氮的去除主要靠硝化过程来完成，氨氮的硝化过程将成为控制生化处理好氧单元设计的主要因素。要满足1.5 mg/L出水要求，必须进行完全硝化，并且还要通过完全反硝化辅助。故本工程设计在完全硝化的基础上，进行充分供氧，能够保证出水氨氮指标控制在1.5 mg/L以内。在进行完全硝化的同时，碳源也被氧化，同步提高BOD_5的去除率。

（5）TN指标分析。TN去除率要求大于75.0%。

污水处理厂进水TN的去除主要在硝化充分的基础上靠反硝化过程来完成，工程上通过缺氧阶段实现，反硝化成为缺氧池设计的控制因素，根据大量的试验数据和运转实例，在碳源充足的情况下，设计污泥负荷≤0.15 kgBOD_5/(kgMLSS·d)时，就可以达到硝化及反硝化的目的；污泥负荷≤0.11 kgBOD_5/(kgMLSS·d)时，就可以使出水氨氮浓度不高于5 mg/L，TN浓度不高于15 mg/L。

由于本工程进水碳源浓度较低，需合理分配碳源以保证反硝化所需碳源，在碳源不足的情况下还要考虑适当地补充外加碳源，以保证反硝化的有效进行。因此，TN是本工程的处理项目难点。

（6）TP指标分析。TP去除率要求大于95.38%。

一般而言，通过具有除磷脱氮功能的生物处理后，出厂水中磷含量可以达到1 mg/L，但难以保证稳定在0.3 mg/L以下，需增加化学除磷。因此，TP是本工程的重点处理项目。

（7）粪大肠菌群数。城市污水经处理后，通过消毒，粪大肠菌群数通常能够满足出水标准。

处理项目控制优先次序如表5.5所示。

表5.5　处理项目控制优先次序表

项目	重点控制优先次序	对策与措施
TN	（1）	提高碳源，完全硝化，充足的反硝化时间，外加碳源
SS	（2）	沉淀、过滤
TP	（3）	化学辅助除磷、保证很低的出水SS
COD_{Cr}	（4）	完全硝化
粪大肠菌群数	（5）	过滤，消毒
NH_3–N	（6）	充分曝气，完全硝化
BOD_5	（7）	充分曝气，完全硝化

3）有限碳源的分配

由于污水处理厂的除磷脱氮任务艰巨、难度大，同时碳源含量相对较低，因此碳源的合理分配是保证污水除磷脱氮处理效果的关键因素之一。在考虑碳源合理分配的基础上，还考虑备用的外部投加碳源。

4）生产区防臭除臭

HS 工业城污水处理厂厂区位于 HS 工业城区，周边为居民区，因此对污水处理厂的大气污染控制要求较高，工程设计中应考虑采取有效的工程措施密封收集生产区的臭气，选择有效的臭气净化工艺进行除臭，以杜绝厂区臭气对周边环境的污染。

本工程污水处理的主要难点如下。

（1）由于进水部分为河道截留污水，进水水质偏低，解决进水碳源可能偏低的问题，合理分配碳源是工程设计中的一个难点。

（2）要达到地表Ⅳ类水标准，SS、COD_{Cr}、TP 等污染物指标需增加深度处理去除，对 TN 的去除需尽量提高污泥浓度，控制各段溶解氧，保证合理有效的碳源，保持足够停留时间等生物处理手段。

3. 处理工艺选择

1）一级处理工艺方案

考虑到进厂污水中可能含有油类，一级处理采用曝气沉砂池。此外，由于进水中含工业废水，有水质水量变化较大，为保证后继处理构筑物的稳定性，设置调节池均化水质水量。

因此，预处理工艺采用粗格栅+细格栅+沉砂+调节池+初沉池。

2）二级处理工艺选择

根据进出水水质要求，结合拟建污水处理厂规模、用地条件、管理水平等因素综合考虑，选择改良型 A^2/O 工艺和 CAST 工艺进行技术经济比较。两个工艺各有优劣，在技术上：A^2/O 工艺运转可靠性高，适应性强，抗冲击负荷能力强，操作、管理及维护简单。考虑到工业城工业污水处理厂进水存在很多不确定因素，有可能出现进水污染指标较高、水质波动较大的情况，为应对可能发生的复杂情况，提高管理效率，降低运行成本，生物处理工艺方案采用水解酸化+改良型 A^2/O 工艺。

3）污水深度处理工艺选择

考虑工业园区来水较为复杂，采用臭氧接触消毒池把来水中大分子破除成小分子无机物，再利用曝气生物滤池处理，可保证尾水中 COD 达标排放。

4. 污水处理厂工程设计

1）构筑物工艺设计

（1）粗格栅间及进水泵房。

① 粗格栅间。

设计过栅流速 v=0.60～1.0 m/s；栅条间隙 b=20 mm；栅前水深 h=0.50 m。

设反捞式格栅除污机二台，粗格栅前后各设闸门用作检修和切换。

粗格栅栅渣量约为 0.62 m^3/d，含水率 80%，由输送机输送压榨机脱水后打包外运。

运行方式：格栅运行 2 台，根据格栅前后水位差自动运行清渣或定时清渣。

② 进水泵房。

泵室分成两格，共设 4 个泵位，安装潜水排污泵 4 台，流量（Q）=330 m^3/h，扬程（H）= 15.2 m，配用功率（N）=22 kW，三用一备（其中一台设变频泵）。

运行方式：根据进水池液位，控制运行水泵台数。

（2）细格栅及曝气沉砂池。

① 细格栅。

单格设计流量：最大流量（Q_{max}）=0.13 m^3/s；过栅流速 v=0.6 m/s；栅条间隙 b=5 mm；栅前水深 h=0.7 m；格栅安装倾角 α=60°。

细格栅栅渣量约为 1.2 m^3/d，含水率 80%，由输送机输送压榨机脱水后打包外运。每道细格栅前设有闸板作检修和切换。

运行方式：根据格栅前后水位差自动运行或人工启动定时清渣。

② 曝气沉砂池。

水平流速：0.06～0.10 m/s；停留时间：10 min；曝气量：0.1～0.2 m^3/m^3 污水。

设置沉砂池 1 座，分为 2 格，每格设移动桥式吸砂机 1 套。

砂泵参数为：Q=22 m^3/h，H=5.8 m，N=1.4 kW，数量为 2 台。

曝气采用罗茨鼓风机：Q=2.2 m^3/min，出口风压为 39.2 kPa，N=4.0 kW，共 2 台，1 用 1 备。

（3）事故/调节池。

① 调节池。

平均调节时间：6.78 h，有效容积为 3 370 m^3，分两格。设水下推进器，保证污水在池内顺畅地流动和防止池内出现死角。共设 ϕ2 000 mm 盘式涡轮搅拌器 6 台，单台功率为 3 kW。每格调节池末端设 2 台潜污泵，1 用 1 备，Q=210 m^3/h，H=6.7 m，N=5.5 kW。

运行方式：池内搅拌器不间断运行，潜污泵间歇运行。

② 事故池。

停留时间：5.0 h，有效容积：2 500 m^3。

结构形式：半地上钢混凝土。

（4）初沉池。

沉淀池表面负荷：0.99～1.43 $m^3/m^2\cdot h$；有效水深：4.0 m；沉淀时间：3.0 h。分 2 组，单组规格尺寸：沉淀池直径（D）=18.8 m。

结构形式：地上钢混凝土。

主要设备：半桥式周边传动刮泥机：2 台，ϕ18.0 m，N=1.1 kW。

（5）水解酸化池。

水解区水力停留时间为 5.03 h；沉淀区沉淀时间为 1.74 h，水平流速 2.93 mm/s；水解池污泥回流量 50%～100%。

水解池内每 11 m 间距设置 1 台 ϕ2 000 mm 盘式涡轮搅拌器，共 6 台，每台功率 2.2 kW。

运行方式：根据沉砂池后的 BOD_5、COD 浓度和出水水质要求确定，池内搅拌器及回流污泥泵同时运行，回流泵根据水解池污泥浓度控制回流量。

（6）改良 A^2/O 生化池。

共设 2 座生物池，每组设计流量 Q=0.6 万 m^3/d；

污泥负荷：0.15 kg BOD_5/(kgMLSS·d)；污泥浓度：MLSS=3 500 mg/L；反应池设计污泥龄：12 d；设计水温：15 ℃。

单池有效容积 8 885 m^3，其中：选择区容积 125 m^3，停留时间 0.50 h；厌氧区容积 375 m^3，停留时间 1.50 h；缺氧区容积 1 010 m^3，停留时间 4.04 h；好氧区容积 3 300 m^3，停留时间 13.2 h；单池总停留时间：19.52 h；池内水深：7.50 m。

单池平均供气量：1 500 m^3/h。气水比为 6:1。

污泥回流比（R）=50%～100%。

在选择区设置 1 台盘式涡轮搅拌器，配用功率 1.1 kW；在厌氧区设置 3 台盘式涡轮搅拌器，配用功率 1.1 kW；在缺氧区设置 2 台水下推进器，配用功率 4 kW。在每池好氧区设 910 套盘式微孔曝气器。

① 厌氧池运行方式：污水与污泥通过各自的渠道连续进入厌氧区，在其中混合，在液下搅拌器的作用下，使污水与污泥充分混合，并循环流动，使污泥处于悬浮状态。

② 缺氧池运行方式：来自厌氧池的混合液与好氧池含有硝酸盐氮的混合液，在液下搅拌器的作用下，混合与流动，进行反硝化反应。

③ 好氧池运行方式与控制：连续运行，反硝化后的混合液流入好氧池，混合液在微孔曝气器作用下完成充氧，使混合液呈悬浮状与顺沟自然流动，去除 BOD_5 同时 NH_3−N 硝化。同时曝气可调整混合液溶解氧浓度，混合液溶解氧浓度控制范围 1.5～2.5 mg/L，一般控制在 2.0 mg/L 左右。好氧池混合液出口设在靠近好氧池末端，并设下开式闸板，调节池内的水位，可对生物池出水进行灵活控制。

④ 回流污泥量控制：根据好氧池混合液污泥浓度，回流污泥泵开启台数控制回流污泥量，回流污泥控制范围为 50%～100%。

（7）配水排泥井及污泥泵房。

配水井采用圆井结构，由内井、外井组合形成，内圈为配水井，直径 3.0 m；外圈为排泥井，直径 9.8 m（含内井及池壁）。配水井井深 6.65 m，污泥井井深 5.05 m。

污泥回流比按 100%设计，回流污泥量（Q）=1 250 m^3/h。考虑到可能出现不同回流比的运行工况，选用 3 台回流污泥泵，2 用 1 备，其中 1 台为变频调速泵。单台规格为 Q=200 L/s，H=5.5 m，N=22 kW。

剩余干污泥量为 6.7 tDS/d，含水率按 99.4%考虑，剩余污泥量为 1 120 m^3/d。选用 2 台剩余污泥泵，1 用 1 备。单台规格 Q=50 L/s，H=5.5 m，N=4.0 kW。

运行方式：回流污泥根据改良 A^2/O 池污泥浓度控制回流量，剩余污泥泵与污泥脱水机协调运行。

（8）二沉池。表面水力负荷：0.78 $m^3/(m^2 \cdot h)$；有效水深：3.0 m；停留时间：3.0 h。

采用辐流式中进出二沉池二座，D=36 m。每座沉淀池周边配传动刮吸泥机一台，电机功率 2×0.75 kW。

（9）二次提升泵房（规模按 2.4 万 m^3/d）。与高密度沉淀池合建。

集水池内设潜水排污泵 6 台，4 用 2 备，视在功率（Pe）=22 kW。

（10）高效沉淀池（规模按 2.4 万 m^3/d）。

斜管区面积：51.06 m^2；混合区停留时间为 11.13 s；絮凝区停留时间为 11.84 min；推流区停留时间为 5.58 min；斜管区上升流速（v）=13.01 m/h（平时）；斜管直径 d=80 mm；污泥回流 2%～5%。

设 1 座池，分两格，单格处理规模 1.2 万 m^3/d。高密度澄清池尺寸 25.30 m×19.30 m。共用 2 个混合区，混合区设快速搅拌机 1 台，7.5 kW；分 2 个絮凝区，絮凝区设慢速搅拌机 1 台，3.5 kW；分 2 个沉淀区，每个沉淀区设 1 台中心传动刮泥机，直径 10.0 m，功率 0.55 kW，沉淀区设污泥螺杆泵 4 台，流量 Q=30 m^3/h，扬程 H=20 m，功率为 5.5 kW。

（11）臭氧接触池（规模按 2.4 万 m^3/d）。臭氧接触时间：31.4 min；臭氧投加量：40 mg/L；

工艺尺寸：$L \times B \times H$（长×宽×高）=20.90 m×12.50 m×6.90 m。

臭氧成套设备 4 套，含内外循环泵，冷却塔，臭氧发生器，臭氧接触填料，尾气破坏器，臭氧曝气盘等设备，总功率 N=336.50 kW。

（12）曝气生物滤池（规模按 2.4 万 m^3/d）。

滤池采用矩形，共 6 格，单格尺寸 $L\times B$=8 m×5.4 m。

水力负荷（滤速）：5.2 m^3/（m^2 • h），反冲洗水冲强度 5.6 L/（m^2 • s），反冲洗气冲强度 13.8 L/（m^2 • s）。

运行方式：将进水和出水电动阀门拨至开启位置。滤池的反冲洗系统采用气水联合反冲洗。

（13）紫外线消毒槽（含厂内污水回用泵井）（规模按 2.4 万 m^3/d）。

接触时间：10 s。

设消毒槽 2 座，平面尺寸为 13.0 m×3.6 m。布置一个流道，流道内设紫外线消毒模块二组，并联运行。并设自动水位控制器及水位传感器。

运行方式：出水连续消毒。

（14）巴氏计量槽（规模按 2.4 万 m^3/d）。

喉宽（b）=400 mm；计量范围为 55～650 L/s；池深为 1.70 m。平面尺寸：22.8 m×1.6 m。

（15）污泥浓缩池。

设计进泥量 600 m^3/d，含水率 99.2%，浓缩后污泥含水率为 97.5%。

污泥浓缩池直径 8 m，有效水深 4.0 m，2 座。停留时间为 14.5 h，固体负荷为 44.76 kg/(m^2 •d)。

污泥浓缩刮泥机：ϕ8 m，2 台。

污泥转子泵为 Q=60 m^3/h，压力为 0.4 MPa，P 为 11 kW；2 台，一用一备。

（16）污泥脱水车间。

每日污泥量 7.2 tDS/d（以干质计），进泥含水率 97.5%，出泥含固率≤60%。采用板框压滤机。絮凝剂采用聚丙烯酰胺高分子药剂。

低压进料泵 3 台（2 用 1 备）：Q=50 m^3/h，N=15 kW，H=6 bar；变频调速+强冷风扇。

高压进料泵 3 台（2 用 1 备）：Q=20 m^3/h；N=15 kW；H=15 bar；变频调速。

压榨泵：2 台，Q=10 m^3/h，N=11 kW，P=2.0 MPa，变频调速。

清洗泵：2 台，Q=170 L/min，N=30 kW，P=6.0 MPa。

PAM 加药泵：3 台，两用一备，Q=2.0 m^3/h，H=20 m，N=3.0 kW。

板框压滤机：2 台，一用一备，过滤面积 250 m^2，配液压站 15.8 kW。

PAM 制备装置：1 台，制备能力 4 000 L/h，N=1.7 kW。

① 污泥调理池。

配调理池搅拌机，P=11.0 kW，变频，2 台。

调理剂提升储存及计量投加系统：1 套，N=10 kW。

② 水剂加药装置。

容积 10 m^3，PE（Polyethylene，聚乙烯），配液位保护，水剂加药泵泵性能参数：Q=1.2 m^3/h，H=20 m，N=0.55 kW。

空压机：Q=3.0 m^3/h，P=1.0 MPa，N=22 kW；

冷干机：Q=4.0 m^3/h，P=1.0 MPa，N=0.7 kW；

皮带输送机：2 套，带宽 1 000 mm，L=19 m，N=11.0 kW。

CD1 电动葫芦，起重 5 t，起升高度 12 m，N=8.3 kW。

（17）加药间。

① PAC、PAM 投加。

为保证特殊状况下的除磷效果，高效沉淀池 PAC（聚合氯化铝）投加量按 30 mg/L，除磷 PAC 投加量按 2 mg/L，调配为 5%溶液。

高效沉淀池 PAM 投加量按 5 mg/L，污泥脱水 PAM（聚丙烯酰胺）投加量按干污泥量的 10%设计，调配为 2%溶液。

运行控制：根据投加点的混合液内含磷浓度与出水要求的磷浓度差值确定投加量。

② 乙酸钠投加。

生化池设计投加量 100～150 mg/L，25%溶液。运行方式：外加碳源，根据污水厂进出水总氮指标控制投加量。

③ 加氯间。

次氯酸钠平均投加量 120 mg/L（5%溶液），最大投加量 300 mg/L（5%溶液）。

（18）鼓风机房及配电间。

最大供气量为 60 m^3/min；选用磁悬浮离心风机 2 台（1 用 1 备），每台风量 60 m^3/min，压差 80 kPa，配套电机功率 90 kW。

运行方式：根据生物池溶解氧浓度反馈，按自控程序控制机组开停及调节风量。鼓风机的出风量可通过调节进口导流叶片角度进行调节，调节范围 45%～100%。

（19）生物除臭装置。

按臭气产生源，构筑物换气次数 1 次/h，建筑物 5 次/h 计。

根据计算结果及总图平面布置，将预处理区及生物池除臭合建一处，污泥区除臭新建一处除臭系统。预处理区及生化区处理规模 Q=6 000 m^3/h；污泥区处理规模 Q=20 000 m^3/h。

（20）附属建筑物设计。

污水处理厂主要辅助建筑有综合楼（内设生产管理、行政管理、中心控制、化验等）、食堂及值班宿舍、机修车间及仓库及变配电室、传达室等。

2）厂区平面布置

按照不同的功能组成将污水厂厂区分为：厂前区、污水处理区（生产区）、污泥处理区（生产区）。

（1）厂前区布置在厂区的东南侧，布置综合楼、绿化景观等，与生产区分开。

（2）污水处理区（生产区）的污水处理构筑物根据其工艺流程，依次布置。

（3）污泥处理区（生产区）布置在厂区的西南侧，远离厂前区。

厂区功能分区明确，一期、二期工程完整，工程的施工对一期工程影响小；污水处理工艺流程顺畅，管线短、交叉少；构筑物用地紧凑，以有效利用土地。

5.3.2 污水处理厂提标改造设计案例

下文以广东省某污水处理厂一、二期提标工程为例，对某污水处理厂提标改造设计进行阐述。

1. 工程概况

1）建设规模

总处理规模为 15.0 万 m^3/d，其中一期 4.0 万 m^3/d，二期 6.0 万 m^3/d，三期 5.0 万 m^3/d。本工程为一、二期工程的提标工程，设计规模为 10.0 万 m^3/d。某污水厂总平面图如图 5.9 所示。

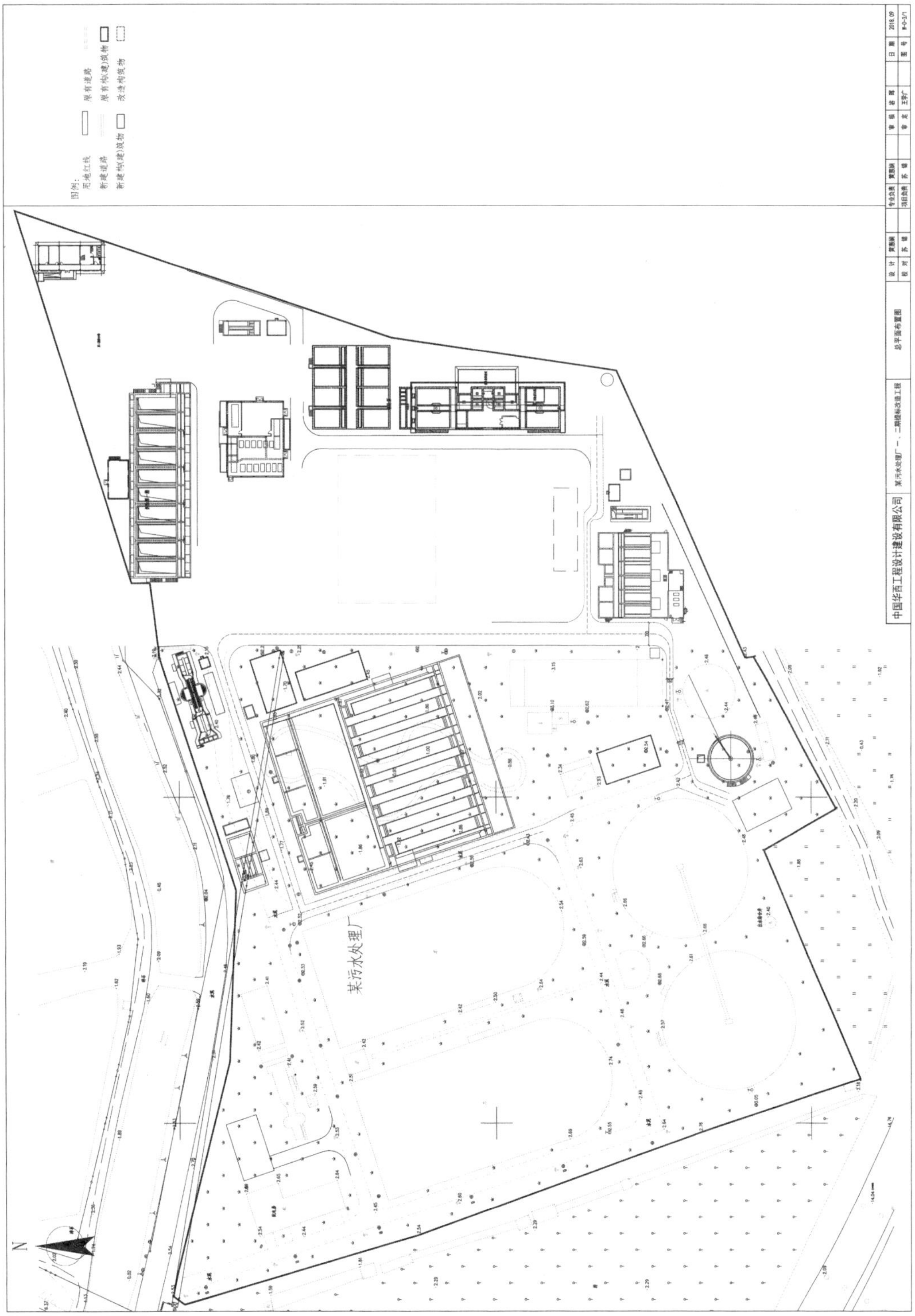

图 5.9　某污水厂总平面图

2）项目背景

某污水处理厂首期工程于 2004 年建成并投产，首期建设规模为 4 万 m^3/d，占地面积约 2.16 万 m^2；主要采用“水解酸化+曝气生物滤池”的工艺。

某污水处理厂二期工程紧邻一期工程，位于一期工程的西侧。二期工程于 2008 年建成投产，扩建规模为 6 万 m^3/d；主要采用 A^2/O 表曝型氧化沟。

3）水质目标

出水水质达到《城镇污水处理厂污染物排放标准》（GB 18918—2002）中一级 A 标准和广东省地方标准《水污染物排放限值》（DB 44/26—2001）第二时段一级标准中的较严值。提标工程设计进/出水水质如表 5.6 所示。

表 5.6　提标工程设计进/出水水质一览表

项目	COD_{Cr} /(mg/L)	BOD_5 /(mg/L)	SS /(mg/L)	NH_3–N /(mg/L)	TN /(mg/L)	TP /(mg/L)	pH /(mg/L)	粪大肠菌群数 /(个/L)
设计进水浓度/(mg/L)	6～9	≤40	≤20	≤20	≤8	≤20	≤1.0	≤10 000
设计出水水质/(mg/L)	≤40	≤10	≤10	≤5（8）	≤15	≤0.5	6～9	≤1 000

注：括号外数值为水温＞12 ℃时的控制指标，括号内数值为水温≤12 ℃时的控制指标。

2. 设计思路

根据对一期工程出水水质分析，由于一期工程无厌氧池、缺氧池，生化工艺脱氮效果一般，难以保证出水指标中 NH_3–N、TN 能达到提标设计出水水质指标。原曝气生物滤池现状处理出水水质中 BOD、NH_3–N 等指标未能达到一级 A 标准，需对一期工程生化系统进行改造。一期、二期提标工程工艺流程图如图 5.10 和图 5.11 所示。

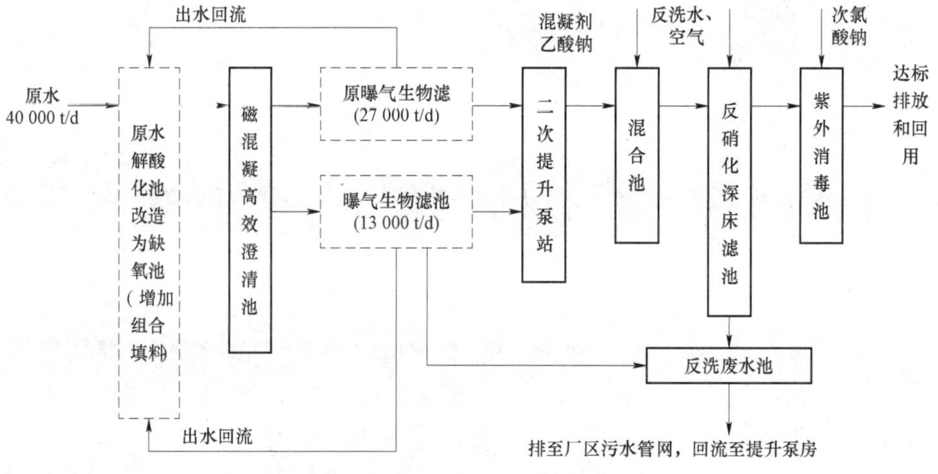

注：流程图中虚线部分为污水厂内原有设施。

图 5.10　一期提标工程工艺流程图

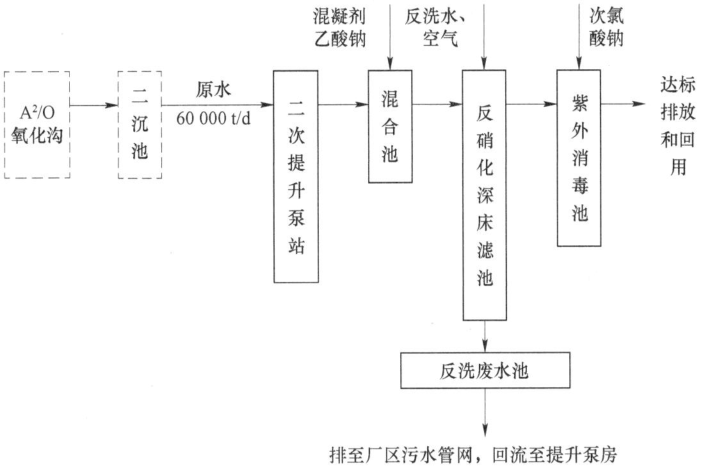

注：流程图中虚线部分为污水厂内原有设施。

图 5.11 二期提标工程工艺流程图

一期工程生化系统改造重点是加强硝化及脱氮效果，因此将原水解池改为缺氧池，在缺氧池后增加一座磁混凝高效澄清池去除 SS 及 TP，新建一座处理规模为 1.3 万 m^3/d 的曝气生物滤池，将原曝气生物滤池规模改为 2.7 万 m^3/d，两组并联运行，曝气生物滤池出水按 100% 回流比回流至缺氧池，形成“缺氧池+磁混凝高效澄清池+曝气生物滤池”的生化处理工艺，加强生化系统硝化及脱氮效果，进一步降低水中污染物浓度，而 SS 及 TN 的深度去除则需要在后续工艺中新增深度处理系统（反硝化深床滤池），保证污水处理厂的全水质指标的达标排放。

3. 工程设计

1）缺氧池（一期水解池改造）

池数：1 座（4 格）。

设计流量：Q=40 000 m^3/d。

单格土建尺寸：$L\times B\times H$=29.70 m×9.45 m×6.30 m，原水解酸化池池壁加高 1 m。

停留时间：HRT=3.91 h。

回流比：100%。

组合填料：3 150 m^3。

2）磁混凝高效澄清池（一期改造工程）

平均设计流量：80 000 m^3/d（40 000 m^3/d 为回流水量）。

峰值设计流量：92 000 m^3/d（40 000 m^3/d 为回流水量）。

平面尺寸：51.90 m×14.40 m，钢筋混凝土结构。

平均表面负荷：11.57 $m^3/(m^2\cdot h)$。

峰值表面负荷：13.34 $m^3/(m^2\cdot h)$。

PAC 投加量：10 mg/L。

PAM 投加量：1.0 mg/L。

磁粉损耗率量：3 mg/L。

3）原有 C/N 生物滤池+N 曝气生物滤池（一期改造工程）

（1）C/N 生物滤池。

池数：1 座（8 格）。

设计流量：Q=27 000 m^3/d。

单格土建尺寸：$L\times B\times H$=6.8 m×6.8 m×7.3 m。

反冲洗形式：气洗、气水联合、水漂洗。

反冲洗周期：据实际运行情况而定，一般 24～36 h。

轻质球形滤料高度：h=3.8 m。

空塔流速 $V_{空}$=3.04 m/h。

停留时间：HRT=75 min。

BOD_5 容积负荷：2.26 kgBOD_5/(m^3 滤料·d)。

反冲洗水速：$V_{水}$=15 m/h。

反冲洗气速：$V_{气}$=50 m/h。

（2）N 曝气生物滤池。

池数：1 座（8 格）。

设计流量：Q=27 000 m^3/d。

单格土建尺寸：$L\times B\times H$=6.8 m×6.8 m×5.9 m。

反冲洗形式：气洗、气水联合、水漂洗。

反冲洗周期：据实际运行情况而定，一般 36～48 h。

轻质球形滤料高度：h=2.6 m。

空塔流速：$V_{空}$=3.04 m/h。

停留时间：HRT=51 min。

NH_3–N 容积负荷：0.64 kg/(m^3·d)。

供氧量：R=369.5 kgO_2/h。

反冲洗水速：$V_{水}$=15 m/h。

反冲洗气速：$V_{气}$=50 m/h。

平面尺寸：42.70 m×28.70 m，为钢筋混凝土结构。

4）新增 C/N 生物滤池+N 曝气生物滤池（一期改造工程）

（1）C/N 生物滤池。

池数：1 座（4 格）。

设计流量：Q=13 000 m^3/d。

单格土建尺寸：$L\times B\times H$=8.00 m×5.80 m×6.90 m。

反冲洗形式：气洗、气水联合、水漂洗。

反冲洗周期：据实际运行情况而定，一般 24～36 h。

轻质球形滤料：h=3.8 m。

空塔流速：$V_{空}$=3.04 m/h。

停留时间：HRT=1.3 h。

BOD_5 容积负荷：2.26 kg BOD_5/(m^3 滤料·d)。

反冲洗水速：$V_{水}$=18.5 m/h。

反冲洗气速：$V_{气}$=58 m/h。

（2）N 曝气生物滤池。

池数：1 座（4 格）。

设计流量：Q=13 000 m^3/d。

单格土建尺寸：$L\times B\times H$=8.0 m×5.8 m×5.5 m。

反冲洗形式：气洗、气水联合、水漂洗。

反冲洗周期：据实际运行情况而定，一般 36～48 h。

轻质球形滤料：h=2.6 m。

空塔流速：$V_{空}$=3.04 m/h。

停留时间：HRT=0.9 h。

NH_3–N 容积负荷：0.64 kg/(m^3·d)。

供氧量：R=369.5 kgO_2/h。

反冲洗水速：$V_{水}$=18.5 m/h。

反冲洗气速：$V_{气}$=58 m/h。

平面尺寸：25.70 m×24.50 m，钢筋混凝土结构。

5）泵房、风机房及变配电间（一、二期共用）

平面尺寸：23.50 m×18.10 m，钢筋混凝土结构。

6）反硝化深床滤池（一、二期共用）

滤池数量：1 座 10 格。

单池尺寸 $L\times B$：12.9 m×5.12 m。

设计负荷：滤速（平均流量，10 格）为 6.31 m/h；强制滤速（平均流量，9 格）为 7.01 m/h；滤速（峰值流量，10 格）为 8.01 m/h；强制滤速（峰值流量，9 格）为 8.90 m/h。

水头损失：≤2.2 m。反冲洗周期为 48 h。

反冲洗参数：空气反冲洗强度为 92 m/h；水反冲强度为 15 m/h；气体释放强度为 15 m/h；反冲洗水量≤1.5%。

过滤/反硝化脱氮：二级处理污水补充碳源后由滤池上方进入滤池，通过石英砂滤料过滤去除 SS，同时附着在滤料上的反硝化细菌在缺氧环境下将硝基氮、亚硝基氮转化为氮气排出水体脱氮。滤后水经过收水系统收集流出。

氮气释放：反硝化过程不断产生的氮气气泡在滤床中累积，增加滤床的水头损失，定期通过水反冲释放。

气/水反清洗：随着滤料截留的 SS 和生物量的增加，滤床的水头损失不断增大，当水头损失达到设定值或气/水反冲洗周期设定值时启动气/水反清洗。

7）紫外消毒渠（一、二期共用）

平均设计流量为 100 000 m^3/d；峰值设计流量为 5 291 m^3/h。

紫外线消毒装置 1 套，24 个模块，每个模块 8 支灯管，共 192 支，N=55.25 kW。

平面尺寸：$L\times B$=19.84 m×6.29 m。

8）PAC 加药间（一、二期共用）

平面尺寸：$L\times B$=12.00 m×6.60 m。

9）碳源及次氯酸钠加药间（一、二期共用）

按日平均处理水量 10 万 m^3/d 考虑。

采用液态乙酸钠作为碳源，有效成分含量为 20%，碳源投加控制采用“前馈+后馈”环路控制机制，在保证系统出水的前提下，确保系统最经济可靠的碳源投加。

平面尺寸：59.80 m×19.35 m，为钢筋混凝土结构。

10）污泥脱水（一、二期共用）

深度处理每天产生的污泥量约为 175 m^3，只需利用原脱水机每天增加 2 h 的脱水时间即可。

第 6 章　市政管网工程造价

6.1　市政管网工程的工程量计算

6.1.1　市政管网工程分项工程划分

1. 全统市政定额市政管网工程划分

1）给水工程

（1）管道安装。

管道安装工程包括承插铸铁管安装（青铅接口）；承插铸铁管安装（石棉水泥接口，膨胀水泥接口）；承插球墨铸铁管安装（胶圈接口）；预应力（自应力）混凝土管安装（胶圈接口）；塑料管安装（黏结）；塑料管安装（胶圈接口）；铸铁管新旧管连接（青铅接口、石棉水泥接口）；铸铁管新旧管连接（膨胀水泥接口）；钢管新旧管连接（焊接）；管道试压和管道消毒冲洗。

（2）管件安装。

管件安装工程包括铸铁管件安装（青铅接口）；铸铁管件安装（石棉水泥接口、膨胀水泥接口）；铸铁管件安装（胶圈接口）；承插式预应力混凝土转换件安装（石棉水泥接口）；塑料管件安装；分水栓安装；马鞍卡子安装；二合三通安装；铸铁穿墙管安装；法兰式水表组成与安装（有旁通管有止回阀）。

（3）管道附属构筑物工程。

管道附属构筑物工程包括砖砌圆形阀门井、砖砌矩形卧式阀门井、水表井、消火栓井、圆形排泥湿井、管道支墩（挡墩）工程。

（4）管道内防腐工程。

管道内防腐工程包括铸铁管（钢管）地面离心机械内涂、铸铁管（钢管）地面人工内涂。

铸铁管（钢管）地面离心机械内涂的工作内容包括刮管、冲洗、内涂、搭拆工作台。

铸铁管（钢管）地面人工内涂的工作内容包括清理管腔、搅拌砂浆、抹灰、成品堆放。

（5）取水工程。

取水工程包括大口井内套管安装、辐射井管安装、钢筋混凝土渗渠管制作、渗渠滤料填充。

大口井内套管安装的工作内容包括套管、盲板安装、接口、封闭。

辐射井管安装的工作内容包括钻孔、井内辐射管安装、焊接、顶进。

钢筋混凝土渗渠管制作安装的工作内容包括混凝土搅拌、浇捣、养护、渗渠安装、连接找平。

渗渠滤料填充的工作内容包括筛选滤料、填充、整平。

2）排水工程

（1）定型混凝土管道基础及铺设。

定型混凝土管道基础及铺设工程包括定型混凝土管道基础、混凝土管道铺设、排水管道接口、管道闭水试验、排水管道出水口。

定型混凝土管道基础的工作内容包括配料、搅拌混凝土、捣固、养护、材料场内运输。

混凝土管道铺设的工作内容包括排管、下管、调直、找平、槽上搬运。

排水管道接口的工作内容包括排水管道平（企）接口、预制混凝土外套环接口、现浇混凝土套环接口；变形缝处理；承插接口。

管道闭水试验的工作内容包括调制砂浆、砌堵、抹灰、注水、排水、拆堵、清理现场等。

排水管道出水口的工作内容包括砖砌、石砌等。

（2）定型井工程。

定型井的工作内容包括混凝土搅拌、捣固、抹平、养护、调制砂浆、砌筑、抹灰、勾缝、井盖、井座、爬梯安装、材料场内运输等。

（3）非定型井、渠、管道基础及砌筑工程。

非定型井、渠、管道基础及砌筑工程包括非定型井垫层，非定型井砌筑及抹灰，非定型井井盖制作、安装，非定型渠（管）道垫层及基础，非定型渠道砌筑，非定型渠道抹灰与勾缝，渠道沉降缝，钢筋混凝土盖板、过梁的预制安装，混凝土管截断，检查井筒砌筑，方沟闭水试验。

（4）模板、钢筋、井字架工程。

模板、钢筋、井字架工程包括现浇混凝土模板工程、预制混凝土模板工程、钢筋（铁件）、井字架。

（5）排水构筑物工程。

排水构筑物工程包括沉井，现浇钢筋混凝土池，预制混凝土构件，折板、壁板制作安装，滤料铺设，防水工程，施工缝，井、池渗漏试验。

（6）顶管工程。

顶管工程包括工作坑、交汇坑土方及支撑安拆，顶进后座及坑内平台安拆，泥水切削机械及附属设施安拆，中继间安拆，顶进触变泥浆减阻，封闭式顶进，混凝土管顶进，钢管顶进、挤压顶进，方（拱）涵顶进，混凝土管顶管平口管接口，混凝土管顶管企口管接口，顶管接口（内）外套环，顶管钢板套环制作。

（7）给排水机械设备安装。

给排水机械设备安装工程包括拦污及提水设备，投药、消毒处理设备，水处理设备，排泥、撇渣和除砂机械，污泥脱水机械，闸门及驱动装置等其他。

3）燃气与集中供热工程

（1）管道安装。

管道安装工程包括碳钢管安装，直埋式预制保温管安装，碳素钢板卷管安装，活动法兰承插铸铁管安装（机械接口），塑料管安装。

（2）管件制作、安装。

管件制作、安装工程包括焊接弯头制作，弯头（异径管）安装，三通安装，挖眼接管，钢管煨弯，铸铁管件安装（机械接口），盲（堵）板安装，钢塑过渡接头安装，防雨环帽制作、安装，直埋式预制保温管管件安装。

（3）法兰阀门安装。

法兰阀门安装工程包括法兰安装，阀门安装，阀门水压试验，低压（中压）阀门解体，检查、清洗、研磨，阀门操纵装置安装。

（4）管道试压、吹扫。

管道试压、吹扫工程包括强度试验，气密性试验，管道吹扫，管道总试压及冲洗，牺牲阳极、测试桩安装。

2. 计量规范市政管网工程划分

1）管道铺设

管道铺设包括混凝土管、钢管、铸铁管、塑料管、直埋式预制保温管、管道架空跨越、隧道（沟、管）内管道、水平导向钻进、夯管、顶（夯）管工作坑、预制混凝土工作坑、顶管、土壤加固、新旧管连接、临时放水管线、砌筑方沟、混凝土方沟、砌筑渠道、混凝土渠道、警示（示踪）带铺设。

2）管件、阀门及附件安装

管件、阀门及附件安装包括铸铁管管件、塑料管管件、转换件、阀门、法兰、水表、消火栓、补偿器（波纹管）、调压器、过滤器、分离器、安全水封、检漏（水）管、凝水缸、钢管管件安装，盲（堵）板制作、安装，除污器组成、安装。

3）支架制作及安装

支架制作及安装包括砌筑支墩、混凝土支墩、金属支架、金属吊架。

4）管道附属构筑物工程

管道附属构筑物工程包括砌筑井、混凝土井、塑料检查井、砖砌井筒、预制混凝土井筒、砌体出水口、混凝土出水口、整体化粪池、雨水口。

6.1.2　管道铺设安装工程工程量计算

1）工程量计算规则

各类管道铺设工程量清单项目设置、项目特征描述、计量单位及工程量计算规则，应按相关规定执行，部分内容如下。

（1）管道安装。

管道安装工程量计算应按照压力等级、材质、焊接形式分别列项，以“m”为计量单位。

管道安装不包括管件连接内容，其工程量可按照设计用量执行管件连接项目。各种管道安装工程量，均按设计管道中心长度，以“延长米”计算，不扣除阀门及各种管件所占长度，主材工程量应按定额用量计算。

（2）管件连接。

各种管件连接均按压力等级、材质、焊接形式，不分种类以“个”为计算单位。管件连接中应综合考虑了弯头、三通管、异径管、管帽、管接头等管口含量差异，应按设计图纸用量，执行相应定额。挖眼接管三通支线管径小于主管径 1/2 时，不计算管件工程量；在主管上挖眼焊接管接头、凸台等配件，按配件管径计算工程量。管件用法兰连接时，执行法兰安装相应项目。全加热套管的外套管件安装，定额按两半管件考虑，包括二道纵缝和两个环缝。两半封闭短路可执行两半弯头项目。半加热外套管接口后焊在内套管上，每个焊口按一个管件计算。外套碳钢管如焊在不锈钢管内套管上时，焊口间需加不锈钢短管衬垫，每处焊口按两个管件计算，衬垫短管按设计长度计算。

2）给水管道计算实例

【例 6.1】 某市政给水铸铁管道布置图如图 6.1 所示，试计算管道安装工程量。

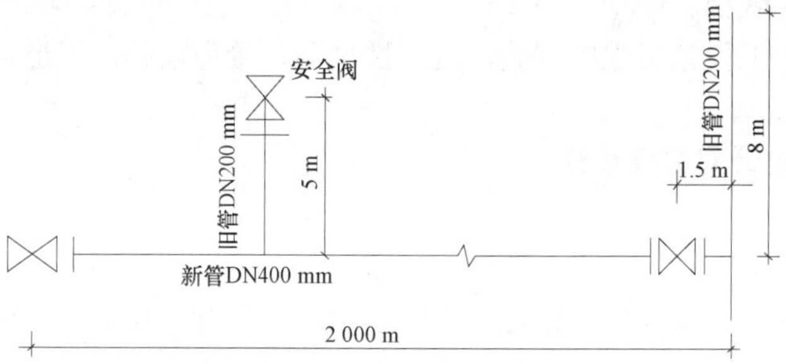

图 6.1　某市政给水铸铁管道布置图

【解】 根据工程量计算规则：铸铁管 DN400 mm 工程量=2 000−1.5=1 998.5（m）。

【例 6.2】 某市政给水工程采用镀锌钢管布置图如图 6.2 所示，主干管直径为 500 mm，支管直径为 200 mm，计算镀锌钢管铺设及新旧管连接工程量。

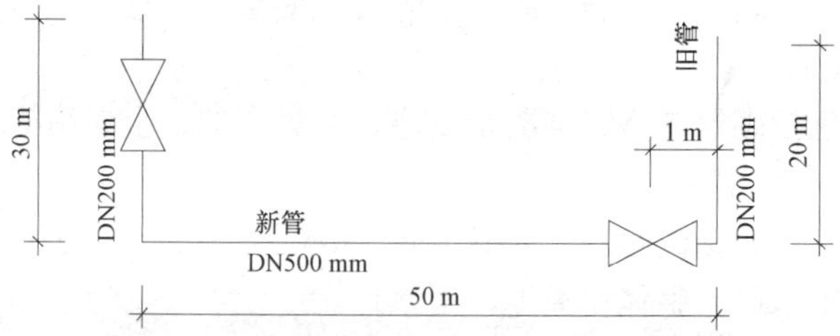

图 6.2　某市政给水工程采用镀锌钢管布置图

【解】 根据工程量计算规则：DN500 mm 铺设工程量=50−1=49（m）；DN200 mm 铺设工程量=30（m）；新旧管连接工程量=1 处。

3）排水管道计算实例

【例 6.3】 某市政排水工程主干管长度为 800 m，采用ϕ600 mm 混凝土管 135° 混凝土基础，在主干管上设置雨水检查井 8 座，规格为ϕ1 500 mm，单室雨水井 20 座，雨水口接入管为

ϕ225 mm UPVC（unplasticized polyvinyl chloride，硬聚氯乙烯，）加筋管，共 8 道，每道 8 m，如图 6.3 所示，试计算管道铺设工程量。

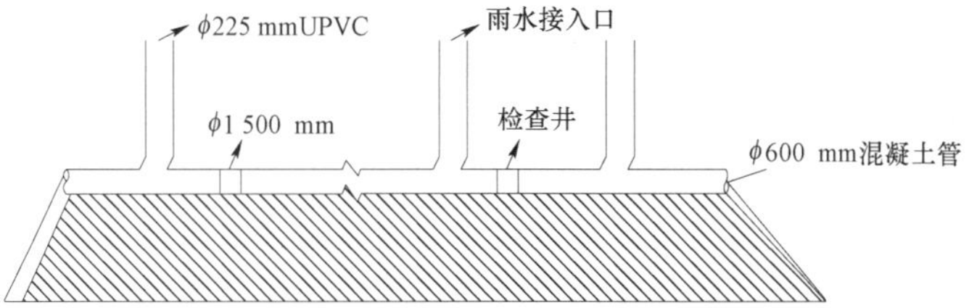

图 6.3　某市政排水工程干管示意图

【解】根据工程量计算规则：ϕ600 mm 混凝土管铺设工程量=800（m）；ϕ225 mm UPVC 加筋管铺设工程量=8×8=64（m）。

6.1.3　管件、转换件、阀门及附件安装工程量计算规则

1. 管件、转换件安装工程量计算

管件、转换件安装工程量计算规则如表 6.1 所示。

表 6.1　管件、转换件安装工程量计算规则

项目名称	项目特征	计量单位	工程量计算规则	工作内容
铸铁管管件	1. 种类； 2. 材质及规格； 3. 接口形式	个	按设计图示数量计算	安装
钢管管件				制作、安装
塑料管管件	1. 种类； 2. 材质及规格； 3. 连接方式			安装
转换件	1. 材质及规格； 2. 接口形式			

2. 阀门安装工程量计算规则

阀门是给排水、采暖、煤气工程中应用极广泛的一种部件，其作用是关闭或者开启管路以及调节管道介质的流量和压力。

阀门安装工程项目特征描述包括种类、材质和规格、连接方式、试验要求；计量单位为“个”；工程量计算规则按设计图示数量计算；工作内容为安装。

3. 附件安装工程量计算规则

附件安装工程量计算规则如表 6.2 所示。

工程量清单项目设置内容如下。

（1）法兰。

法兰又称法兰盘或突缘，是使管子与管子及与阀门相互连接的零件，连接于管端。法兰上有孔眼，通过螺栓使两法兰紧连。法兰间用衬垫密封。法兰分螺纹连接（丝接）法兰和焊接法兰及卡套法兰。

表 6.2　附件安装工程量计算规则

<table>
<tr><th>项目名称</th><th>项目特征</th><th>计量单位</th><th>工程量计算规则</th><th>工作内容</th></tr>
<tr><td>法兰</td><td>1. 材质、规格，结构形式；
2. 连接方式；
3. 焊接方式；
4. 垫片材质</td><td rowspan="6">个</td><td rowspan="13">按设计图示数量计算</td><td>制作、安装</td></tr>
<tr><td>盲（堵）板</td><td>1. 材质及规格；
2. 连接方式</td><td rowspan="2">制作、安装</td></tr>
<tr><td>套管</td><td>1. 形式、材质及规格；
2. 管内填料材质</td></tr>
<tr><td>水表</td><td>1. 规格；
2. 安装方式</td><td rowspan="3">安装</td></tr>
<tr><td>消火栓</td><td>1. 规格；
2. 安装部位，方式</td></tr>
<tr><td>补偿器（波纹管）</td><td rowspan="2">1. 规格；
2. 安装方式</td></tr>
<tr><td>除污器</td><td>套</td><td>组成、安装</td></tr>
<tr><td>凝水缸</td><td>1. 材料品种；
2. 型号及规格；
3. 连接方式</td><td rowspan="6">组</td><td>1. 制作；
2. 安装</td></tr>
<tr><td>调压器</td><td rowspan="3">1. 规格；
2. 型号；
3. 连接方式</td><td rowspan="5">安装</td></tr>
<tr><td>过滤器</td></tr>
<tr><td>分离器</td></tr>
<tr><td>安全水封管</td><td rowspan="2">规格</td></tr>
<tr><td>检漏（水）管</td></tr>
</table>

（2）盲（堵）板。

盲板的正规名称是法兰盖，有的也称盲法兰。它是中间不带孔的法兰，用于封堵管道口。盲（堵）板所起到的功能和封头及管帽是一样的，只不过盲板密封是一种可拆卸的密封装置，而封头的密封是不准备再打开的。密封面的形式种类较多，有平面、凸面、凹凸面、榫槽面和环连接面。材质有碳钢、不锈钢、合金钢等。

（3）套管。

套管用于带电导体穿过或引入与其电位不同的墙壁或电气设备的金属外壳，起绝缘和支持作用的一种绝缘装置。

（4）水表。

水表采用活动壁容积测量室的直接机械运动过程或水流流速对翼轮的作用以计算流经自来水管道的水流体积的流量计。

（5）消火栓。

消火栓是一种固定消防工具，主要作用是控制可燃物、隔绝助燃物、消除着火源。消防系统包括室外消火栓系统、室内消火栓系统、灭火器系统，有的还会有自动喷淋系统、水炮系统、气体灭火系统、火探系统、水雾系统等。消火栓主要供消防车从市政给水管网或室外消防给水管网取水实施灭火，也可以直接连接水带，水枪出水灭火。所以，室外消火栓系统也是扑救火灾的重要消防设施之一。

（6）补偿器。

补偿器习惯上也称膨胀节或伸缩节。由构成其工作主体的波纹管（一种弹性元件）和端管、支架、法兰、导管等附件组成，属于一种补偿元件。利用其工作主体波纹管的有效伸缩变形，以吸收管线、导管、容器等由热胀冷缩等原因而产生的尺寸变化，或补偿管线、导管、容器等的轴向、横向和角向位移。补偿器可用于降噪减振，在现代工业中用途广泛。在供热方面，为了防止供热管道升温时由于热伸长或温度应力而引起管道变形或破坏，需要在管道上设置补偿器，以补偿管道的热伸长，从而减小管壁的应力和作用在阀件或支架结构上的作用力。

（7）除污器。

除污器的作用是防止管道介质中的杂质进入传动设备或精密部位，使生产发生故障或影响产品的质量。

（8）凝水缸。

凝水缸是燃气管网上的配套设施，专门用于抽取人工煤气中的积水。

（9）调压器。

感受蒸汽压力变化并调整气压的装置。

（10）过滤器。

过滤器是输送介质管道上不可缺少的一种装置，通常安装在减压阀、泄压阀、定水位阀或其他设备的进口端，用来消除介质中的杂质，以保护阀门及设备的正常使用。

（11）分离器。

分离器是把混合的物质分离成两种或两种以上不同物质的机器。

（12）安全水封管。

安全水封管顶部设有弹性自动复位的泄压阀，底部设有连接进气管的单向进气阀，单向进气阀上方设有带孔的分气板，水封管出气管路中设有滤水器，使用时燃气介质通过单向进气阀进入水封管底部后，经分气板均匀分布后穿过水层汇集到水封管上部，从出气管路流向用气设施，燃气中的水分在滤水器中滤出。当发生燃气爆鸣时，高压气体从泄压阀泄出，单向阀和水层阻断火焰与进气管路的连通，防止回火，这种水封安全性能好，可用作各种场合下特别是燃气火焰切割和焊接加工中的防回火装置。

（13）检漏（水）管。

检漏（水）管是指检漏系统中的真空管路。

6.1.4　支墩、支架的制作及安装工程量计算规则

1. 砌筑支墩、混凝土支墩工程量计算规则

支墩是由砖砌块、混凝土和砂浆等材料砌筑而成的构件，只要设置在承插式接口的给水管中。支墩按形式不同可分为水平弯管支墩、纵向向上弯管支墩、纵向向下弯管支墩及三通支墩等。支墩用砖砌或混凝土建造，支墩应砌筑在密实基础和原状土上。砌筑支墩、混凝土

支墩工程量计算规则如表6.3所示。

表6.3　砌筑支墩、混凝土支墩工程量计算规则

项目名称	项目特征	计量单位	工程量计算规则	工作内容
砌筑支墩	1. 垫层材质、厚度； 2. 混凝土强度等级； 3. 砌筑材料、规格、强度等级； 4. 砂浆强度等级、配合比	m^3	按设计图示尺寸以体积计算	1. 模板制作、安装、拆除； 2. 混凝土拌和、运输、浇筑、养护； 3. 砌筑； 4. 勾缝、抹面
混凝土支墩	1. 垫层材质、厚度； 2. 混凝土强度等级； 3. 预制混凝土构件运距			1. 模板制作、安装、拆除； 2. 混凝土拌和、运输、浇筑、养护； 3. 预制混凝土支墩安装； 4. 混凝土构件运输

2. 金属支架、吊架的制作，安装工程量计算规则

管道支架的形式及间距主要由管道的材料、输送介质工作压力及工作温度等因素决定；另外，在保证管道安全运行的情况下，便于制作和安装，尽量降低安装费用。

金属支架的作用是支撑管道，并限制管道的位移和变形，承受从管道传来的内压力，外载荷及温度变形的弹性力，并将这些力传到支承结构或地上。

金属支架、吊架的制作，安装工程量计算规则如表6.4所示。

表6.4　金属支架、吊架的制作，安装工程量计算规则

项目名称	项目特征	计量单位	工程量计算规则	工作内容
金属支架	1. 垫层、基础材质及厚度； 2. 混凝土强度等级； 3. 支架材质； 4. 支架形式； 5. 预埋件材质及规格	t	按设计图示质量计算	1. 模板制作、安装、拆除； 2. 混凝土拌和、运输、浇筑、养护； 3. 支架制作、安装
金属吊架	1. 吊架形式； 2. 吊架材质； 3. 预埋件材质及规格			制作、安装

6.2　市政管网工程定额计价

6.2.1　市政工程施工定额

1. 施工定额的含义

施工定额是直接用于市政施工管理中的一种定额，是施工企业管理工作的基础。它是以同一性质的施工过程或工序为测定对象，在正常的施工条件下完成一定计量单位的某一施工过程或工序所需消耗的人工、材料和机械台班的数量标准，由于采用技术测定方法制定，因此，又称为技术定额。

根据施工定额可以直接计算出不同工程项目的人工、材料和机械台班的需要量。施工定额是以工序定额为基础，由工序定额结合而成的，可直接用于施工之中。

2. 劳动定额

劳动定额是在一定的生产组织和生产技术条件下，完成单位合格产品所必需的劳动消耗标准，也是核算和比较人们在生产中的劳动消耗和劳动成果的标准。

1）*劳动定额的表现形式*

劳动定额分为产量定额和时间定额两种，这两种定额互为倒数。其表现形式分为以下几种。

（1）产量定额。产量定额是指在正常施工条件下某工种工人在单位时间内完成合格产品的数量。

（2）时间定额。时间定额是指在正常施工条件下，某工种工人完成单位合格产品所需的劳动时间。

（3）综合定额，同时考虑产量定额与时间定额以完成某项工作所需的标准时间和标准产量来表示的定额。产量定额与时间定额是劳动定额的两种不同的表现形式，它们之间是互为倒数的关系。

2）*劳动定额的编制方法*

在取得现场测定资料后，一般采用相关计算公式编制劳动定额，如式（6.1）所示。

$$N=\frac{N_{基}\times 100}{100-(N_{辅}+N_{准}+N_{息}+N_{断})} \tag{6.1}$$

式中：N——单位产品时间定额；

$N_{基}$——完成单位产品的基本工作时间；

$N_{辅}$——辅助工作时间占全部定额工作时间的百分比；

$N_{准}$——准备结束时间占全部定额工作时间的百分比；

$N_{息}$——休息时间占全部定额工作时间的百分比；

$N_{断}$——不可避免的中断时间占全部定额工作时间的百分比。

3. 材料消耗定额

1）*材料消耗定额的计算*

材料消耗定额是指在节约和合理使用材料的条件下，生产单位合格产品所必须消耗的一定品种规格的原材料、燃料、成品、半成品或构配件以及不可避免的损耗量的数量标准。其计算如式（6.2）所示。

$$材料消耗定额=\frac{材料净用量}{1-损耗率} \tag{6.2}$$

定额中的材料主要可以分为以下几类。

（1）主要材料。主要材料是指直接构成工程实体的材料，其中也包括半成品、成品。

（2）辅助材料。辅助材料是指直接构成工程实体，但用量较小的材料。

（3）周转材料。周转材料是指多次使用，但不构成工程实体的材料。

（4）其他材料。其他材料是指用量小、价值小的零星材料。

2）材料消耗定额编制方法

（1）现场技术测定法。采取该方法可以取得编制材料消耗定额的全部资料。通常，材料消耗定额中的净用量比较容易确定，而损耗量较难确定。因此，可以通过现场技术测定的方法来确定材料的损耗量。

（2）试验法。试验法是指在实验室内采用专门的仪器设备，通过试验的方式来确定材料消耗定额的一种方法。采用该方法提供的数据，虽精确度较高，但容易脱离现场实际情况；应严格要求实验室条件尽量与施工过程中的正常施工条件一致，同时在测定后用观察法进行审核和修正。

（3）统计法。统计法是指通过对现场用料的大量统计并进行分析、计算以确定材料消耗定额的一种方法。采用该方法可以获得材料消耗定额的数据。虽然统计法比较简单，但是却不能够准确区分材料消耗的性质，因此，不能区分材料的净用量和损耗量，应加以认真选择，并注意与其他方法结合使用，以提高所拟定额的准确程度。

（4）理论计算法。理论计算法是指运用一定的计算公式确定材料消耗定额的方法。该方法比较适合计算块状、板状、卷筒状材料的消耗量。

4. 机械台班定额

机械台班定额（简称机械定额）是指在合理的劳动组织与正常施工条件下，利用机械生产一定单位合格产品所必需消耗的定额时间。通常可以将机械台班定额分为机械时间台班定额、机械产量台班定额和费用定额。

编制机械台班定额的主要工作如下。

1）确定机械纯工作 1 h 的正常生产率

想要确定机械正常生产率，必须先确定机械纯工作 1 h 的正常劳动生产率。这是因为只有先取得机械纯工作 1 h 正常生产率，才能根据机械利用系数计算出施工机械台班定额。

机械纯工作时间是指机械必须消耗的净工作时间。其主要包括正常负荷下工作时间、有根据降低负荷下工作时间、不可避免的无负荷工作时间及不可避免的中断时间。

机械纯工作 1 h 的正常生产率是指在正常施工条件下，由具备一定技能的技术工人操作施工机械净工作 1 h 的劳动生产率。

2）确定施工机械的正常利用系数

机械的正常利用系数是指机械在工作班内工作时间的利用率。机械正常利用系数与工作班内的工作状况有着密切的关系。

拟定工作班的正常状况，关键是如何保证合理利用工时，因此，需注意的问题如下。

（1）尽量利用不可避免的中断时间、工作开始前与结束后的时间，进行机械的维护和养护。

（2）尽量利用不可避免的中间时间作为工人的休息时间。

（3）根据机械工作的特点，在担负不同工作时，规定不同的开始与结束时间。

（4）合理组织施工现场，排除由于施工管理不善造成的机械停歇。

确定机械正常利用系数可以按以下步骤进行。

（1）要计算工作班在正常状况下，准备与结束工作、机械开动、机械维护等工作必需消耗的时间及有效工作的开始与结束时间。

（2）计算机械工作班的纯工作时间。

（3）确定机械正常利用系数。

机械正常利用系数的计算如式（6.3）所示。

$$\text{机械正常利用系数}=\frac{\text{工作班内机械纯工作时间}}{\text{机械工作班延续时间}} \tag{6.3}$$

3）机械台班定额计算

计算机械台班定额是编制机械台班定额的最后一个环节。通常在确定了机械正常工作条件、机械 1 h 纯工作时间正常生产率和机械利用系数后，即可确定机械台班的定额消耗指标。

6.2.2　市政工程预算定额

预算定额是指在正常的施工条件下，完成一定计量单位的分部分项工程或结构构件的人工、材料、施工机械台班消耗量的标准。

市政工程预算定额是指专门针对市政工程项目编制概算、预算和结算而制定的工程造价定额。它规定了市政工程项目中各项工程内容的工程量计算规则、单价和综合单价。

1. 预算定额的组成和内容

1）预算定额的组成

依据相关规范，全国统一市政工程预算定额由通用项目、道路工程、桥涵工程、隧道工程、给水工程、排水工程、燃气与集中供热工程、路灯工程等组成。

2）预算定额书的内容

预算定额书的基本内容有简介，目录，总说明，各册、章说明，定额项目表及分项工程表头说明，定额附录等。

（1）简介。

简介主要是提供预算定额的目的、范围和编制依据。

（2）目录。

目录主要是便于查找，将总说明、各类工程的分部分项定额顺序列出并注明页数。

（3）总说明。

总说明综合说明了定额的编制原则、指导思想、编制依据、适用范围及定额的作用，定额中人工、材料、机械台班用量的编制方法，定额采用的材料规格指标与允许换算的原则，使用定额时必须遵守的规则，定额在编制时已经考虑和没有考虑的因素和有关规定、使用方法。在使用定额前，应先了解并熟悉总说明的内容。

（4）各册、章说明。

各册、章说明是对各册、章各分部工程的重点说明，其中包括定额中允许换算的界限和增减系数的规定等。

（5）定额项目表及分项工程表头说明。

定额项目表是指预算定额最重要的部分，每个定额项目表列出分项工程的名称、类别、规格、定额的计量单位、定额编号、定额基价及人工、材料、机械台班等的消耗量指标。有些定额项目表下方还列有附注以说明设计与定额不符时如何调整及其他有关事项的说明。分部工程表头说明列于定额项目表的上方，以说明该分部工程所包含的主要工序和工作内容。

（6）定额附录。

定额附录是定额的有机组成部分，主要包括机械台班预算价格表，各种砂浆、混凝土的配合比及各种材料名称规格表等，供编制预算与材料换算用。

2. 预算定额的项目划分、表示方法、查阅及应用

1）预算定额的项目划分

预算定额的项目根据工程种类、构造性质、施工方法，划分为分部工程、分项工程及子目。

2）预算定额的表示方法

预算定额列表主要有工作内容、计量单位、项目名称、定额编号、消耗量、定额基价及定额附注等内容。

（1）工作内容。

工作内容是说明完成本节定额的主要施工过程。

（2）计量单位。

每一分项工程都有一定的计量单位，预算定额的计量单位是根据分项工程的形体特征、变化规律或结构组合等情况选择确定的。通常，当产品的长、宽、高三个度量都发生变化时，应采用"m^3"或"t"为计量单位；当其中两个度量不固定时，可采用"m^2"为计量单位；当产品的截面大小基本固定时，则应采用"m"为计量单位，当产品采用上述三种计量单位都不适宜时，则应分别采用"个""座"等自然计量单位。为了避免出现过多的小数位数，定额常采用扩大计量单位，如 10 m^3，100 m^3 等。

（3）项目名称。

项目名称是按构配件划分的：常用的和经济价值大的项目划分得细一些，一般的项目划分得相对粗略一些。

（4）定额编号。

定额编号是指定额的序号，其目的是便于检查使用定额时项目的套用是否正确合理，以起到减少差错、提高管理水平的作用。定额手册均应采用规定的编号方法——二符号编号。

（5）消耗量。

消耗量是指完成每一分项产品所需耗用的人工、材料、机械台班消耗的标准。其中人工定额不考虑工种、等级等因素，均以综合工日表示。材料的消耗量定额列有原材料、成品、半成品的消耗量。机械定额主要有两种表现形式：单种机械和综合机械。定额中的次要材料和次要机械用其他材料费或机械费表示。单种机械的单价是一种机械的单价，综合机械的单价是几种机械的综合单价。

（6）定额基价。

定额基价是指定额的基准价格，一般是某一省（自治区、直辖市）的代表性价格，实行全省（自治区、直辖市）统一基价，是地区调价和动态管理调价的基数。

（7）定额附注。

定额附注是对某一分项定额的制定依据、使用方法及调整换算等所做的说明和规定。

3）预算定额的查阅

（1）应按分部—定额节—定额表—项目的顺序找到所需项目名称，并从上向下目视。

（2）在定额表中找出所需人工、材料、机械名称，并自左向右目视。

（3）两视线交点的数量即为所找数值。

4）预算定额的应用

在编制施工图预算定额时，通常会遇到以下几种情况。

（1）预算定额的套用。

在运用预算定额时，应认真地阅读、掌握定额的总说明、各分部工程说明、定额的运用范围及附注说明等。根据施工图样、设计说明及作业说明来确定工程项目，完全符合预算定额项目的工程内容，可以直接套用定额、合并套用定额或换算套用定额。

（2）预算定额的换算。

当设计要求与定额的工程内容、材料规格与施工方法等条件不完全相符时，应在符合定额的有关规定范围内加以调整换算。

其换算方式有两种。一种换算方式是把定额中的某种材料剔除，另换以实际代用的材料。第二种换算方式是虽属同一种材料，但因规格不同，须将原规格材料数量换算成使用的规格材料数量。在换算过程中，定额的材料消耗量一般不变，仅调整与定额规定的品种或规格不相同材料的预算价格。经过换算的定额编号在下端应标明“H”字。

（3）预算定额的补充。

当分项工程的设计要求与定额条件完全不相符或者由于设计采用新结构、新材料及新工艺施工方法，在预算定额中没有这类项目，属于定额缺项时，可编制补充预算定额。其编制方法由补充项目的人工、材料、机械台班消耗定额的制定方法来确定。

6.2.3　市政工程施工图预算

施工图预算是确定市政工程预算造价的文件，是在设计概算和施工图设计完成后，根据已审定的设计图纸、预算定额和有关规定等编制的工程费用文件。

施工图预算是由单位工程设计预算、单项工程综合预算及建设项目总预算三级预算逐级汇总组成的。由于施工图预算以单位工程为单位编制，按单项工程综合而成，因此，施工图预算编制的关键在于编好单位工程施工图预算。

1. 施工图预算的编制依据

（1）施工图样及其说明。

施工图样及其说明是编制施工图预算的主要对象和依据施工图样必须经建设、设计和施工单位共同会审确定后，才能作为编制的依据。

（2）预算定额或单位估价表。

预算定额或单位估价表是编制预算的基础资料，施工图预算项目的划分、工程量计算等都必须以预算定额为依据。

（3）工程量计算规则。

与全国统一市政工程预算定额配套执行的“工程量计算规则”是计算工程量、套用定额单价的必备依据。

（4）经批准的初步设计及设计概算等有关文件。

我国基本建设预算制度决定了经批准的初步设计、设计概算是编制施工图预算的依据。

（5）费用定额及取费标准。

费用定额及取费标准是计取各项应取费用的标准。目前全国各省（自治区、直辖市）都制定了费用定额及取费标准。编制施工图预算时，应按工程所在地的规定执行。

（6）地区人工工资、材料及机械台班预算价格。

预算定额的工资标准仅限定额编制时的工资水平，在实际编制预算时应结合当时、当地的相应工资单价调整。同样，在一段时间内，材料价格和机械费都可能变动很大，也应按照当地规定调整价差。

（7）施工组织设计或施工方案。

施工组织设计或施工方案是确定工程进度计划、施工方法或主要技术组织措施及施工现场平面布置和其他有关准备工作的文件。经过批准的施工组织设计或施工方案是编制施工图预算的依据。

（8）建设单位、施工单位共同拟定的施工合同和协议。

2. 施工图预算的编制程序

编制施工图预算应在设计交底及会审图样的基础上按下列步骤进行。

1）熟悉施工图样和施工说明

熟悉施工图样和施工说明是编制工程预算的关键。这是由于设计施工图样和设计施工说明所表达的工程结构、材料品种、工程做法及规格质量，为编制该工程施工图预算提供并确定了所应套用的工程项目。施工图样中的各种尺寸、标高等为计算每个工程项目的数量提供了基础数据。因此，只有在编制施工图预算之前对工程全貌和设计意图有了较全面、详尽的了解之后，方能结合定额项目的划分原则，正确地划分各分部分项的工程项目，并按照工程量计算规则正确地计算工程量及工程费用。若在熟悉设计图样的过程中发现不合理或错误的地方，应及时向有关单位反映，以便于及时修改、纠正。

在熟悉施工图样和施工说明时，除了应注意以上所涉及的内容外，还应做好以下几点。

（1）按图样目录检查各类图样是否齐全，图样编号与图名是否一致，以及设计选用的有关标准图集名称及代号是否明确。

（2）对图样的标高及尺寸进行审查时，对各图之间易发生矛盾和错误的地方应特别注意。

（3）对图样中采用有防水、防腐、耐酸等特殊要求的项目应单独记录，以便于计算项目时引起注意，如采用特殊材料的项目及新产品材料、新技术工艺等项目。

（4）若在施工图样和施工说明中遇到有与定额中的材料品种和规格质量不符或定额缺项时，应及时记录，以便在编制预算时进行调整、换算或根据规定编制补充定额及补充单价，并送有关部门审批。

2）收集各种编制依据及材料

收集各种编制依据及材料包括：

（1）经有关部门批准的市政工程建设项目的审批文件和设计文件。

（2）施工图样。这是编制预算的主要依据。

（3）经批准的初步设计概算书。这是工程投资的最高限价，不得任意突破。

（4）经有关部门批准颁发执行的市政工程预算定额、单位估价表、机械台班费用定额、设备材料预算价格、间接费定额及有关费用规定的文件。

（5）经批准的施工组织设计和施工方案及技术措施等。

（6）有关标准定型图集、建筑材料手册及预算手册。

（7）国务院有关部门颁发的专用定额和地区规定的其他各类建设费用取费标准。

（8）有关市政工程的施工技术验收规范和操作规程等。

（9）招投标文件和工程承包合同或协议书。

（10）市政工程预算编制办法及动态管理办法。

3）熟悉施工组织设计和现场情况

施工组织设计是施工单位根据工程特点及施工现场条件等情况编制的工程实施方案。施工方案的不同会直接影响工程造价，如需要进行地下降水、打桩、机械的选择或因场地狭小引起材料多次搬运等都应在施工组织设计中确定下来，这些内容与预算项目的选用和费用的计算都有密切关系。因此，预算人员熟悉施工组织设计和现场情况，对提高编制预算质量是十分重要的。

4）学习并掌握工程定额内容及有关规定

预算定额、单位估价表及有关文件规定是编制施工图预算的重要依据。随着建筑业新材料、新技术、新工艺的不断出现和推广，有关部门不断地对已颁发的定额进行补充和修改。因此预算人员应学习和掌握所使用定额的内容及使用方法，弄清楚定额项目的划分及各项目所包括的内容、适用范围、计量单位、工程量计算规则及允许调整换算项目的条件和方法等，以便于在使用时能够较快地查找并正确地应用。

另外，由于材料价格的调整，各地区也需要根据具体情况调整费用内容及取费标准，该资料将直接体现在预算文件中。因此，学习和掌握有关文件规定也是做好工程施工图预算工作不可忽视的一个方面。

5）确定工程项目的计算工程量

确定工程项目的计算工程量是编制施工图预算的重要基础数据，工程量计算准确与否将直接影响到工程造价的准确性，同时也是施工企业编制施工作业计划，以及合理安排施工进度调配劳动力、材料和机械设备及加强成本核算的重要依据。因此，为了准确地计算工程量，提高施工图预算的质量和速度，在计算工程时通常遵循以下原则。

（1）计算口径要一致。

计算工程量时，根据施工图列出的分项工程口径与定额中相应分项工程的口径要相互一致，因此，在划分项目时一定要熟悉定额中该项目所包括的工程内容。

（2）计量单位要一致。

按施工图样计算工程量时，各分项工程的工程量计量单位必须与定额中相应项目的计算单位一致，不能凭个人主观随意改变。

（3）严格执行定额中的工程量计算规则。

在计算工程量时，必须严格执行工程量计算规则，以免造成工程量计算中的误差，从而影响工程造价的准确性。

（4）计算必须要准确。

在计算工程量中，计算底稿要整洁，数字要清楚，项目部位要注明，计算精度要一致。工程量的数据一般精确到小数点后两位，钢材、木材及使用贵重材料的项目可精确到小数点后三位。

（5）计算时要做到不重不漏。

计算工程量时，为了做到快速、准确、不重不漏，通常应遵循一定的顺序进行。例如，按一定的方向计算工程量：先横后竖、先左后右、先上后下地计算；按图样编号顺序；按图样上注明的不同类别的构件、配件的编号进行计算工程量。

6）汇总工程量套用定额子目，编制工程预算书

将工程量计算底稿中的预算项目及数量按定额分部顺序填入工程预算表中，套用相应的定额子目，计算工程直接费，按预算费用程序表及有关费用定额计取间接费、利润和税金，将工程直接费、间接费、利润及税金汇总后，即求出该工程的工程造价及单位造价指标。

7）编制工料分析表

根据工程量及定额编制工料分析表，计算出用工用料数量。

8）审核、编写说明、装订、签章及审批

市政工程施工图预算书计算完毕后，为确保其准确性，应经自审及有关人员审核后编写说明及预算书封面，装订成册，再经有关部门复审后送建设单位签证、盖章，最后送至有关部门审批后才能确定其合法性。

3. 施工图预算的编制方法

1）实物法

实物法是指根据建筑安装工程每一个对象（分部分项工程）所需人工、材料、施工机械台班数量来编制施工图预算的方法。它是采用先根据施工图计算各个分项工程的工程量，然后从预算定额（手册）里查出各分项工程需要的人工、材料及施工机械台班数量（即工程量乘以各项目定额用量）加以汇总，就得出这个工程全部的人工、材料机械台班耗用量，再各自乘以工资单价、材料预算价格及机械台班单价，其总和就是该项工程的定额直接费，最后再计算各种费用得出工程费用。

该方法适用于量价分离编制预算或人工、材料、机械台班因地因时发生价格变动的情况。按该方法编制后，人工、材料、机械台班单价都可以进行调整，且工程的人工、材料、机械耗用台班数量是不变的，换算起来也比较方便。

提示：实物法编制预算所用人工、材料、机械的单价均为当时当地实际价格，编制而成的施工预算能够较为准确地反映实际水平，适合市场经济特点。然而，由于该法所用人工、材料、机械消耗量均须由统计得到，因此，所用实际价格需要搜集、调查，工作量较大，计算繁琐，不便于进行分项经济分析与核算工作，但采用计算机及相应预算软件来计算就相应方便了。因此，实物法是与市场经济体制相适应的编制工程图预算的较好方法。

实物法编制施工图预算的具体步骤如下。

（1）熟悉市政工程预算定额和有关文件及资料。

预算定额是编制施工图预算的主要依据。在编制时必须熟悉市政预算定额的有关说明、工程量计算规则及附注说明，方能准确地套用定额。由于市政工程施工采用了新工艺、新材料，因此，必须对某些市政预算定额的项目进行修改、调整和补充，由政府部门下达补充文件，作为市政预算补充定额。在市政预算定额具体应用时，应及时了解动态的市场价格信息及相应的费率，正确编制市政工程预算造价。在编制施工图预算时还应参考相关的工具书、手册及标准通用图集等资料。

（2）熟悉施工图样、施工组织设计，了解施工现场。

细致、耐心地查看图样目录、设计总说明、总平面图、平面图、立面图、剖面图、钢筋图、详图和标准图。对施工图样必须进行全面检查。在编制施工图预算以前，应首先熟悉施工组织设计和施工方案，了解设计意图和施工方法，明确工程全貌。了解地形和构筑物位置，

核对标高；了解土质坚硬程度和填挖情况、场内搬运、借土或弃土地点，以便于确定运距等；了解现场是否有农作物、建筑障碍物、地下管线等需迁移或保护；了解附近河道、池塘水位变化情况；了解水电供应和排水条件、交通运输条件等；了解周围空地，考虑搭建工棚、仓库、车间、堆物位置。

（3）计算工程量。

根据施工图样和预算定额按照工程的施工程序进行列项。一般项目的列项和预算定额中的项目名称完全相同，可以直接将预算定额中的项目列出。当有些项目和预算定额中的项目不一致时，要将定额项目进行换算。如果预算定额中没有图样上表示的项目，则必须按照有关规定补充定额项目及定额换算。在列项时，应注意不要出现重复列项或漏项。

列出工程量计算式并计算。工程量是编制预算的原始数据，也是一项工作量大又细致的工作。编制市政工程施工图预算，大部分时间是花在看图和计算工程量上，因此，工程量的计算精确程度和快慢直接影响预算编制的质量与速度。

在预算定额说明中，对工程量计算规则做了具体规定，在编制时应严格执行。计算工程量时，必须严格按照图样所注尺寸为依据计算，不得任意放大或缩小，任意增加或丢弃。列出工程项目后，根据施工图样按照工程量计算规则和计算顺序分别列出简单明了的分项工程量计算式，并按照一定的计算顺序依次进行计算，做到准确无误。分项工程计量单位有 m、m^2、m^3 等，这在预算定额中都会注明，但在计算工程量时应该注意分清楚，以免由于计量单位弄错而影响计算工程量的准确性。在计算工程量时要注意将计算所得的工程量按照预算定额的计量单位（100 m、100 m^2、100 m^3 或 10 m、10 m^2、10 m^3 或 t）进行调整，使其相同。

提示： *工程量计算完毕后必须进行自我检查、复核，检查其列项、单位、计算式及数据等有无遗漏或错误。若发现错误，应及时进行改正。*

工程量计算的顺序分类：按工程施工顺序的先后计算工程量；按顺时针方向计算，即先从图样的左上角开始，按顺时针方向依次进行计算到左上角；按“先横后直”计算，即在图样上按先横后直、从上到下、从左到右的顺序进行计算。

（4）套用预算定额计算各分项人工、材料、机械台班消耗数量。

按施工图预算各分项子目名称、所用材料、施工方法等条件及定额编号，在预算定额中查出各分项工程的各种人工、材料、机械台班的定额用量，并填入分析表中各相应的分项工程栏内。预算分析表中的内容主要有工程名称、序号、定额编号、分项工程名称、计算单位、工程量、劳动力、各种材料、各种施工机械的耗用台班数量等。

套用预算定额时，应注意分项工程名称、规格、计量单位、工程内容与定额单位估价表所列内容完全一致。如果需要套用预算定额的分项工程中没有的项目，则应编制补充预算定额，“工料机分析”是编制单位工程劳动计划和工料机械供应计划，开展班组经济核算的基础，是下达任务和考核人工材料使用情况，进行“两算”对比的依据。

“工料机分析”首先把预算中各分项工程量乘以该分项工程预算定额中用工、用料数量和机械台班数量，即可得到相应的各分项工程的人工用量、各种材料用量和各种机械台班用量，具体如式（6.4）～式（6.6）所示。

$$\text{各分项工程人工用量} = \text{该分项工程工程量} \times \text{相应人工时间定额} \tag{6.4}$$

$$\text{各分项工程各种材料用量} = \text{该分项工程工程量} \times \text{相应材料消耗定额} \tag{6.5}$$

$$各分项工程各种机械台班用量=该分项工程工程量\times相应机械台班消耗定额 \quad (6.6)$$

其次，按分部分项的顺序将各分部工程所需的人工、各种材料、各种机械数量分别进行汇总，得出该分部工程的各种人工、各种材料和各种机械的数量。

最后将各分部工程进行再汇总，就得出该单位工程的各种人工、各种材料和各种机械台班的总数量。

（5）计算工程费用。

① 计算直接费：按当地、当时的各类人工、各种材料和各种机械台班的市场单价分别乘以相应的人工、材料、机械台班数量，并汇总得出单位工程的人工费、材料费和机械使用费。

② 计算其他各项费用，汇总成工程预算总造价。

（6）复核。

复核是单位工程施工图预算编制完成后，由本单位有关人员对预算进行检查核对。复核人员应查阅有关图样和工程量计算草稿，复核完毕再予以签章。

（7）计算技术经济指标。

单位工程预算造价确定后，根据各种单位工程的特点，按规定选用不同的计算单位，计算技术经济指标。其计算如式（6.7）所示。

$$技术经济指标=\frac{单位工程预算造价}{按规定计量单位计算的工程量} \quad (6.7)$$

（8）编制说明。

编制说明主要是可以补充预算表格中表达不了的而又必须说明的问题。编制说明列于封面的下一页，其内容主要是工程修建的目的、施工图样、工程概况、编制预算的主要依据、补充定额的编制和特殊材料的补充单价依据、特殊工程部位的技术处理方法、计算过程中对图样不明确之处的处理、建设单位供应的材料费用的预算处理等。

2）单价法

单价法是指用事先编制好的分项工程的单位估价表（或综合单价表）来编制施工图预算的方法。单价法主要可以分为工料单价法和综合单价法两种。

（1）工料单价法。

工料单价法是指分部分项项目及施工技术措施项目单价采用工料单价（直接工程费单价）的一种计价方法，企业管理费、利润、规费、税金等按规定程序另行计算。

工料单价（直接工程费单价）是指完成一个规定计量单位项目所需的人工费、材料费、施工机械使用费。

工料单价法编制施工图预算的步骤如下。

① 搜集各种编制依据资料。各种编制依据资料主要包括施工图样、施工组织设计或施工方案、现行市政工程预算定额、费用定额、统一的工程量计算规则及工程所在地区的材料、人工、机械台班预算价格与调价规定等。

② 熟悉施工图样和定额。只有对施工图和预算定额有全面、详细的了解，才能全面、准确地计算出工程量，进而合理地编制出施工图预算造价。

③ 计算工程量。工程量的计算在整个预算过程中是最重要、最繁重的一个环节，不仅影响预算的及时性，更重要的是影响预算造价的准确性。因此，必须在工程量计算上下功夫，

确保预算质量。

计算工程量的具体步骤：根据施工图的工程内容和定额项目，列出计算工程量的分部分项工程；根据一定的计算顺序和计算规则，列出计算式；根据施工图示尺寸及有关数据，代入计算式进行数学计算；按照定额中的分部分项工程的计量单位对相应的计算结果的计量单位进行调整，使之一致。

④ 套用预算定额单价。工程量计算完毕并核对无误后，用所得到的分部分项工程量套用单位估价表中相应的定额基价相乘，再相加汇总，可求出单位工程的直接费。套用单价时应注意：分项工程量的名称、规格、计量单位必须与预算定额或单位估价表所列内容一致，重套、错套、漏套预算基价会引起直接工程费的偏差，将导致施工图预算单价偏高或偏低；当施工图样的某些设计要求与定额单价的特征不完全相符时，必须根据定额使用说明对定额基价进行调整或换算；当施工图样的某些设计要求与定额单价的特征相差甚远时，既不能直接套用，也不能换算、调整时，必须编制补充单位估价表或补充定额。

⑤ 编制工料分析表。根据各分部分项工程的实物工程量和相应定额中的项目所列的人工工日及材料数目，计算出各分部分项工程所需的人工及材料数量，相加汇总得出该单位工程所需要的各类人工和材料的数量。

⑥ 计算其他各项应取费用和汇总得到工程造价。按照建筑安装单位工程造价构成的规定费用项目、费率及计费基数，分别计算出间接费、利润和税金，并将其汇总得到单位工程造价。

⑦ 复核。单位工程预算编制后，有关人员应对单位工程预算进行复核，以便及时发现差错，提高预算质量。复核时应对工程量计算公式和结果、套用定额基价、各项费用的取费费率及计算基础和计算结果、材料和人工预算价格及其价格调整等方面是否正确进行全面复核。

⑧ 编制说明、填写封面。工料单价法具有计算简单、工作量较小、编制速度较快、便于工程造价管理部门集中管理的优点。但由于是采用事先编制好的统一的单位估价表，其价格水平只能反映定额编制年份的价格水平。在市场经济价格波动较大的情况下，单价法的计算结果会偏离实际价格水平，虽然可采用调价方法，但调价系数和指数从测定到颁布会滞后，且计算也比较烦琐。

（2）综合单价法。

综合单价法是指分部分项项目及施工技术措施项目单价采用综合单价（全费用单价）的一种计价方法，规费、税金按规定程序另行计算。综合单价（全费用单价）是指一个规定计量单位项目所需的除规费、税金以外的全部费用。综合单价主要包括人工费、材料费、施工机械使用费、企业管理费、利润及风险费用。

综合单价法编制施工图预算的步骤包括收集、熟悉基础资料并了解现场情况；计算工程量；套用定额；确定人工、材料、机械价格及各项费用取费基数、费率，计算综合单价及总造价；校核、修改；编写施工图预算的编制说明。

4. 施工图预算审查

1）施工图预算审查的内容

审查施工图预算的重点是工程量计算是否准确；分部、分项单价套用是否正确；各项取费标准是否符合现行规定等要求。

审查施工图预算具体包括：工程量计算是否正确；审查定额或单价的套用；审查其他有

关费用（其他有关费用包括的内容各地不同，具体审查时应注意是否符合当地规定和定额的要求）；利润和税金的审查，重点应放在计取基础和费率是否符合当地有关部门的现行规定，有无多算或重算。

2）施工图预算审查的方法

（1）逐项审查法。

逐项审查法又称全面审查法，即按定额顺序或施工顺序，对各分项工程中的工程细目逐项全面详细审查的一种方法。这种方法适合于一些工程量较小、工艺比较简单的工程。

（2）标准预算审查法。

标准预算审查法就是对利用标准图样或通用图样施工的工程，先集中力量编制标准预算，以此为准来审查工程预算的一种方法。按标准设计图样或通用图样施工的工程，一般只是根据现场施工条件或地质情况不同，对基础部分做局部改变，通常以标准预算为准，对局部修改部分单独审查即可，不需逐一详细审查。

（3）分组计算审查法。

分组计算审查法就是把预算中有关项目按类别划分成若干组，利用同组中的一组数据审查分项工程量的一种方法。这种方法首先将若干分部分项工程按相邻且有一定内在联系的项目进行编组，利用同组分项工程间具有相同或相近计算基数的关系，审查一个分项工程数量，由此判断同组中其他几个分项工程的准确程度。

（4）对比审查法。

对比审查法是当工程条件相同时，用已完成工程的预算或未完但已经过审查修正的工程预算对比审查拟建工程的同类工程预算的一种方法。

（5）“筛选”审查法。

“筛选”审查法是指用工程量、价格、用工三个单方基本指标筛分各分部分项工程，对不符合条件的应进行详细审查，若审查对象的预算标准与基本指标的标准不符，就应对其进行调整。“筛选”审查法适用于审查住宅工程或不具备全面审查条件的工程。

（6）重点审查法。

重点审查法就是抓住工程预算中的重点进行审核的方法。审查的重点一般是工程量大或者造价较高的各种工程、补充定额、计取的各项费用（计取基础、取费标准）等。

6.3　市政管网工程清单计价

6.3.1　工程量清单编制

1. 一般规定

工程量清单是表现拟建工程的分部分项工程项目、措施项目、其他项目、规费项目和税金项目的名称和相应数量的明细清单，是工程招标文件的组成内容，其内容包括分部分项工程量清单、措施项目清单、其他项目清单、规费项目清单及税金项目清单。在编制过程中，应满足如下规定。

（1）招标工程量清单应由具有编制能力的招标人或受其委托，具有相应资质的工程造价咨询人或招标代理人编制。

（2）招标工程量清单必须作为招标文件的组成部分，其准确性和完整性由招标人负责。

（3）招标工程量清单是工程量清单计价的基础，应作为编制招标控制价、投标报价、计算工程量、工程索赔等的依据之一。

（4）招标工程量清单应以单位（项）工程为单位编制，应由分部分项工程量清单措施项目清单、其他项目清单、规费和税金项目清单组成。

（5）编制工程量清单的规范包括《市政工程工程量计算规范》（GB 50857—2013）和现行国家标准《建设工程工程量清单计价规范》（GB 50500—2013）；国家或省级、行业建设主管部门颁发的计价依据和办法；建设工程设计文件；与建设工程项目有关的标准、规范、技术资料；拟订的招标文件；施工现场情况、工程特点及常规施工方案；其他相关资料等。

（6）其他项目、规费和税金项目清单应按照现行国家标准《建设工程工程量清单计价规范》（GB 50500—2013）的相关规定编制。

（7）编制工程量清单出现《市政工程工程量计算规范》（GB 50857—2013）附录中未包括的项目，编制人应做补充，并报省级或行业工程造价管理机构备案，省级或行业工程造价管理机构应汇总报送住房城乡建设部标准定额研究所。

2. 分部分项工程

（1）工程量清单必须根据《市政工程工程量计算规范》（GB 50857—2013）规定的项目编码、项目名称、项目特征、计量单位和工程量计算规则进行编制。

（2）工程量清单的项目编码，应采用前十二位用阿拉伯数字表示，一至九位应按《市政工程工程量计算规范》（GB 50857—2013）附录的规定设置，十至十二位应根据拟建工程的工程量清单项目名称设置，同一招标工程的项目编码不得有重码。

各位数字的含义：一、二位为专业工程代码；三、四位为工程分类顺序码；五、六位为分部工程顺序码；七至九位为分项工程项目名称顺序码；十至十二位为清单项目名称顺序码。

当同一标段（或合同段）的一份工程量清单中含有多个单位工程且工程量清单是以单位工程为编制对象时，在编制工程量清单时应特别注意对项目编码十至十二位的设置不得有重码。例如，一个标段（或合同段）的工程量清单中含有 3 个单位工程，每一单位工程中都有项目特征相同的市政给水钢管敷设项目，在工程量清单中又需反映 3 个不同单位工程的给水钢管敷设工程量时，则第一个单位工程给水钢管敷设的项目编码应为 040501002001，第二个单位工程给水钢管敷设的项目编码应为 040501002002，第三个单位工程给水钢管敷设的项目编码应为 040501002003，并分别列出各单位工程给水钢管敷设的工程量。

（3）工程量清单的项目名称应按《市政工程工程量计算规范》（GB 50857—2013）附录的项目名称结合拟建工程的实际确定。

（4）分部分项工程量清单项目特征应按《市政工程工程量计算规范》（GB 50857—2013）附录中规定的项目特征，结合拟建工程项目的实际予以描述。

工程量清单的项目特征是确定一个清单项目综合单价不可缺少的重要依据，在编制工程量清单时，必须对项目特征进行准确和全面的描述。但有些项目特征用文字往往又难以准确和全面地描述清楚。因此，为达到规范、简洁、准确、全面描述项目特征的要求，在描述工程量清单项目特征时应按下列原则进行。

① 项目特征描述的内容应按附录中的规定，结合拟建工程的实际，能满足确定综合单价的需要。

② 若采用标准图集或施工图样能够全部或部分满足项目特征描述的要求，项目特征描述可直接采用详见××图集或××图号的方式。对不能满足项目特征描述要求的部分仍应该用文字描述。

（5）工程量清单中所列工程量应按《市政工程工程量计算规范》（GB 50857—2013）附录中规定的工程量计算规则计算。

（6）分部分项工程量清单的计量单位应按《市政工程工程量计算规范》（GB 50857—2013）附录中规定的计量单位确定。

（7）现浇混凝土工程项目“工作内容”中包括模板工程的内容，同时又在“措施项目”中单列了现浇混凝土模板工程项目。对此，由招标人根据工程实际情况选用，若招标人在措施项目清单中未编制现浇混凝土模板项目清单，即表示现浇混凝土模板项目不单列，现浇混凝土工程项目的综合单价中应包括模板工程费用。

（8）对预制混凝土构件按现场制作编制项目，“工作内容”中包括模板工程，不再另列。若采用成品预制混凝土构件时，构件成品价（包括模板、钢筋、混凝土等所有费用）应计入综合单价中。

（9）金属结构构件按成品编制项目，构件成品价应计入综合单价中，若采用现场制作，则包括制作的所有费用。

3. 措施项目

措施项目是指工程施工前和施工过程中技术、生活、安全等方面的非工程实体项目。措施项目清单分类如下。

（1）措施项目清单必须根据相关工程现行国家计量规范的规定编制，应根据拟建工程的实际情况列项。

（2）措施项目中列出了项目编码、项目名称、项目特征、计量单位、工程量计算规则的项目。编制工程量清单时，应按照“分部分项工程”的规定执行。

（3）措施项目中仅列出项目编码、项目名称，未列出项目特征、计量单位和工程量计算规则的项目，在编制工程量清单时，确定未列出项目特征、计量单位和工程量计算规则的项目。

4. 其他项目

1）其他项目清单内容列项

其他项目清单应按照下列内容列项。

（1）暂列金额。

暂列金额指招标人暂定并包括在合同价款中的一项金额。不管采用何种形式，其理想的标准是，一份合同的价格就是其最终的竣工结算价格，或者至少两者应尽可能接近。我国规定对政府投资工程实行概算管理，经项目审批部门批复的设计概算是工程投资控制的刚性指标，即使商业性开发项目也有成本的预先控制问题，否则，无法相对准确地预测投资的收益和科学合理地进行投资控制。但工程建设自身的特性决定了工程的设计需要根据工程进展不断地进行优化和调整，业主需求可能会随工程建设进展而出现变化，工程建设过程还会存在一些不能预见、不能确定的因素。消化这些因素必然会影响合同价格的调整，暂列金额正是因这类不可避免的价格调整而设立，以便达到合理确定和有效控制工程造价的目标。

提示：有一种错误的观念认为，暂列金额列入合同价格就属于承包人（中标人）所有了。事实上，即便是总价包干合同，也不是列入合同价格的任何金额都属于中标人的，是否属于中标人应得金额取决于具体的合同约定，暂列金额从定义开始就明确，只有按照合同约定程序实际发生后，才能成为中标人的应得金额，而纳入合同结算价款中。但扣除实际发生金额后的暂列金额余额仍属于招标人所有。设立暂列金额并不能保证合同结算价格不会再出现超过已签约合同价的情况，是否超出已签约合同价完全取决于对暂列金额预测的准确性，以及工程建设过程是否出现了其他未预测到的事件。

（2）暂估价。

暂估价是指招标阶段直至签订合同协议时，招标人在招标文件的工程量清单中给出的材料、设备单价以及专业工程费用，结算时按合同规定可调整。其包括材料暂估价、工程设备暂估单价和专业工程暂估价。

为方便合同管理和计价，需要纳入工程量清单项目综合单价中的暂估价最好只是材料费，以方便投标人组价。对专业工程暂估价一般应是综合暂估价，包括除规费、税金以外的管理费、利润等。

（3）计日工。

计日工是为了解决现场发生的零星工作的计价而设立的。国际上常见的标准合同条款中，大多数都设立了计日工计价机制。计日工对完成零星工作所消耗的人工工时、材料数量、施工机械台班进行计量，并按照计日工表中填报的适用项目的单价进行计价支付。计日工适用的所谓零星工作一般是指合同约定之外或者因变更而产生的、工程量清单中没有相应项目的额外工作，尤其是那些时间不允许事先商定价格的额外工作。计日工应列出项目名称、计量单位和暂估数量。

（4）总承包服务费。

总承包服务费是为了解决招标人在法律、法规允许的条件下进行专业工程发包及自行供应材料、工程设备，并需要总承包人对发包的专业工程提供协调和配合服务，对甲即甲方，通常是建设单位或业主供材料、工程设备提供收、发和保管服务，以及进行施工现场管理时发生并向总承包人支付的费用。招标人应预计该项费用，并按投标人的投标报价向投标人支付该项费用。总承包服务费应列出服务项目及其内容等。

2）暂列金额估算

暂列金额应根据工程特点按有关计价规定估算。为保证工程施工建设的顺利实施，应针对施工过程中可能出现的各种不确定因素对工程造价的影响，在招标控制价中估算一笔暂列金额。暂列金额可根据工程的复杂程度、设计深度、工程环境条件（包括地质、水文、气候条件等）进行估算，一般可按分部分项工程费和措施项目费的10%～15%作为参考。

5. 规费项目

规费项目清单列项包括社会保障费（包括养老保险费、失业保险费、医疗保险费、工伤保险费、生育保险费）、住房公积金、工程排污费。其余相关内容应根据省级政府或省级有关部门的规定列项。

6. 税金项目

税金项目清单应包括的内容：营业税、城市维护建设税、教育费附加、地方教育附加。

其余未列的项目，应根据税务部门的规定列项。

6.3.2 工程量清单计价编制

1. 一般规定

工程量清单计价是指投标人完成由招标人提供的工程量清单所需的全部费用。其包括分部分项工程费、措施项目费、其他项目费、规费和税金。

1）计价方式

使用国有资金投资的建设工程发承包，必须采用工程量清单计价。非国有资金投资的建设工程，宜采用工程量清单计价。不采用工程量清单计价的建设工程，应执行《建设工程工程量清单计价规范》（GB 50500—2013）除工程量清单等专门性规定外的其他规定。工程量清单应采用综合单价计价。措施项目中的安全文明施工费必须按国家或省级、行业建设主管部门的规定计算，不得作为竞争性费用。规费和税金必须按国家或省级、行业建设主管部门的规定计算，不得作为竞争性费用。

2）发包人提供材料和工程设备

发包人提供的材料和工程设备（以下简称甲供材料）应在招标文件中按照《建设工程工程量清单计价规范》（GB 50500—2013）的规定填写发包人提供材料和工程设备一览表，写明甲供材料的名称、规格、数量、单价、交货方式、交货地点等。承包人投标时，甲供材料单价应计入相应项目的综合单价中，签约后，发包人应按合同约定扣除甲供材料款，不予支付。

承包人应根据合同工程进度计划的安排，向发包人提交甲供材料交货的日期计划。发包人应按计划提供。

发包人提供的甲供材料如规格、数量或质量不符合合同要求，或由于发包人原因发生交货日期延误、交货地点及交货方式变更等情况的，发包人应承担由此增加的费用和（或）工期延误责任，并应向承包人支付合理利润。

发承包双方对甲供材料的数量发生争议不能达成一致的，应按照相关工程的计价定额同类项目规定的材料消耗量计算。

若发包人要求承包人采购已在招标文件中确定为甲供材料的，材料价格应由发承包双方根据市场调查确定，并应另行签订补充协议。

3）承包人提供材料和工程设备

除合同约定的发包人提供的甲供材料外，合同工程所需的材料和工程设备应由承包人提供，承包人提供的材料和工程设备均应由承包人负责采购、运输和保管。

承包人应按合同约定将采购材料和工程设备的供货人及品种、规格、数量和供货时间等提交发包人确认，并负责提供材料和工程设备的质量证明文件，满足合同约定的质量标准。

对承包人提供的材料和工程设备经检测不符合合同约定的质量标准，发包人应立即要求承包人更换，由此增加的费用和（或）工期延误应由承包人承担。对发包人要求检测承包人已具有合格证明的材料、工程设备，但经检测证明该项材料、工程设备符合合同约定的质量标准时，发包人应承担由此增加的费用和（或）工期延误责任，并向承包人支付合理的利润。

4）计价风险

建设工程发承包必须在招标文件、合同中明确计价的风险内容及其范围，不得采用无限风险、所有风险或类似语句规定计价中的风险内容及范围。

由于国家法律、法规、规章和政策发生变化；省级或行业建设主管部门发布的人工费调整，但承包人对人工费或人工单价的报价高于发布的除外；由政府定价或政府指导价管理的原材料等价格进行了调整等因素出现，影响合同价款调整的，应由发包人承担。

由于市场物价波动影响合同价款的，应由发承包双方合理分摊，按《建设工程工程量清单计价规范》（GB 50500—2013）填写承包人提供的主要材料和工程设备一览表作为合同附件；当合同中没有约定，发承包双方发生争议时，按物价变化的规定调整合同价款。

由于承包人使用机械设备、施工技术及组织管理水平等自身原因造成施工费用增加的，应由承包人全部承担。

当不可抗力发生，影响合同价款时，应按不可抗力的规定执行。

2. 招标控制价

招标控制价是指采用工程量清单招标时，招标人能够接受的最高交易价格。下面从以下几方面进行阐述。

1）一般规定

（1）对于国有资金投资的建设工程招标，招标人必须编制招标控制价。我国对国有资金投资项目的投资控制实行的是投资概算审批制度，国有资金投资的工程原则上不能超过批准的投资概算。国有资金投资的工程实行工程量清单招标，为了客观、合理地评审投标报价，避免哄抬标价、造成国有资产流失，招标人必须编制招标控制价，规定最高投标限价。

（2）招标控制价应由具有编制能力的招标人或受其委托具有相应资质的工程造价咨询人编制和复核。

（3）工程造价咨询人接受招标人委托编制招标控制价时，不得再就同一工程接受投标人委托编制投标报价。

（4）招标控制价不应上浮或下调。

（5）当招标控制价超过批准的概算时，招标人应将其报原概算审批部门审核。

（6）招标人应在发布招标文件时公布招标控制价，同时应将招标控制价及有关资料报送工程所在地或有该工程管辖权的行业管理部门工程造价管理机构备查。招标控制价的作用决定了招标控制价不同于标底，无须保密。为体现招标的公平公正性，防止招标人有意抬高或压低工程造价，招标人应在招标文件中如实公布招标控制价，同时，招标人应将招标控制价报工程所在地或有该工程管辖权的行业管理部门的工程造价管理机构备查。

2）编制与复核

招标控制价编制与复核的依据如下。

（1）《建设工程工程量清单计价规范》（GB 50500—2013）。

（2）国家或省级、行业建设主管部门颁发的计价定额和计价办法；建设工程设计文件及相关资料。

（3）拟订的招标文件及招标工程量清单。

（4）与建设项目相关的标准、规范、技术资料。

（5）施工现场情况、工程特点及常规施工方案。

（6）工程造价管理机构发布的工程造价信息，当工程造价信息没有发布时，参照市场价。

（7）其他相关资料。

综合单价中应包括招标文件中划分的应由投标人承担的风险范围及其费用。招标文件中没有明确的，若是工程造价咨询人编制，应提请招标人明确；若是招标人编制，应予明确。

分部分项工程和措施项目中的单价项目，应根据拟订的招标文件和招标工程量清单项目中的特征描述及有关要求确定综合单价计算。

其他项目计价的相关规定如下。

（1）暂列金额应按招标工程量清单中列出的金额填写。

（2）暂估价中的材料、工程设备单价应按招标工程量清单中列出的单价计入综合单价。

（3）暂估价中的专业工程金额应按招标工程量清单中列出的金额填写。

（4）计日工应按招标工程量清单中列出的项目根据工程特点和有关计价依据确定综合单价计算。

（5）总承包服务费应根据招标工程量清单列出的内容和要求估算。

3）投诉与处理

投标人经复核后认为招标人公布的招标控制价未按照《建设工程工程量清单计价规范》（GB 50500—2013）的规定进行编制的，应在招标控制价公布后 5 d 内向招投标监督机构和工程造价管理机构投诉。投诉人投诉时，应当提交由单位盖章和法定代表人或其委托人签名或盖章的书面投诉书。投诉书应包括的内容为：投诉人与被投诉人的名称、地址及有效联系方式；投诉的招标工程名称、具体事项及理由；投诉依据及相关证明材料；相关的请求及主张。

投诉人不得进行虚假、恶意投诉，阻碍投标活动的正常进行。工程造价管理机构在接到投诉书后应在两个工作日内进行审查，不予受理的情况包括投诉人不是所投诉招标工程招标文件的收受人；投诉事项已进入行政复议或行政诉讼程序的等。

工程造价管理机构应在不迟于结束审查的次日将是否受理投诉的决定书面通知投诉人、被投诉人及负责该工程招投标监督的招投标管理机构。

工程造价管理机构受理投诉后，应立即对招标控制价进行复查，组织投诉人、被投诉人或其委托的招标控制价编制人等单位人员对投诉问题逐一核对。有关当事人应当予以配合，并应保证所提供资料的真实性。

工程造价管理机构应当在受理投诉的 10 d 内完成复查，特殊情况下可适当延长，并做出书面结论通知投诉人、被投诉人及负责该工程招投标监督的招投标管理机构。

当招标控制价复查结论与原公布的招标控制价误差大于±3%时，应当责成招标人改正。

招标人根据招标控制价复查结论需要重新公布招标控制价的，其最终公布的时间至招标文件要求提交投标文件截止时间不足 15 d 的，应相应延长投标文件的截止时间。

3. 投标报价

投标报价是指投标人依据招标文件报出的投标工程造价。此处从以下几方面对投标报价进行阐述。

1）一般规定

（1）投标价应由投标人或受其委托的具有相应资质的工程造价咨询人编制。

（2）投标人应依据《建设工程工程量清单计价规范》（GB 50500—2013）的规定自主确定投标报价。

（3）投标报价不得低于工程成本。

（4）投标人必须按招标工程量清单填报价格。项目编码、项目名称、项目特征计量单位、工程量必须与招标工程量清单一致。

（5）投标人的投标报价高于招标控制价的应予以废标。

2）编制与复核

投标报价编制和复核的依据如下。

（1）《建设工程工程量清单计价规范》（GB 50500—2013）。

（2）国家或省级、行业建设主管部门颁发的计价办法。

（3）企业定额，国家或省级、行业建设主管部门颁发的计价定额和计价办法。

（4）招标文件、招标工程量清单及其补充通知、答疑纪要。

（5）建设工程设计文件及相关资料。

（6）施工现场情况、工程特点及投标时拟订的施工组织设计或施工方案。

（7）与建设项目相关的标准、规范等技术资料。

（8）市场价格信息或工程造价管理机构发布的工程造价信息。

（9）其他相关资料。

综合单价中应包括招标文件中划分的应由投标人承担的风险范围及其费用；招标文件中没有明确的，应提请招标人明确。

分部分项工程和措施项目中的单价项目，应根据招标文件和招标工程量清单项目中的特征描述来确定综合单价计算。

其他项目费报价的规定如下。

（1）暂列金额应按招标工程量清单中列出的金额填写。

（2）材料、工程设备暂估价应按招标工程量清单中列出的单价计入综合单价。

（3）专业工程暂估价应按招标工程量清单中列出的金额填写。

（4）计日工应按招标工程量清单中列出的项目和数量，自主确定综合单价并计算计日工金额。

（5）总承包服务费应根据招标工程量清单中列出的内容和提出的要求自主确定。

（6）投标总价金额应当与分部分项工程费、措施项目费、其他项目费和规费、税金的合计金额一致，等等。

4. 合同价款约定

1）一般规定

实行招标的工程合同价款应在中标通知书发出之日起 30 d 内，由发承包双方依据招标文件和中标人的投标文件在书面合同中约定。

合同约定不得违背招标、投标文件中关于工期、造价、质量等方面的实质性内容。招标文件与中标人投标文件不一致的地方，应以投标文件为准。

不实行招标的工程合同价款，应在发承包双方认可的工程价款基础上，由发承包双方在合同中约定。

实行工程量清单计价的工程，应采用单价合同；建设规模较小、技术难度较低、工期较短，且施工图设计已经审查批准的建设工程可采用总价合同；紧急抢险、救灾及施工技术特别复杂的建设工程可采用成本加酬金合同。

2）约定内容

发承包双方应在合同条款进行约定的事项包括以下几方面。

（1）预付工程款的数额、支付时间及抵扣方式。

（2）安全文明施工措施的支付计划、使用要求等。

（3）工程计量与支付工程进度款的方式、数额及时间。

（4）工程价款的调整因素、方法、程序、支付及时间。

（5）施工索赔与现场签证的程序、金额确认与支付时间。

（6）承担计价风险的内容、范围及超出约定内容、范围的调整办法。

（7）工程竣工价款结算编制与核对、支付及时间。

（8）工程质量保证金的数额、预留方式及时间。

（9）违约责任及发生合同价款争议的解决方法及时间。

（10）与履行合同、支付价款有关的其他事项等。

合同中没有按照上述要求约定或约定不明的，若发承包双方在合同履行中发生争议由双方协商确定；当协商不能达成一致时，应按《建设工程工程量清单计价规范》（GB 50500—2013）的规定执行。

5. 工程计量

工程量计算除依据《市政工程工程量计算规范》（GB 50857—2013）各项规定外，尚应依据的文件包括：经审定通过的施工设计图样及其说明；经审定通过的施工组织设计或施工方案；经审定通过的其他有关技术经济文件。

1）一般规定

工程实施过程中的计量执行的一般规定如下。

（1）工程量必须按照相关工程现行国家计量规范规定的工程量计算规则计算。

（2）工程计量可选择按月或按工程形象进度分段计量，具体计量周期应在合同中约定。

（3）因承包人原因造成的超出合同工程范围施工或返工的工程量，发包人不予计量。

（4）成本加酬金合同应按下述“单价合同的计量”的规定计量。

2）单价合同的计量

单价合同计量时应注意以下几点。

（1）工程量必须以承包人完成合同工程应予计量的工程量确定。

（2）施工中进行工程计量时，若发现招标工程量清单中出现缺项、工程量偏差，或因工程变更引起工程量增减等情况，应按承包人在履行合同义务中完成的工程量计算。

（3）承包人应当按照合同约定的计量周期和时间向发包人提交当期已完成工程量报告。发包人应在收到报告后 7 d 内核实，并将核实计量结果通知承包人。发包人未在约定时间内进行核实的，承包人提交的计量报告中所列的工程量应视为承包人实际完成的工程量。

（4）发包人认为需要进行现场计量核实时，应在计量前 24 h 通知承包人，承包人应为计量提供便利条件并派人参加。当双方均同意核实结果时，双方应在上述记录的文件上签字确认。承包人收到通知后不派人参加计量，视为认可发包人的计量核实结果。发包人不按照约定时间通知承包人，致使承包人未能派人参加计量，计量核实结果无效。

（5）当承包人认为发包人核实后的计量结果有误时，应在收到计量结果通知后的 7 d 内向发包人提出书面意见，并应附上其认为正确的计量结果和详细的计算资料。发包人收到书面意见后，应在 7 d 内对承包人的计量结果进行复核后通知承包人。承包人对复核计量结果仍有异议的，按照合同约定的争议解决办法进行处理。

（6）承包人完成已标价工程量清单中每个项目的工程量并经发包人核实无误后，发承包双方应对每个项目的历次计量报表进行汇总，以核实最终结算工程量，并应在汇总表上签字确认。

3）总价合同的计量

总价合同的计量应注意以下几点。

（1）采用工程量清单方式招标形成的总价合同，其工程量应按照上述“单价合同的计量”的规定计算。

（2）采用经审定批准的施工图样及其预算方式发包形成的总价合同，除按照工程变更规定的工程量增减外，总价合同各项目的工程量应为承包人用于结算的最终工程量。

（3）总价合同约定的项目计量应以合同工程经审定批准的施工图样为依据，发承包双方应在合同中约定工程计量的形象目标或时间节点进行计量。

（4）承包人应在合同约定的每个计量周期内对已完成的工程进行计量，并向发包人提交达到工程目标完成的工程量和有关计量资料的报告。

（5）发包人应在收到报告后 7 d 内对承包人提交的上述资料进行复核，以确定实际完成的工程量和工程目标。对其有异议的，应通知承包人进行共同复核。

提示：有两个或两个以上计量单位的，应结合拟建工程项目的实际情况，确定其中一个为计量单位。同一工程项目的计量单位应一致。

工程计量时每一项目汇总的有效位数应遵守的规定：以“t”为单位，应保留小数点后三位数字，第四位小数四舍五入；以“m”“m^2”“m^3”“kg”为单位，应保留小数点后两位数字，第三位小数四舍五入；以“个”“件”“根”“组”“系统”为单位，应取整数。

工程量清单项目仅列出了主要工作内容，除另有规定和说明外，应视为已经包括完成该项目所列或未列的全部工作内容。

市政工程涉及给水排水等安装工程的项目，按照现行国家标准《通用安装工程工程量计算规范》（GB 50856—2013）执行；由水源地取水点至厂区或市、镇第一个储水点之间距离在 10 km 以上的输水“管网工程”按照相应项目执行。

6. 合同价款调整

合同价款调整是一种修改合同原定价格的机制，以反映合同执行期间的变化情况。一般包括合同价款调增和调减。

1）一般规定

（1）发承包双方应当按照合同约定调整合同价款的事项有：① 法律法规变化；② 工程变更；③ 项目特征不符；④ 工程量清单缺项；⑤ 项目特征不符；⑥ 工程量清单缺项；⑦ 工程量偏差；⑧ 计日工；⑨ 物价变化；⑩ 暂估价；⑪ 不可抗力；⑫ 提前竣工（赶工补偿）；⑬ 误期赔偿；⑭ 索赔；⑮ 现场签证；⑯ 暂列金额；⑰ 发承包双方约定的其他调整事项。

（2）出现合同价款调整事项（不含工程量偏差、计日工、现场签证、索赔）后的 14 d 内，承包人应向发包人提交合同价款调增报告并附上相关资料；承包人在 14 d 内未提交合同价款调增报告的，应视为承包人对该事项不存在调整价款请求。

（3）出现合同价款调减事项（不含工程量偏差、索赔）后的 14 d 内，发包人应向承包人提交合同价款调减报告并附相关资料；发包人在 14 d 内未提交合同价款调减报告的，应视为发包人对该事项不存在调整价款请求。

（4）发（承）包人应在收到承（发）包人合同价款调增（减）报告及相关资料之日起14 d内对其核实：予以确认的，应书面通知承（发）包人；当有疑问时，应向承（发）包人提出协商意见。发（承）包人在收到合同价款调增（减）报告之日起14 d内未确认也未提出协商意见的，应视为承（发）包人提交的合同价款调增（减）报告已被发（承）包人认可。发（承）包人提出协商意见的，承（发）包人应在收到协商意见后的14 d内对其核实，予以确认的应书面通知发（承）包人。承（发）包人在收到发（承）包人的协商意见后14 d内既不确认也未提出不同意见的，应视为发（承）包人提出的意见已被承（发）包人认可。

（5）发包人与承包人对合同价款调整的不同意见不能达成一致的，只要对发承包双方履约不产生实质影响，双方应继续履行合同义务，直到其按照合同约定的争议解决方式得到处理。

（6）经发承包双方确认调整的合同价款，作为追加（减）合同价款，应与工程进度款或结算款同期支付。

2）法律、法规变化

招标工程以投标截止日前28 d、非招标工程以合同签订前28 d为基准日，其后因国家的法律、法规、规章和政策发生变化而引起工程造价增减变化的，发承包双方应按照省级或行业建设主管部门或其授权的工程造价管理机构据此发布的规定来调整合同价款。

因承包人原因导致工期延误的，按上述规定的调整时间，在合同工程原定竣工时间之后，合同价款调增的不予调整，合同价款调减的予以调整。

3）工程变更

工程变更的具体情况分为以下几种。

（1）因工程变更引起已标价工程量清单项目或其工程数量发生变化时，应按照下列规定调整。

① 已标价工程量清单中有适用于变更工程项目的，应采用该项目的单价；但当工程变更导致该清单项目的工程数量发生变化且工程量偏差超过15%时，该项目单价应按照合同价款调整工程量偏差的规定调整。

② 已标价工程量清单中没有适用但有类似于变更工程项目的，可在合理范围内参照类似项目的单价。

③ 已标价工程量清单中没有适用也没有类似于变更工程项目的，应由承包人根据变更工程资料、计量规则和计价办法、工程造价管理机构发布的信息价格和承包人报价浮动率提出变更工程项目的单价，并应报发包人确认后再予以调整。承包人报价浮动率计算如式（6.8）、式（6.9）所示。

对于招标工程：

$$\text{承包人报价浮动率}=\left(1-\frac{\text{中标价}}{\text{招标控制价}}\right)\times 100\% \tag{6.8}$$

对于非招标工程：

$$\text{承包人报价浮动率}=\left(1-\frac{\text{报价}}{\text{施工图预算}}\right)\times 100\% \tag{6.9}$$

④ 已标价工程量清单中没有适用也没有类似于变更工程项目且工程造价管理机构发布的信息价格缺价的，应由承包人根据变更工程资料、计量规则、计价办法和通过市场调查等取得有合法依据的市场价格提出变更工程项目的单价，并应报发包人确认后再予以调整。

（2）工程变更引起施工方案改变并使措施项目发生变化时，承包人提出调整措施项目费的，应事先将拟实施的方案提交发包人进行确认，并应详细说明与原方案措施项目相比的变化情况。拟实施的方案经发承包双方确认后执行，并应按照下列规定调整措施项目费。

① 安全文明施工费应按照实际发生变化的措施项目并依据相关的规定计算。

② 采用单价计算的措施项目费，应按照实际发生变化的措施项目，按规定确定单价。

③ 按总价（或系数）计算的措施项目费，按照实际发生变化的措施项目调整，但应考虑承包人报价浮动因素，即调整金额按照实际调整金额乘以规定的承包人报价浮动率进行计算。

如果承包人未事先将拟实施的方案提交给发包人进行确认，则应视为工程变更不引起措施项目费的调整或承包人放弃调整措施项目费的权利。

（3）当发包人提出的工程变更因非承包人原因删减了合同中的某项原定工作或工程，致使承包人发生的费用或（和）得到的收益不能被包括在其他已支付或应支付的项目中，也未被包含在任何替代的工作或工程中时，承包人有权提出并应得到合理的费用及利润补偿。

4）项目特征描述不相符

发包人在招标工程量清单中对项目特征的描述，应被认为是准确的和全面的并且与实际施工要求相符合。承包人应按照发包人提供的招标工程量清单，根据项目特征描述的内容及有关要求实施合同工程，直到项目被改变为止。

承包人应按照发包人提供的设计图样实施合同工程，若在合同履行期间出现设计图样（含设计变更）与招标工程量清单任一项目的特征描述不符，且该变化引起该项目工程造价增减变化的，应按照实际施工的项目特征，按合同价款调整工程变更的相关条款的规定重新确定相应工程量清单项目的综合单价，并调整合同价款。

5）工程量清单缺项

在合同履行期间，由于招标工程量清单中缺项而新增分部分项工程清单项目的，应按照本节“6. 合同价款调整”中“3）工程变更”的“（1）”的规定确定单价，并调整合同价款。

新增分部分项工程清单项目后，引起措施项目发生变化的，应按照本节“6. 合同价款调整”中“3）工程变更”的“（2）”的规定，在承包人提交的实施方案被发包人批准后再调整合同价款。

由于招标工程量清单中措施项目缺项，承包人应将新增措施项目实施方案提交发包人批准后，按照本节“6. 合同价款调整”中“3）工程变更”的“（1）”“（2）”的规定调整合同价款。

6）工程量偏差

出现工程量偏差时，具体解决方法如下。

（1）合同履行期间，当应予计算的实际工程量与招标工程量清单出现偏差且符合规定时，发承包双方应调整合同价款。

（2）对于任一招标工程量清单项目，当因工程量偏差规定的“工程量偏差”和“工程变更”规定的工程变更等原因导致工程量偏差超过 15%时，可进行调整。当工程量增加 15%以上时，增加部分的工程量的综合单价应予调低；当工程量减少 15%以上时，减少后剩余部分的工程量的综合单价应予调高，如式（6.10）、式（6.11）所示。

当 $Q_1>1.15Q_0$ 时：$$S=1.15Q_0\times P_0+(Q_1\sim1.15Q_0)\times P_1 \tag{6.10}$$

当 $Q_1<0.8Q_0$ 时：$$S=Q_1\times P_1 \tag{6.11}$$

式中：S——调整后的某一分部分项工程费结算价；

Q_1——最终完成的工程量；

Q_0——招标工程量清单中列出的工程量；

P_1——按照最终完成工程量重新调整后的综合单价；

P_0——承包人在工程量清单中填报的综合单价。

当工程量偏差项目出现承包人在工程量清单中填报的综合单价与发包人招标控制价相应清单项目的综合单价偏差超过15%时，工程量偏差项目的综合单价应进行调整。

采用式（6.10）、式（6.11）的关键是确定新的综合单价，即确定 P_0、P_1 的方法为：一是发承包双方协商确定；二是与招标控制价相联系。具体计算方法如下。

当 $P_0<P_2\times(1-L)\times(1-15\%)$，该类项目的综合单价 P_1 调整如式（6.12）所示；当 $P_0>P_2\times(1+15\%)$，该类项目的综合单价 P_1 调整如式（6.13）所示。

$$P_1=P_2\times(1-L)\times(1-15\%) \tag{6.12}$$

$$P_1=P_2\times(1+15\%) \tag{6.13}$$

式中：P_2——发包人招标控制价相应项目的综合单价；

L——承包人报价浮动率。

当工程量出现“6. 合同价款调整”中“6）工程量偏差”的“（2）”的变化，且该变化引起相关措施项目相应发生变化时，按系数或单一总价方式计价的，工程量增加的措施项目费调增；工程量减少的措施项目费调减。

7）计日工

发包人通知承包人以计日工方式实施的零星工作，承包人应予以执行。

采用计日工计价的任何一项变更工作，在该项变更的实施过程中，承包人应按合同约定提交工作名称、内容和数量；投入该工作所有人员的姓名、工种、级别和耗用工时；投入该工作的材料名称、类别和数量；投入该工作的施工设备型号、台数和耗用台时；发包人要求提交的其他资料和凭证发给发包人并进行复核。

任一计日工项目持续进行时，承包人应在该项工作实施结束后的24 h内向发包人提交有计日工记录汇总的现场签证报告（一式三份）。发包人在收到承包人提交现场签证报告后的2 d内予以确认并将其中一份返还给承包人，作为计日工计价和支付的依据。发包人逾期未确认也未提出修改意见的，应视为承包人提交的现场签证报告已被发包人认可。

任一计日工项目实施结束后，承包人应按照确认的计日工现场签证报告核实该类项目的工程数量，并应根据核实的工程数量和承包人已标价工程量清单中的计日工单价计算，提出应付价款；已标价工程量清单中没有该类计日工单价的，由发承包双方按本节“6. 合同价款调整”中“3）工程变更”的规定商定计日工单价计算。

每个支付期末，承包人应按照“进度款”的规定向发包人提交本期间所有计日工记录的签证汇总表，并应说明本期间自己认为有权得到的计日工金额，调整合同价款，列入进度款支付。

8）物价变化

（1）合同履行期间，因人工、材料、工程设备、机械台班价格波动而影响合同价款时，应根据合同约定按物价变化合同价款调整方法以调整合同价款。物价变化合同价款调整方法主要有价格指数调整价格差额和造价信息调整价格差额。

价格指数调整价格差额包括以下几方面。

① 价格调整公式，即当因人工、材料和工程设备、施工机械台班等价格波动影响合同价格时，根据招标人提供的承包人提供主要材料和工程设备一览表（适用于价格指数差额调整法），并由投标人在投标函附录中的价格指数和权重表约定的数据，计算差额并调整合同价款。

② 暂时确定调整差额，即在计算调整差额时得不到现行价格指数的，可暂用上一次价格指数计算，并在以后的付款中再按实际价格指数进行调整。

③ 权重的调整，即约定的变更导致原定合同中的权重不合理时，由承包人和发包人在协商后进行调整。

④ 承包人工期延误后的价格调整，即由于承包人的原因未在约定的工期内竣工的，对原约定竣工日期后继续施工的工程，在使用价格调整公式时，应采用原约定竣工日期与实际竣工日期的两个价格指数中较低的一个作为现行价格指数。

⑤ 若可调因子包括了人工在内，则不适用“工程造价比较分析”的规定。

造价信息调整价格差额的内容如下。

① 施工期内，因人工、材料和工程设备、施工机械台班价格波动而影响合同价格时，人工、机械使用费按照国家或省（自治区、直辖市）建设行政管理部门、行业建设管理部门或其授权的工程造价管理机构发布的人工成本信息、机械台班单价或机械使用费系数进行调整；需要进行价格调整的材料，其单价和采购数量应由发包人复核，发包人确认需调整的材料单价及数量，作为调整合同价款差额的依据。

② 人工单价发生变化时，发承包双方应按省级或行业建设主管部门或其授权的工程造价管理机构发布的人工成本文件调整合同价款。

提示：材料、工程设备价格变化按照发包人提供的主要材料和工程设备一览表（适用于造价信息差额调整法），由发承包双方约定的风险范围按相关规定调整合同价款。相关规定包括承包人投标报价中材料单价低于基准单价，施工期间材料单价涨幅以基准单价为基础超过合同约定的风险幅度值，或材料单价跌幅以投标报价为基础超过合同约定的风险幅度值时，其超过部分按实调整；承包人投标报价中材料单价高于基准单价，施工期间材料单价跌幅以基准单价为基础超过合同约定的风险幅度值，或材料单价涨幅以投标报价为基础超过合同约定的风险幅度值时，其超过部分按实调整；承包人投标报价中材料单价等于基准单价，施工期间材料单价涨、跌幅以基准单价为基础超过合同约定的风险幅度值时，其超过部分按实调整；承包人应在采购材料前将采购数量和新的材料单价报送发包人核对，且确认用于本合同工程时，发包人应确认采购材料的数量和单价；发包人在收到承包人报送的确认资料后在 3 个工作日不予答复的视为已经认可，并作为调整合同价款的依据（如果承包人未报经发包人核对即自行采购材料，再报发包人确认调整合同价款的，如发包人不同意，则不做调整）；施工机械台班单价或施工机械使用费发生变化超过省级或行业建设主管部门或其授权的工程造价管理机构规定的范围时，按其规定调整合同价款。

（2）承包人采购材料和工程设备的，应在合同中约定主要材料、工程设备价格变化的范围或幅度；当没有约定且材料、工程设备单价变化超过 5%时，超过部分的价格应按照以上两种物价变化的合同价款调整方法计算调整材料、工程设备费。

（3）发生合同工程工期延误的，应按照下列规定确定合同履行期的价格调整。

① 因非承包人原因导致工期延误的，计划进度日期后续工程的价格，应采用计划进度日期与实际进度日期两者的较高者。

② 因承包人原因导致工期延误的，计划进度日期后续工程的价格，应采用计划进度日期与实际进度日期两者的较低者。

（4）发包人供应材料和工程设备的，不适用本节“6. 合同价款调整”中“8）物价变化”的“(1)”“(2)”规定，应由发包人按照实际变化调整，列入合同工程的工程造价内。

9）暂估价

（1）发包人在招标工程量清单中给定暂估价的材料、工程设备属于依法必须招标的，应由发承包双方以招标的方式选择供应商来确定价格，并应以此为依据取代暂估价，调整合同价款。

（2）发包人在招标工程量清单中给定暂估价的材料、工程设备不属于依法必须招标的，应由承包人按照合同约定采购，经发包人确认单价后取代暂估价，调整合同价款。

（3）发包人在工程量清单中给定暂估价的专业工程不属于依法必须招标的，应按照本节“6. 合同价款调整”中“3）工程变更”的相应条款的规定来确定专业工程价款，并应以此为依据取代专业工程暂估价，调整合同价款。

发包人在招标工程量清单中给定暂估价的专业工程，依法必须招标的，应当由发承包双方依法组织招标选择专业分包人，并接受有管辖权的建设工程招标投标管理机构的监督，还应符合下列要求。

① 除合同另有约定外，承包人不参加投标的专业工程发包招标，应由承包人作为招标人，但拟订的招标文件、评标工作、评标结果应报送发包人批准。与组织招标工作有关的费用应当被认为已经包括在承包人的签约合同价（投标总报价）中。

② 承包人参加投标的专业工程发包招标，应由发包人作为招标人，与组织招标工作有关的费用由发包人承担。在同等条件下，应优先选择承包人中标。

③ 应以专业工程发包中标价为依据取代专业工程暂估价，调整合同价款。

10）不可抗力

因不可抗力事件导致的人员伤亡、财产损失及其费用增加，发承包双方应按相关原则分别承担并调整合同价款和工期：合同工程本身的损害、因工程损害导致第三方人员伤亡和财产损失及运至施工场地用于施工的材料和待安装的设备的损害，应由发包人承担；发包人、承包人的伤亡应由其所在单位负责，并应承担相应费用；承包人的施工机械设备损坏及停工损失，应由承包人承担；停工期间，承包人应发包人要求留在施工场地的必要的管理人员及保卫人员的费用应由发包人承担；工程所需清理、修复费用，应由发包人承担。

不可抗力解除后复工的，若不能按期竣工，应合理延长工期。发包人要求赶工的，赶工费用由发包人承担。因不可抗力解除合同的，应按规定办理。

11）提前竣工（赶工补偿）

招标人应依据相关工程的工期定额合理计算工期，压缩的工期天数不得超过定额工期的 20%；超过者，应在招标文件中明示增加赶工费用。

发包人要求合同工程提前竣工的，应征得承包人同意后与承包人商定采取加快工程进度的措施，并应修订合同工程进度计划。发包人应承担承包人由此增加的提前竣工（赶工补偿）费用。

发承包双方应在合同中约定提前竣工每日历天应补偿额度，此项费用应作为增加合同价款并列入竣工结算文件中，应与结算款一并支付。

12）误期赔偿

承包人未按照合同约定施工，导致实际进度迟于计划进度的，承包人应加快进度，实现合同工期。

合同工程发生误期，承包人应赔偿发包人由此造成的损失，并应按照合同约定向发包人支付误期赔偿费。即使承包人支付误期赔偿费，也不能免除承包人按照合同约定应承担的任何责任和应履行的任何义务。

发承包双方应在合同中约定误期赔偿费，并应明确每日应赔额度。误期赔偿费应列入竣工结算文件中，并应在结算款中扣除。

在工程竣工之前，合同工程内的某单项（位）工程已通过了竣工验收，且该单项（位）工程接收证书中表明的竣工日期并未延误，而是合同工程的其他部分产生了工期延误时，误期赔偿费应按照已颁发工程接收证书的单项（位）工程造价占合同价款的比例幅度予以扣减。

13）索赔

当合同一方向另一方提出索赔时，应有正当的索赔理由和有效证据，并应符合合同的相关约定。

（1）根据合同约定，承包人认为非承包人原因发生的事件造成了承包人的损失，应按下列程序向发包人提出索赔。

① 承包人应在知道或应当知道索赔事件发生后 28 d 内，向发包人提交索赔意向通知书，说明发生索赔事件的事由。承包人逾期未发出索赔意向通知书的，丧失索赔的权利。

② 承包人应在发出索赔意向通知书后 28 d 内，向发包人正式提交索赔通知书。索赔通知书应详细说明索赔理由和要求，并应附必要的记录和证明材料。

③ 索赔事件具有连续影响的，承包人应继续提交延续索赔通知，说明连续影响的实际情况和记录。

④ 在索赔事件影响结束后的 28 d 内，承包人应向发包人提交最终索赔通知书，说明最终索赔要求，并应附必要的记录和证明材料。

（2）承包人索赔应按下列程序处理。

① 发包人收到承包人的索赔通知书后，应及时查验承包人的记录和证明材料。

② 发包人应在收到索赔通知书或有关索赔的进一步证明材料后的 28 d 内，将索赔处理结果答复承包人；如果发包人逾期未做出答复，视为承包人索赔要求已被发包人认可。

③ 承包人接受索赔处理结果的，索赔款项应作为增加合同价款，在当期进度款中进行支付；承包人不接受索赔处理结果的，应按合同约定的争议解决方式办理。

（3）承包人要求赔偿时，可以选择下列一项或几项方式获得赔偿。

① 延长工期。

② 要求发包人支付实际发生的额外费用。

③ 要求发包人支付合理的预期利润。

④ 要求发包人按合同的约定支付违约金。

⑤ 当承包人的费用索赔与工期索赔要求相关联时，发包人在做出费用索赔的批准决定时，应结合工程延期综合做出费用赔偿和工程延期的决定。

⑥ 发承包双方在按合同约定办理了竣工结算后，应被认为承包人已无权再提出竣工结算前所发生的任何索赔。承包人在提交的最终结清申请中，只限于提出竣工结算后的索赔，提出索赔的期限应自发承包双方最终结清时终止。

⑦ 根据合同约定，发包人认为由于承包人的原因造成发包人的损失，宜按索赔的程序进行索赔。

（4）发包人要求赔偿时，可以选择下列一项或几项方式获得赔偿。

① 延长质量缺陷修复期限。

② 要求承包人支付实际发生的额外费用。

③ 要求承包人按合同的约定支付违约金。

承包人应付给发包人的索赔金额可从拟支付给承包人的合同价款中扣除，或由承包人以其他方式支付给发包人。

14）现场签证

承包人应发包人要求完成合同以外的零星项目、非承包人责任事件等工作的，发包人应及时以书面形式向承包人发出指令，并应提供所需的相关资料；承包人在收到指令后，应及时向发包人提出现场签证要求。

承包人应在收到发包人指令后的 7 d 内向发包人提交现场签证报告，发包人应在收到现场签证报告后的 48 h 内对报告内容进行核实，予以确认或提出修改意见。发包人在收到承包人现场签证报告后的 48 h 内未确认也未提出修改意见的，应视为承包人提交的现场签证报告已被发包人认可。

现场签证的工作若已有相应的计日工单价，现场签证中应列明完成该类项目所需的人工、材料、工程设备和施工机械台班的数量。

若现场签证的工作没有相应的计日工单价，应在现场签证报告中列明完成该签证工作所需的人工、材料设备和施工机械台班的数量及单价。

合同工程发生现场签证事项，未经发包人签证确认，承包人便擅自施工的，除非征得发包人书面同意，否则发生的费用应由承包人承担。

现场签证工作完成后的 7 d 内，承包人应按照现场签证内容计算价款，报送发包人并被确认后，作为增加合同价款，与进度款同期支付。

在施工过程中，当发现合同工程内容因场地条件、地质水文、发包人要求等不一致时，承包人应提供所需的相关资料，并提交给发包人签证认可，作为合同价款调整的依据。

15）暂列金额

已签约合同价中的暂列金额应由发包人掌握使用。发包人按照本节“6. 合同价款调整”中“1）”～“14）”的规定支付后，暂列金额余额应归发包人所有。

7. 合同价款期中支付

1）预付款

承包人应将预付款专用于合同工程。包工包料工程的预付款的支付比例不得低于签约合同价（扣除暂列金额），不宜高于签约合同价（扣除暂列金额）的 30%。承包人应在签订合同或向发包人提供与预付款等额的预付款保函后向发包人提交预付款支付申请。发包人应在收到支付申请的 7 d 内进行核实，向承包人发出预付款支付证书，并在发出支付证书后的 7 d 内向承包人支付预付款。

发包人没有按合同约定按时支付预付款的，承包人可催告发包人支付；发包人在预付款期满后的 7 d 内仍未支付的，承包人可在预付款期满后的第 8 d 起暂停施工，且发包人应承担由此增加的费用和延误的工期，并应向承包人支付合理利润。

预付款应从每一个支付期应支付给承包人的工程进度款中扣回，直到扣回的总数额等于合同约定的预付款金额为止。

承包人的预付款保函的担保金额根据预付款扣回的数额相应递减，但在预付款全部扣回之前将一直保持有效。发包人应在预付款扣完后的 14 d 内将预付款保函退还给承包人。

2）安全文明施工费

安全文明施工费包括的内容和使用范围，应符合国家有关文件和计量规范的规定。发包人应在工程开工后的 28 d 内预付不低于当年施工进度计划的安全文明施工费总额的 60%，其余部分应按照提前安排的原则进行分解，并应与进度款同期支付。发包人没有按时支付安全文明施工费的，承包人可催告发包人支付；发包人在付款期满后的 7 d 内仍未支付的，若发生安全事故，发包人应承担相应责任。承包人对安全文明施工费应专款专用，在财务账目中应单独列项备查，不得挪作他用，否则发包人有权要求其限期改正；逾期未改正的，造成的损失和延误工期的责任应由承包人承担。

3）进度款

发承包双方应按照合同约定的时间、程序和方法，根据工程计量结果，办理期中价款结算，支付进度款。进度款支付周期应与合同约定的工程计量周期一致。对于已标价工程量清单中的单价项目，承包人应按工程计量确认的工程量与综合单价计算；综合单价发生调整的，以发承包双方确认调整的综合单价计算进度款。对于已标价工程量清单中的总价项目和按照规定形成的总价合同，承包人应按合同中约定的进度款支付分解，分别列入进度款支付申请中的安全文明施工费和本周期应支付的总价项目的金额中。

发包人提供的甲供材料金额，应按照发包人签约提供的单价和数量从进度款支付中扣除，列入本周期应扣减的金额中。

承包人现场签证和得到发包人确认的索赔金额应列入本周期应增加金额中。

进度款的支付比例按照合同约定，按期中结算价款总额计，不低于 60%，不高于 90%。

提示： 承包人应在每个计量周期到期后的 7 d 内向发包人提交已完成工程进度款支付申请（一式四份），详细说明此周期认为有权得到的款额，包括分包人已完成工程的价款。支付申请应包括的内容包括：① 累计已完成的合同价款；② 累计已实际支付的合同价款；③ 本周期合计完成的合同价款，包括本周期已完成单价项目的金额、本周期应支付的总价项目的金额、周期已完成的计日工价款、本周期应支付的安全文明施工费、本周期应增加的金额；④ 本周期合计应扣减的金额，包括本周期应扣回的预付款、本周期应扣减的金额；⑤ 本周期实际应支付的合同价款。

发包人应在收到承包人进度款支付申请后的 14 d 内，根据计量结果和合同约定对申请内容予以核实，确认后向承包人出具进度款支付证书。若发承包双方对部分清单项目的计量结果出现争议，发包人应对无争议部分的工程计量结果向承包人出具进度款支付证书。

发包人应在签发进度款支付证书后的14 d内，按照支付证书列明的金额向承包人支付进度款。

若发包人逾期未签发进度款支付证书，则视为承包人提交的进度款支付申请已被发包人认可，承包人可向发包人发出催告付款的通知。发包人应在收到通知后的14 d内，按照承包人申请支付的金额向承包人支付进度款。

发包人未按照上述的规定支付进度款的，承包人可催告发包人支付并有权要求获得延迟支付的利息；发包人在付款期满后的7 d内仍未支付的，承包人可在付款期满后的第8 d起暂停施工，且发包人应承担由此增加的费用和延误的工期，向承包人支付合理利润，并应承担违约责任。

发现已签发的任何支付证书有错、漏或重复的数额，发包人有权予以修正，承包人也有权提出修正申请。经发承包双方复核同意修正的，应在本次到期的进度款中进行支付或扣除。

8. 竣工结算与支付

1）一般规定

工程完工后，发承包双方必须在合同约定时间内办理工程竣工结算。工程竣工结算应由承包人或受其委托具有相应资质的工程造价咨询人编制，并应由发包人或受其委托具有相应资质的工程造价咨询人核对。当发承包双方或一方对工程造价咨询人出具的竣工结算文件有异议时，可向工程造价管理机构投诉，申请对其进行执业质量鉴定。

工程造价管理机构接到投诉后应对被投诉的竣工结算文件进行质量鉴定，宜按“工程造价鉴定”的相关规定进行。竣工结算办理完毕，发包人应将竣工结算文件报送工程所在地或有该工程管辖权的行业管理部门的工程造价管理机构备案，竣工结算文件应作为工程竣工验收备案和交付使用的必备文件。

2）编制与复核

工程竣工结算编制和复核的依据包括《建设工程工程量清单计价规范》（GB 50500—2013）；工程合同；发承包双方实施过程中已确认的工程量及其结算的合同价款；发承包双方在工程实施过程中已确认调整后追加（减）的合同价款；建设工程设计文件及相关资料；投标文件；其他依据。

分部分项工程和措施项目中的单价项目应依据发承包双方确认的工程量与已标价工程量清单的综合单价计算；发生调整的，应以发承包双方确认调整的综合单价计算。

措施项目中的总价项目应依据已标价工程量清单的项目和金额计算；发生调整的，应以发承包双方确认调整的金额计算。

其他项目计价规定：计日工应按发包人实际签证确认的事项计算；暂估价应按本节“6. 合同价款调整”中“9）暂估价”的规定计算；总承包服务费应依据已标价工程量清单金额计算；发生调整的，应以发承包双方确认调整的金额计算；索赔费用应依据发承包双方确认的索赔事项和金额计算；现场签证费用应依据发承包双方签证资料确认的金额计算；暂列金额应减去合同价款调整（包括索赔、现场签证）金额计算，如有余额归发包人。

规费和税金应按规定计算。规费中的工程排污费应按工程所在地环境保护部门规定的标准缴纳后按实列入。发承包双方在合同工程实施过程中已经确认的工程计量结果和合同价款，在竣工结算办理中应直接进入结算。

3）竣工结算

（1）合同工程完工后，承包人应在经发承包双方确认的合同工程期中价款结算的基础上汇总编制完成竣工结算文件，应在提交竣工验收申请的同时向发包人提交竣工结算文件。承包人未在合同约定的时间内提交竣工结算文件，经发包人催告后 14 d 内仍未提交或没有明确答复的，发包人有权根据已有资料编制竣工结算文件，作为办理竣工结算和支付结算款的依据，承包人应予以认可。

（2）发包人应在收到承包人提交的竣工结算文件后的 28 d 内核对。发包人经核实后认为承包人还应进一步补充资料和修改结算文件，应在上述时限内向承包人提出核实意见，承包人在收到核实意见后的 28 d 内应按照发包人提出的合理要求补充资料，修改竣工结算文件，并应再次提交给发包人复核后进行批准。

（3）发包人应在收到承包人再次提交的竣工结算文件后的 28 d 内予以复核，将复核结果通知承包人，并应遵守的规定如下。

① 发包人、承包人对复核结果无异议的，应于 7 d 内在竣工结算文件上签字确认，竣工结算办理完毕。

② 发包人或承包人对复核结果认为有误的，无异议部分按照相关规定办理不完全竣工结算；有异议部分由发承包双方协商解决；协商不成的，应按照合同约定的争议解决方式处理。

（4）发包人在收到承包人竣工结算文件后的 28 d 内，不核对竣工结算或未提出核对意见的，应视为承包人提交的竣工结算文件已被发包人认可，竣工结算办理完毕。

（5）承包人在收到发包人提出的核实意见后的 28 d 内，不确认也未提出异议的，应视为发包人提出的核实意见已被承包人认可，竣工结算办理完毕。

（6）发包人委托工程造价咨询人核对竣工结算的，工程造价咨询人应在 28 d 内核对完毕，核对结论与承包人竣工结算文件不一致的，应提交给承包人复核；承包人应在 14 d 内将同意核对结论或不同意见的说明提交工程造价咨询人。工程造价咨询人收到承包人提出的异议后，应再次复核，复核无异议的，应按相关规定办理，复核后仍有异议的，按相关规定办理。承包人逾期未提出书面异议的，应视为工程造价咨询人核对的竣工结算文件已被承包人认可。

（7）对发包人或发包人委托的工程造价咨询人指派的专业人员与承包人指派的专业人员经核对后无异议并签名确认的竣工结算文件，除非发承包人能提出具体、详细的不同意见，发承包人都应在竣工结算文件上签名确认；如其中一方拒不签认的，按下列规定办理。

① 若发包人拒不签认的，承包人可不提供竣工验收备案资料，并有权拒绝与发包人或其上级部门委托的工程造价咨询人重新核对竣工结算文件。

② 若承包人拒不签认的，发包人要求办理竣工验收备案的，承包人不得拒绝提供竣工验收资料，否则，由此造成的损失，承包人承担相应责任。

（8）合同工程竣工结算核对完成，发承包双方签字确认后，发包人不得要求承包人与另一个或多个工程造价咨询人重复核对竣工结算。

（9）发包人对工程质量有异议、拒绝办理工程竣工结算的，已竣工验收或已竣工未验收但实际投入使用的工程，其质量争议应按该工程保修合同执行，竣工结算应按合同约定办理；已竣工未验收且未实际投入使用的工程及停工、停建工程的质量争议，双方应就有争议的部分委托有资质的检测鉴定机构进行检测，并应根据检测结果确定解决方案，或按工程质量监督机构的处理决定执行后办理竣工结算，无争议部分的竣工结算应按合同约定办理。

4）结算款支付

承包人应根据办理的竣工结算文件向发包人提交竣工结算款支付申请。支付申请的内容包括竣工结算合同价款总额；累计已实际支付的合同价款；应预留的质量保证金；实际应支付的竣工结算款金额。

发包人应在收到承包人提交竣工结算款支付申请后 7 d 内予以核实，向承包人签发竣工结算支付证书。

发包人签发竣工结算支付证书后的 14 d 内，应按照竣工结算支付证书列明的金额向承包人支付结算款。

发包人在收到承包人提交的竣工结算款支付申请后 7 d 内不予核实，不向承包人签发竣工结算支付证书的，视为承包人的竣工结算款支付申请已被发包人认可；发包人应在收到承包人提交的竣工结算款支付申请 7 d 后的 14 d 内，按照承包人提交的竣工结算款支付申请列明的金额向承包人支付结算款。

发包人未按照上述规定支付竣工结算款的，承包人可催告发包人支付，并有权要求获得延迟支付的利息。发包人在竣工结算支付证书签发后或者在收到承包人提交的竣工结算款支付申请 7 d 后的 56 d 内仍未支付的，除法律另有规定外，承包人可与发包人协商将该工程折价，也可直接向人民法院申请将该工程依法拍卖且承包人应就该工程折价或拍卖的价款优先受偿。

5）质量保证金

发包人应按照合同约定的质量保证金比例从结算款中预留质量保证金。

承包人未按照合同约定履行属于自身责任的工程缺陷修复义务的，发包人有权从质量保证金中扣除用于缺陷修复的各项支出。经查验，工程缺陷属于发包人原因造成的，应由发包人承担查验和缺陷修复的费用。

在合同约定的缺陷责任期终止后，发包人应按照下文“最终结清”的规定，将剩余的质量保证金返还给承包人。

6）最终结清

缺陷责任期终止后，承包人应按照合同约定向发包人提交最终结清支付申请。

发包人对最终结清支付申请有异议的，有权要求承包人进行修正和提供补充资料。承包人修正后，应再次向发包人提交修正后的最终结清支付申请。

发包人应在收到最终结清支付申请后的 14 d 内予以核实，并应向承包人签发最终结清支付证书。

发包人应在签发最终结清支付证书后的 14 d 内，按照最终结清支付证书列明的金额向承包人支付最终结清款。

发包人未在约定的时间内核实，又未提出具体意见的，应视为承包人提交的最终结清支付申请已被发包人认可。

发包人未按期最终结清支付的，承包人可催告发包人支付，并有权要求获得延迟支付的利息。

最终结清时，承包人被预留的质量保证金不足以抵减发包人工程缺陷修复费用的，承包人应承担不足部分的补偿责任。

承包人对发包人支付的最终结清款有异议的，应按照合同约定的争议解决方式处理。

9. 合同解除的价款结算与支付

发承包双方协商一致解除合同的，应按照达成的协议办理结算和支付合同价款。

由于不可抗力致使合同无法履行解除合同的，发包人应向承包人支付合同解除之日前已完成工程但尚未支付的合同价款，此外，还应支付的金额有：① 提前竣工（赶工补偿）规定的由发包人承担的费用；② 已实施或部分实施的措施项目应付价款；③ 承包人为合同工程合理订购且已交付的材料和工程设备货款；④ 承包人撤离现场所需的合理费用，包括员工遣送费和临时工程拆除、施工设备运离现场的费用；⑤ 承包人为完成合同工程而预期开支的任何合理费用，且该项费用未包括在本款其他各项支付之内。

提示：发承包双方办理结算合同价款时，应扣除合同解除之日前发包人应向承包人收回的价款。当发包人应扣除的金额超过了应支付的金额，承包人应在合同解除后的 56 d 内将其差额退还给发包人。

因承包人违约解除合同的，发包人应暂停向承包人支付任何价款。发包人应在合同解除后 28 d 内核实合同解除时承包人已完成的全部合同价款及按施工进度计划已运至现场的材料和工程设备货款，按合同约定核算承包人应支付的违约金及造成损失的索赔金额，并将结果通知承包人。发承包双方应在 28 d 内予以确认或提出意见，并应办理结算合同价款。如果发包人应扣除的金额超过了应支付的金额，承包人应在合同解除后的 56 d 内将其差额退还给发包人。发承包双方不能就解除合同后的结算达成一致的，按照合同约定的争议解决方式处理。

因发包人违约解除合同的，发包人除应按照规定向承包人支付各项价款外，应按合同约定核算发包人应支付的违约金及给承包人造成损失或损害的索赔金额费用。该笔费用应由承包人提出，发包人核实后应与承包人协商确定后的 7 d 内向承包人签发支付证书。协商不能达成一致的，应按照合同约定的争议解决方式处理。

10. 合同价款争议的解决

1）监理或造价工程师暂定

若发包人和承包人之间就工程质量、进度、价款支付与扣除、工期延期、索赔、价款调整等发生任何法律上、经济上或技术上的争议，首先应根据已签约合同的规定，提交合同约定职责范围内的总监理工程师或造价工程师解决，并应抄送另一方。总监理工程师或造价工程师在收到此提交文件后 14 d 内应将暂定结果通知发包人和承包人。发承包双方对暂定结果认可的，应以书面形式予以确认，暂定结果成为最终决定。

发承包双方在收到总监理工程师或造价工程师的暂定结果通知之后的 14 d 内未对暂定结果予以确认也未提出不同意见的，应视为发承包双方已认可该暂定结果。

发承包双方或一方不同意暂定结果的，应以书面形式向总监理工程师或造价工程师提出自己认为正确的结果，同时抄送另一方，此时该暂定结果成为争议。在暂定结果对发承包双方当事人履约不产生实质影响的前提下，发承包双方应实施该结果，直到按照发承包双方认可的争议解决办法被改变为止。

2）管理机构的解释或认定

合同价款争议发生后，发承包双方可就工程计价依据的争议以书面形式提请工程造价管理机构对争议以书面文件进行解释或认定。

工程造价管理机构应在收到申请的 10 个工作日内就发承包双方提请的争议问题进行解

释或认定。

发承包双方或一方在收到工程造价管理机构书面解释或认定后仍可按照合同约定的争议解决方式提请仲裁或诉讼。除工程造价管理机构的上级管理部门做出了不同的解释或认定，或在仲裁裁决或法院判决中不予采信的之外，工程造价管理机构做出的书面解释或认定应为最终结果，并应对发承包双方均有约束力。

3）协商和解

合同价款争议发生后，发承包双方在任何时候都可以进行协商。协商达成一致的，双方应签订书面和解协议，和解协议对发承包双方均有约束力。

如果协商不能达成一致的，发包人或承包人都可以按合同约定的其他方式解决争议。

4）调解

发承包双方应在合同中约定或在合同签订后共同约定争议调解人，负责双方在合同履行过程中发生争议的调解。

在合同履行期间，发承包双方可协议调换或终止任何调解人，但发包人或承包人都不能单独采取行动。除非双方另有协议，在最终结清支付证书生效后，调解人的任期应即时终止。

如果发承包双方发生了争议，任何一方可将该争议以书面形式提交调解人，并将副本抄送另一方，委托调解人调解。

发承包双方应按照调解人提出的要求，给调解人提供所需要的资料、现场进入权及相应设施。调解人应被视为不是在进行仲裁人的工作。

调解人应在收到调解委托后28 d内或由调解人建议并经发承包双方认可的其他期限内提出调解书，发承包双方接受调解的，该调解书经双方签字后作为合同的补充文件，对发承包双方均具有约束力，双方都应立即遵照执行。

当发承包双方中任一方对调解人的调解书有异议时，应在收到调解书后28 d内向另一方发出异议通知，并应说明争议的事项和理由。但除非调解书在协商和解或仲裁裁决、诉讼判决中做出修改，或合同已经解除，承包人应继续按照合同实施工程。

当调解人已就争议事项向发承包双方提交了调解书，而任一方在收到调解书后28 d内均未发出表示异议的通知时，调解书对发承包双方应均具有约束力。

5）仲裁、诉讼

发承包双方的协商和解或调解均未达成一致意见，其中的一方已就此争议事项根据合同约定的仲裁协议申请仲裁，应同时通知另一方。

仲裁可在竣工之前或之后进行，但发包人、承包人、调解人各自的义务不得因在工程实施期间进行仲裁而有所改变。当仲裁是在仲裁机构要求停止施工的情况下进行时，承包人应对合同工程采取保护措施，由此增加的费用应由败诉方承担。

在期限之内，暂定或和解协议或调解书已经有约束力的情况下，当发承包双方中一方未能遵守暂定或和解协议或调解书时，另一方可在不损害其可能具有的任何其他权利的情况下，将未能遵守暂定或不执行和解协议或调解书达成的事项提交仲裁。

发包人、承包人在履行合同时发生争议，双方不愿和解、调解或者和解、调解不成，又没有达成仲裁协议的，可依法向人民法院提起诉讼。

11. 工程造价鉴定

1）一般鉴定

在工程合同价款纠纷案件处理中，需做工程造价司法鉴定的，应委托具有相应资质的工程造价咨询人进行。

工程造价咨询人接受委托时提供工程造价司法鉴定服务，应按仲裁、诉讼程序和要求进行，并应符合国家关于司法鉴定的规定。

工程造价咨询人进行工程造价司法鉴定时，应指派专业对口、经验丰富的注册造价工程师承担鉴定工作。

工程造价咨询人应在收到工程造价司法鉴定资料后 10 d 内，根据自身专业能力和证据资料判断能否胜任该项委托，若不能胜任，应辞去该项委托。工程造价咨询人不得在鉴定期满后以上述理由不做出鉴定结论，以影响案件处理。

接受工程造价司法鉴定委托的工程造价咨询人或造价工程师若是鉴定项目一方当事人的近亲属或代理人、咨询人及其他关系可能影响鉴定公正的，应当自行回避；未自行回避，鉴定项目委托人以该理由要求其回避的，必须回避。

工程造价咨询人应当依法出庭接受鉴定项目当事人对工程造价司法鉴定意见书的质询。如确因特殊原因无法出庭的，经审理该鉴定项目的仲裁机关或人民法院准许，可以书面形式答复当事人的质询。

2）取证

工程造价咨询人进行工程造价鉴定工作时，应自行收集以下（但不限于）鉴定资料。

（1）适用于鉴定项目的法律、法规、规章、规范性文件及规范、标准、定额。

（2）鉴定项目同时期、同类型工程的技术经济指标及其各类要素价格等。

工程造价咨询人收集鉴定项目的鉴定依据时，应向鉴定项目委托人提出具体书面要求，其内容如下。

（1）与鉴定项目相关的合同、协议及其附件。

（2）相应的施工图样等技术经济文件。

（3）施工过程中的施工组织、质量、工期和造价等工程资料。

（4）存在争议的事实及各方当事人的理由。

（5）其他有关资料。

工程造价咨询人在鉴定过程中要求鉴定项目当事人对缺陷资料进行补充的，应征得鉴定项目委托人同意，或者协调鉴定项目各方当事人共同签认。

根据鉴定工作需要现场勘验的，工程造价咨询人应提出请鉴定项目委托人组织各方当事人对被鉴定项目所涉及的实物标的进行现场勘验。

勘验现场应制作勘验记录、笔录或勘验图表，记录勘验的时间、地点、勘验人、在场人、勘验经过和结果，并由勘验人、在场人签名或者盖章确认。绘制的现场图应注明绘制的时间、测绘人姓名、身份等内容。必要时应采取拍照或摄像取证，留下影像资料。

鉴定项目当事人未对现场勘验图表或勘验笔录等签字确认的，工程造价咨询人应提请鉴定项目委托人决定处理意见，并在鉴定意见书中做出表述。

3）鉴定

工程造价咨询人在鉴定项目合同有效的情况下应根据合同约定进行鉴定，不得任意改变双方合法的合意。

工程造价咨询人在鉴定项目合同无效或合同条款约定不明确的情况下应根据法律法规、相关国家标准和《建设工程工程量清单计价规范》（GB 50500—2013）的规定，选择相应专业工程的计价依据和方法进行鉴定。

工程造价咨询人出具正式鉴定意见书之前，可报请鉴定项目委托人向鉴定项目各方当事人发出鉴定意见书征求意见稿，并指明应书面答复的期限及其不答复的相应法律责任。

工程造价咨询人收到鉴定项目各方当事人对鉴定意见书征求意见稿的书面复函后，应对不同意见认真复核，修改完善后再出具正式鉴定意见书。

工程造价咨询人出具的工程造价鉴定意见书应包括的内容有：鉴定项目委托人名称、委托鉴定的内容；委托鉴定的证据材料；鉴定的依据及使用的专业技术手段；对鉴定过程的说明；明确的鉴定结论；其他需要说明的事宜；工程造价咨询人盖章及注册造价工程师签名并盖执业专用章。

工程造价咨询人应在委托鉴定项目的鉴定期限内完成鉴定工作，如确因特殊原因不能在原定期限内完成鉴定工作时，应按照相应法律法规提前向鉴定项目委托人申请延长鉴定期限，并应在此延长期限内完成鉴定工作。

经鉴定项目委托人同意并等待鉴定项目当事人提交、补充证据的，质证所用的时间不应计入鉴定期限。

对于已经出具的正式鉴定意见书中有部分缺陷的鉴定结论，工程造价咨询人应通过补充鉴定并做出补充结论。

12. 工程计价资料与档案

1）计价资料

发承包双方应当在合同中约定各自在合同工程中现场管理人员的职责范围，双方现场管理人员在职责范围内签字确认的书面文件是工程计价的有效凭证，但如有其他有效证据或经实证证明其是虚假的凭证或证据除外。

发承包双方不论在何种场合对与工程计价有关的事项所给予的批准、证明、同意、指令、商定、确定、确认、通知和请求，或表示同意、否定、提出要求和意见等，均应采用书面形式，口头指令不得作为计价凭证。

任何书面文件送达时，应由对方签收，通过邮寄应采用挂号、特快专递传送，或以发承包双方商定的电子传输方式发送，交付、传送或传输至指定的接收人的地址。若接收人通知了另外地址，随后通信信息应按新地址发送。

发承包双方分别向对方发出的任何书面文件，均应将其抄送现场管理人员，如系复印件应加盖合同工程管理机构印章，证明与原件相同。双方现场管理人员向对方所发任何书面文件，也应将其复印件发送给发承包双方，复印件应加盖合同工程管理机构印章，证明与原件相同。

发承包双方均应当及时签收另一方送达其指定接收地点的来往信函；拒不签收的，送达信函的一方可以采用特快专递或者公证方式送达，所造成的费用增加（包括被迫采用特殊送达方式所发生的费用）和延误的工期由拒绝签收一方承担。

书面文件和通知不得扣押，一方能够提供证据证明另一方拒绝签收或已送达的，应视为对方已签收并应承担相应责任。

2）计价档案

发承包双方及工程造价咨询人对具有保存价值的各种载体的计价文件，均应收集齐全，整理立卷后归档。

发承包双方和工程造价咨询人应建立完善的工程计价档案管理制度，并应符合国家和有关部门发布的档案管理如下规定。

（1）工程造价咨询人归档的计价文件，保存期不宜少于 5 年。

（2）归档的工程计价成果文件应包括纸质原件和电子文件，其他归档文件及依据可为纸质原件、复印件或电子文件。

（3）归档文件应经过分类整理，并应组成符合要求的案卷。

（4）归档可以分阶段进行，也可以在项目竣工结算完成后进行。

（5）向接收单位移交档案时，应编制移交清单，双方应签字、盖章后方可交接。

6.3.3 工程量清单计价表格

1. 工程计价文件封面

（1）招标工程量清单封面和招标控制价封面。

填制说明：招标工程量清单封面、招标控制价封面应填写招标工程项目的具体名称，招标人应盖单位公章；如委托工程造价咨询人编制，还应由其加盖相同单位公章。

（2）投标总价封面。

填制说明：投标总价封面应填写投标工程的具体名称，投标人应盖单位公章。

（3）竣工结算书封面。

填制说明：竣工结算书封面应填写竣工工程的具体名称，发承包双方应盖其单位公章；如委托工程造价咨询人办理的，还应加盖其单位公章。

（4）工程造价鉴定意见书封面。

填制说明：工程造价鉴定意见书封面应填写鉴定工程项目的具体名称，填写意见书文号，工程造价咨询人盖单位公章。

2. 工程计价文件扉页

1）招标工程量清单扉页

招标工程量清单扉页填制说明如下。

（1）招标人自行编制工程量清单时，由招标人单位注册的造价人员编制，招标人盖单位公章，法定代表人或其授权人签字或盖章。编制人是造价工程师的，由其签字盖执业专用章；编制人是造价员的，在编制人栏签字盖专用章，还应由造价工程师复核，并在复核人栏签字盖执业专用章。

（2）招标人委托工程造价咨询人编制工程量清单时，由工程造价咨询人单位注册的造价人员编制，工程造价咨询人盖单位资质专用章，法定代表人或其授权人签字或盖章。编制人是造价工程师的，由其签字盖执业专用章；编制人是造价员的，在编制人栏签字盖专用章，还应由造价工程师复核，并在复核人栏签字盖执业专用章。

2）招标控制价扉页

招标控制价扉页填制说明如下。

（1）招标人自行编制招标控制价时，由招标人单位注册的造价人员编制，招标人盖单位公章，法定代表人或其授权人签字或盖章。编制人是造价工程师的，由其签字盖执业专用章；编制人是造价员的，由其在编制人栏签字盖专用章，还应由造价工程师复核，并在复核人栏签字盖执业专用章。

（2）招标人委托工程造价咨询人编制招标控制价时，由工程造价咨询人单位注册的造价人员编制，工程造价咨询人盖单位资质专用章，法定代表人或其授权人签字或盖章。编制人是造价工程师的，由其签字盖执业专用章；编制人是造价员的，在编制人栏签字盖专用章，还应由造价工程师复核，并在复核人栏签字盖执业专用章。

3）投标总价扉页

投标总价扉页填制说明：投标人编制投标报价时，由投标人单位注册的造价人员编制，投标人盖单位公章，法定代表人或其授权人签字或盖章，编制的造价人员（造价工程师或造价员）签字盖执业专用章。

4）竣工结算总价扉页

竣工结算总价扉页填制说明如下。

（1）承包人自行编制竣工结算总价，由承包人单位注册的造价人员编制，承包人盖单位公章，法定代表人或其授权人签字或盖章，编制的造价人员（造价工程师或造价员）在编制人栏签字盖执业专用章。发包人自行核对竣工结算时，由发包人单位注册的造价工程师核对，发包人盖单位公章，法定代表人或其授权人签字或盖章，造价工程师在核对人栏签字盖执业专用章。

（2）发包人委托工程造价咨询人核对竣工结算时，由工程造价咨询人单位注册的造价工程师核对，发包人盖单位公章，法定代表人或其授权人签字或盖章；工程造价咨询人盖单位资质专用章，法定代表人或其授权人签字或盖章，造价工程师在核对人栏签字盖执业专用章。

除非出现发包人拒绝或不答复承包人竣工结算书的特殊情况，在竣工结算办理完毕后，竣工结算总价封面发承包双方的签字、盖章应当齐全。

5）工程造价鉴定意见书扉页

工程造价鉴定意见书填制说明：工程造价咨询人应盖单位资质专用章，法定代表人或其授权人签字或盖章，造价工程师签字盖执业专用章。

3. 工程计价总说明

工程量清单总说明的内容应包括工程概况，如建设地址、建设规模、工程特征、交通状况、环保要求等；工程发包、分包范围；工程量清单编制依据，如采用的标准、施工图样、标准图集等；使用材料设备、施工的特殊要求等；其他需要说明的问题。

招标控制价总说明的内容应包括采用的计价依据；采用的施工组织设计；采用的材料价格来源；综合单价中的风险因素、风险范围（幅度）；其他。

投标报价总说明的内容应包括采用的计价依据；采用的施工组织设计；综合单价中的风险因素、风险范围（幅度）；措施项目的依据；其他有关内容的说明等。

竣工结算总说明的内容应包括工程概况；编制依据；工程变更；工程价款调整；索赔；其他等。

4. 工程计价汇总表

1）招标控制价汇总表

招标控制价汇总表包括建设项目招标控制价总表；单项工程招标控制价汇总表；单位工

程招标控制价汇总表。

招标控制价汇总表填制说明：由于编制招标控制价和投标控制价包含的内容相同，只是对价格的处理不同，因此，对招标控制价和投标报价汇总表的设计使用同一表格。实践中，招标控制价或投标报价可分别印制该表格。

2）投标报价汇总表

投标报价汇总表包括建设项目投标报价汇总表；单项工程投标报价汇总表；单位工程投标报价汇总表。

投标报价汇总表填制说明：与招标控制价的表样一致，此处需要说明的是：投标报价汇总表与投标函中投标报价金额应当一致；就投标文件的各个组成部分而言，投标函是最重要的文件，其他组成部分都是投标函的支持性文件，投标函是必须经过投标人签字盖章，并且在开标会上必须当众宣读的文件；如果投标报价汇总表的投标总价与投标函填报的投标总价不一致，应当以投标函中填写的大写金额为准。实践中，对该原则一直缺少一个明确的依据，为了避免出现争议，可以在“投标人须知”中给予明确，并在招标文件中以预先给予明确约定的方式来弥补法律、法规依据的不足。

除了招标控制价汇总表、投标报价汇总表之外，工程计价汇总表还包括单项工程竣工结算汇总表、单位工程竣工结算汇总表等。

5. 分部分项工程和措施项目计价表

1）分部分项工程和单价措施项目清单与计价表

分部分项工程和单价措施项目清单与计价表填制说明如下。

（1）编制工程量清单时，“工程名称”栏应填写具体的工程称谓。“项目编码”栏应按相关工程国家计量规范项目编码栏内规定的 9 位数字另加 3 位顺序码填写。“项目名称”栏应按相关工程国家计量规范并根据拟建工程实际确定填写。“项目描述”栏应按相关工程国家计量规范并根据拟建工程实际予以描述。

（2）编制招标控制价时，其项目编码、项目名称、项目特征、计量单位、工程量栏不变，对“综合单价”“合价”及“其中：暂估价”按相关规定填写。

（3）编制投标报价时，招标人对表中的“项目编码”“项目名称”“项目特征”“计量单位”“工程量”均不应做改动。“综合单价”“合价”自主决定填写，对其中的“暂估价”栏，投标人应将招标文件中提供了暂估材料单价的暂估价调整为综合单价，并应计算出暂估单价的材料栏“综合单价”中的“暂估价”。

2）综合单价分析表

综合单价分析表填制说明：工程量清单综合单价分析表是评标委员会评审和判别综合单价组成及其价格完整性、合理性的主要基础，对因工程变更、工程量偏差等原因调整综合单价也是必不可少的基础价格数据来源。采用经评审的最低投标价法评标时，该分析表的重要性更加突出。

提示：综合单价分析表集中反映了构成每一个清单项目综合单价的各个价格要素的价格及主要的“工、料、机”消耗量。投标人在投标报价时，需要对每一个清单项目进行组价，为了使组价工作具有可追溯性（在回复评标质疑时尤其需要），需要表明每一个数据的来源。该分析表实际上是投标人投标组价工作的一个阶段性成果文件，借助计算机辅助报价系统，可以由计算机自动生成，并不需要投标人付出太多额外劳动。

综合单价分析表一般随投标文件一同提交，作为已标价工程量清单的组成部分，以便中标后，作为合同文件的附属文件。“投标人须知”中需要就该分析表提交的方式做出规定，该规定需要考虑是否有必要对该分析表的合同地位给予定义。一般而言，该分析表所载明的价格数据对投标人是有约束力的，但是投标人能否以此作为投标报价中的错报和漏报等的依据而寻求招标人的补偿是实践中值得注意的问题。比较恰当的做法应当是，通过评标过程中的清标、质疑、澄清、说明和补正机制，不但解决工程量清单综合单价的合理性问题，而且将合理化的综合单价反馈到综合单价分析表中，形成相互衔接、相互呼应的最终成果在这种情况下，即便是将综合单价分析表定义为有合同约束力的文件，上述顾虑也就没有必要了。

编制综合单价分析表对辅助性材料不必细列，可归并到其他材料费中以金额表示。

3）综合单价调整表

综合单价调整表填制说明：综合单价调整表用于因各种合同约定调整因素出现时调整综合单价，此表实际上是一个汇总性质的表，各种调整依据应附于表后，并且注意：项目编码、项目名称必须与已标价工程量清单保持一致，不得发生错漏，以免发生争议。

4）总价措施项目清单与计价表

总价措施项目清单与计价表填制说明如下。

（1）编制工程量清单时，表中的项目可根据工程实际情况进行增减。

（2）编制招标控制价时，计费基础、费率应按省级或行业建设主管部门的规定计取。

（3）编制投标报价时，除“安全文明施工费”必须按《建设工程工程量清单计价规范》（GB 50500—2013）的强制性规定，以及按省级或行业建设主管部门的规定计取外，其他措施项目均可根据投标施工组织设计自主报价。

（4）编制工程结算时，如省级或行业建设主管部门调整了安全文明施工费，应按调整后的标准计算安全文明施工费；其他总价措施项目经发承包双方协商进行了调整的，按调整后的标准计算。

6. 其他项目计价表

1）其他项目清单与计价汇总表

填制其他项目清单与计价汇总表时，由于计价阶段存在差异，应注意以下事项。

（1）编制招标工程量清单时，应汇总“暂列金额”和“专业工程暂估价”，以提供投标报价。

（2）编制招标控制价时，应按有关计价规定估算“计日工”和“总承包服务费”入招标工程量清单中的未列“暂列金额”。

（3）编制投标报价时，应按招标工程量清单提供的“暂估金额”和“专业工程暂估价”填写金额，不得变动。“计日工”“总承包服务费”自主确定报价。

（4）编制或核对工程结算，“专业工程暂估价”按实际分包结算价填写；“计日工”“总承包服务费”按双方认可的费用填写；如发生“索赔”或“现场签证”费用，按双方认可的金额计入该表。

2）暂列金额明细表

暂列金额明细表填制说明：要求招标人能将暂列金额与拟用项目列出明细，但若确实不能详列，也可只列暂定金额总额，投标人应将上述暂列金额计入投标总价中。

3）材料（工程设备）暂估单价及调整表

材料（工程设备）暂估单价及调整表填制说明：暂估价是在招标阶段预见肯定要发生，只是因为标准不明确或者需要由专业承包人完成，暂时无法确定材料、工程设备的具体价格而采用的一种临时性计价方式。暂估价的材料、工程设备数量应在表内填写，拟用项目应在本表备注栏给予补充说明。

对材料（工程设备）暂估单价及调整表编制一般有以下两种方式。

一种是要求招标人针对每一类暂估价给出相应的拟用项目，即按照材料、工程设备的名称分别给出，这样的材料、工程设备暂估价能够纳入清单项目的综合单价中。

还有一种是给出一个原则性的说明，原则性说明对招标人编制工程量清单而言比较简单，能降低招标人出错的概率。但是，对投标人而言，则很难准确把握招标人的意图和目的，很难保证投标报价的质量，轻则影响合同的可执行力，在极端的情况下，可能导致招标失败，最终受损失的也包括招标人自己。因此，这种处理方式是不可取的方式。

提示：一般而言，招标工程量清单中列明的材料、工程设备的暂估价仅指此类材料、工程设备本身运至施工现场内工地地面价，不包括这些材料、工程设备的安装，安装所必需的辅助材料，发生在现场内的验收、存储、保管、开箱、二次搬运、从存放地点运至安装地点及其他任何必要的辅助工作（以下简称“暂估价项目的安装及辅助工作”）所发生的费用。暂估价项目的安装及辅助工作所发生的费用应该包括在投标报价中的相应清单项目的综合单价中并且固定包死。

4）专业工程暂估价及结算价表

专业工程暂估价及结算价表填制说明：专业工程暂估价应在表内填写工程名称、工程内容、暂估金额，投标人应将上述金额计入投标总价中。

专业工程暂估价项目及其表中列明的专业工程暂估价，是指分包人实施专业工程的含税金后的完整价（即包含了该专业工程中所有供应、安装、完工、调试、修复缺陷等全部工作），除了合同约定的发包人应承担的总包管理、协调、配合和服务责任所对应的总承包服务费用以外，承包人为履行其总包管理、配合、协调和服务等所需发生的费用应该包括在投标报价中。

5）计日工表

计日工表填制说明：编制工程量清单时，“项目名称”“计量单位”“暂估数量”由招标人填写；编制招标控制价时，人工、材料、机械台班单价由招标人按有关计价规定填写并计算合价；编制投标报价时，人工、材料、机械台班单价由招标人自主确定，按已经暂估数量计算合价并计入投标总价中；结算时，实际数量按发承包双方确认的填写。

6）总承包服务费计价表

总承包服务费计价表填制说明：编制招标工程量清单时，招标人应将拟订进行专业发包的专业工程、自行采购的材料设备等决定清楚，填写完整的项目名称、服务内容，以便投标人决定报价；编制招标控制价时，招标人按有关计价规定计价；编制投标报价时，由投标人根据工程量清单中的总承包服务内容，自主决定报价；办理工程结算时，发承包双方应按承包人已标价工程量清单中的报价计算，若发承包双方确定调整的，按调整后的金额计算。

7）费用索赔申请（核准）表

费用索赔申请（核准）表填制说明：本表将费用索赔申请与核准设置在一个表中，非常直观。使用本表时，承包人代表应按合同条款的约定阐述原因，附上索赔证据、费用计算报发包人，经监理工程师复核（按照发包人的授权，不论是监理工程师还是发包人现场代表均可），经造价工程师（此处造价工程师可以是承包人现场管理人员，也可以是发包人委托的工程造价咨询企业的人员）复核具体费用，经发包人审核后生效。

8）现场签证表

现场签证表填制说明：现场签证的种类繁多，发承包双方在工程实施过程中来往信函就责任事件的证明均可称为现场签证，但并不是所有的签证均可马上算出价款，有的需要经过索赔程序，这时的签证仅是索赔的依据，有的签证可能根本不涉及价款。现场签证表是针对现场签证而按价款结算支付的一种方法，其他内容的签证也可适用。考虑到招标时招标人对计日工项目的预估难免会有遗漏，造成实际施工发生后无相应的计日工单价，现场签证只能包括单价在内一并处理。因此，在汇总时，有计日工单价的，可归并于计日工；如无计日工单价的，归并于现场签证，以示区别。当然，将现场签证全部汇总于计日工也是一种可行的处理方式。

7. 规费、税金项目计价表

规费、税金项目计价表填制说明：在施工实践中，有的规费项目（如工程排污费），并非每个工程所在地都要征收，实践中可作为按实计算的费用处理。

8. 工程计量申请（核准）表

工程计量申请（核准）表填制说明：本表填写的“项目编码”“项目名称”“计量单位”应与已标价工程量清单表中的一致，承包人应在合同约定的计量周期结束时，将申报数量填写在申报数量栏，发包人核对后如与承包人不一致，将数量填在核实数量栏；经发承包双方共同核对确认的计量填在确认数量栏。

9. 合同价款支付申请（核准）表

合同价款支付申请（核准）表包括预付款支付申请（核准）表、总价项目进度款支付分解表、进度款支付申请（核准）表、竣工结算款支付申请（核准）表、最终结清支付申请（核准）表。

10. 主要材料、工程设备一览表

主要材料、工程设备一览表包括发包人提供材料和工程设备一览表、承包人提供主要材料和工程设备一览表（适用于造价信息差额调整法）、承包人提供主要材料和工程设备一览表（适用于价格指数差额调整法）。

6.4 水处理工程的工程量计算

1. 水处理工程分项工程划分

1）水处理构筑物项目划分

水处理构筑物包括现浇混凝土沉井井壁及隔墙；沉井下沉；沉井混凝土底板，沉井内地下混凝土结构，沉井混凝土顶板，现浇混凝土池底，现浇混凝土池壁（隔墙），现浇混凝土池柱，现浇混凝土池梁，现浇混凝土池盖板，现浇混凝土板；池槽；砌筑导流壁、筒；混凝土导流壁、筒；混凝土楼梯；金属扶梯，栏杆；预制混凝土板、预制混凝土槽、预制混凝土支墩，其他预制混凝土构件；滤板、拆板、壁板；滤料铺设；尼龙网板；刚性防水；柔性防水；

沉降（施工）缝；井、池渗漏试验。

2）水处理设备项目划分

水处理设备包括格栅、格栅除污机、滤网清污机、压榨机、刮砂机、吸砂机、刮泥机、吸泥机、刮吸泥机、撇渣机、砂（泥）水分离器、曝气机、曝气器、布气管、生物转盘、搅拌机、推进器、加药设备、加氯机、氯吸收装置、水射器、管式混合器、冲洗装置、带式压滤机、污泥脱水机、污泥浓缩机、污泥浓缩脱水一体机、污泥输送机、污泥切割机、闸门、旋转门、堰门、拍门、启闭机、升杆式铸铁泥阀、平底盖闸、集水槽、堰板、斜板、斜管、紫外线消毒设备、臭氧消毒设备、除臭设备、膜处理设备、在线水质检测设备等。

2. 水处理工程工程量计算

1）工程量计算规则

水处理工程工程量清单项目设置、项目特征描述的内容、计量单位及工程量计算规则应按相关规定执行。

2）工程量清单项目内容

工程量清单项目内容包括格栅；格栅除污机、滤网清污机；压榨机；刮砂机、刮泥机；吸砂机、吸泥机；刮吸泥机；撇渣机；砂（泥）水分离器；曝气机、曝气器；布气管；集水槽；堰板；紫外线消毒设备；臭氧消毒设备；膜处理设备等。

6.5　给排水构筑物的工程量计算

1. 基本说明

1）沉井

沉井工程系按深度 12 m 以内，陆上排水沉井考虑。水中沉井、陆上水冲法沉井以及离河岸边近的沉井，需要采取地基加固等特殊措施者，可执行隧道工程相应项目。

沉井下沉项目中已考虑了沉井下沉的纠偏因素，但不包括压重助沉措施，若发生可另行计算。

沉井制作不包括外渗剂，若使用外渗剂时另行计算。

2）现浇钢筋混凝土池

池壁遇有扶壁柱时，按相应柱定额项目执行，其中人工乘以系数 1.05，其他不变。池壁挑檐是指在池壁上向外出檐作走道板用；池壁牛腿是指池壁上向内出檐以承托池盖用。无梁盖柱包括柱帽及柱座。井字梁、框架梁均执行连续梁项目。

混凝土池壁、柱（梁）、池盖是按在地面以上 3.6 m 以内施工考虑的，如超过 3.6 m 则相关计算规则如下。

（1）采用卷扬机施工时：每 10 m^3 混凝土增加卷扬机（带塔）和人工的数量如表 6.5 所示。

表 6.5　混凝土增加卷扬机（带塔）和人工的数量

序号	项目名称	增加人工工日	增加卷扬机（带塔）台班
1	池壁、隔墙	8.7	0.59
2	柱、梁	6.1	0.39
3	池盖	6.1	0.39

（2）采用塔式起重机施工时，每 10 m^3 混凝土增加塔式起重机台班，按相应项目中搅拌机台班用量的 50%计算。

池盖定额项目中不包括进入孔，应按相关规定相应定额执行。格形池池壁执行直型池壁相应项目（指厚度）人工乘以系数 1.15，其他不变。悬空落泥斗按落泥斗相应项目人工乘以系数 1.4，其他不变。

3）预制混凝土构件

预制混凝土滤板中已包括了所设置预埋件 ABS（acrylonitrile butadiene styrene copolymer，丙烯腈、丁二烯、苯乙烯三种单体的三元共聚物）塑料滤头的套管用工，不得另计。集水槽若需留孔时，按每 10 个孔增加 0.5 个工日计。除混凝土滤板、铸铁滤板、支墩安装外，其他预制混凝土构件安装均执行异型构件安装项目。

4）施工缝

各种材质填缝的断面取定如表 6.6 所示。

表 6.6　各种材质填缝的断面取定

序号	项目名称	断面尺寸
1	建筑油膏、聚氯乙烯胶泥	3 cm×2 cm
2	油浸木丝板	2.5 cm×15 cm
3	紫铜板止水带	展开宽 45 cm
4	氯丁橡胶止水带	展开宽 30 cm
5	其余	15 cm×3 cm

如实际设计的施工缝断面与各种材质填缝的断面取定不同时，材料用量可以换算，其他不变。

各项目的工作内容如下。

（1）油浸麻丝：熬制沥青、调配沥青麻丝、填塞。

（2）油浸木丝板：熬制沥青、浸木丝板、嵌缝。

（3）玛瑞脂：熬制玛瑞脂、灌缝。

（4）建筑油膏、沥青砂浆：熬制油膏沥青，拌和沥青砂浆，嵌缝。

（5）贴氯丁橡胶片：清理、用乙酸乙酯洗缝，隔纸，用氯丁胶黏剂贴氯丁橡胶片，最后在氯丁橡胶片上涂胶铺砂。

（6）紫铜板止水带：铜板剪裁、焊接成型，铺设。

（7）聚氯乙烯胶泥：清缝、水泥砂浆勾缝，垫牛皮纸，熬灌聚氯乙烯胶泥。

（8）预埋止水带：止水带制作、接头及安装。

（9）铁皮盖板：平面埋木砖、钉木条、木条上钉铁皮；立面埋木砖、木砖上钉铁皮。

5）井、池渗漏试验

井、池渗漏试验容量在 500 m^3 以下的，是指井或小型池槽。井、池渗漏试验注水采用电动单级离心清水泵，定额项目中已包括了泵的安装与拆除用工，不得再行另计。

2. 工程量计算规则

1）沉井

沉井垫木按刃脚中心线以“100 延长米”计算。沉井井壁及隔墙的厚度不同如上薄下厚时，可按平均厚度执行相应定额。

2）钢筋混凝土池

钢筋混凝土各类构件均按设计图示尺寸，混凝土实际体积以“m^3”计算，不扣除 0.3 m^2 以内的孔洞体积。

各类池盖中的进入孔、透气孔盖以及与盖相连接的结构，工程量合并在池盖中计算。

平底池的池底体积，应包括池壁下的扩大部分；池底带有斜坡时，斜坡部分应按坡底计算；锥形底应算至壁基梁底面，无壁基梁者算至锥底坡的上口。

池壁分别按不同厚度计算体积，如上薄下厚的壁，以平均厚度计算，池壁高度应自池底板面算至池盖下面。

无梁盖柱的柱高，应自池底上表面算至池盖的下表面，并包括柱座、柱帽的体积。

无梁盖应包括与池壁相连的放大部分的体积；肋形盖应包括主、次梁及盖部分的体积；球形盖应自池壁顶面以上，包括边侧梁的体积在内。沉淀池水槽，系指池壁上的环形溢水槽及纵横 U 形水槽，但不包括与水槽相连接的矩形梁（矩形梁可执行梁的相应项目）。

3）预制钢筋混凝土构件

各种预制钢筋混凝土构件均按图示尺寸，以“10 m^3”计算。预制钢筋混凝土滤板按图示尺寸区分厚度，以“10 m^3”计算，不扣除滤头套管所占体积。

4）折板、壁板制作安装

折板安装区分材质均按图示尺寸，以“m^2”计算。稳流板安装区分材质不分断面，均按图示长度，以“延长米”计算。

5）滤料铺设

滤料铺设按设计要求的铺设平面乘以铺设厚度，以“m^3”计算，锰砂、铁矿石滤料以“10 t”计算。

6）防水工程

各种防水层按实铺面积以“100 m^2”计算，不扣除 0.3 m^2 以内孔洞所占面积。平面与立面交接处的防水层，其上卷高度超过 500 mm 时，按立面防水层计算。

7）施工缝

各种材质的施工缝填缝及盖缝均不分断面，按设计缝长以“延长米”计算。

第 7 章　市政给排水管道造价管理

7.1　给排水管道工程中常采用的评标方法及造价管理任务

7.1.1　给排水管道工程中常采用的评标方法

按照评标活动进行的时间顺序，给排水管道工程评标活动可以分为初步评审和详细评审。

初步评审涵盖内容：关于审查方面主要是涉及投标文件的形式审查、投标人的资格审查、投标文件与招标文件匹配程度审查、施工组织设计合理性审查以及项目管理机构设置的合理性审查。

一些给排水工程企业通常采用的是邀请招标模式，在招标准备阶段已对潜在投标人进行过比选，所以在招投标活动实施过程中往往不进行初步评审而直接进入详细评审的环节。详细评审的方法分为经评审的最低投标报价法和综合评分法。

1. 经评审的最低投标报价法

经评审的最低投标报价法适用于采取通用的、普遍的技术施工，建设工程项目的性能为规范中一般标准，或者招标人对建设工程项目没有特别要求的招标项目。投标人在满足“能够对招标文件中的全部实质性内容作出响应，且是经评审的最低投标报价”条件下才可被推荐为中标候选人。

采取经评审的最低投标报价法时，评标委员会应按照招标文件中规定的量化因素和标准，对全部参加投标的投标人给出的投标报价以及商务标按照招标文件中规定的标准进行价格换算。在详细评审结束后，评标委员会应制定一份包含全部参加投标的投标人所给出的投标报价、对商务标的价格调整结果以及最终投标价在内的“价格比较一览表”。

最低投标价法是一种国际通用的评标方法，也是建筑市场发展的必然趋势，它有利于节省投资，保证投资效益，有效防止国有资金项目中的腐败行为。现阶段，经评审的最低投标报价法是在新建小区给水管道工程以及老旧小区给水管道改造工程招投标过程中采取最多的方式，因为小区的给水管道工程往往管径较小、施工工法较为简单。

提示：但这种评标方法存在两个缺陷：一是量化因素的选取较为困难，主要原因是一些企业选用的工程款支付方式未采用按进度结算。二是招标人无法准确预估投标人的工程施工成本。一旦招投标双方按照投标人的低于工程成本的投标报价签订施工合同后，投标人（施工单位）为了避免自身损失，往往会牺牲建设工程质量，以降低自身施工成本。2014年南京市先后有多个住宅小区出现因地基不均匀沉降而导致给水管爆裂的问题，后经查证：导致这些给水管破裂的根本原因是施工单位为了降低成本，在管道施工时未铺设管道基础垫层。

2. 综合评分法

相较于经评审的最低投标报价法，综合评分法多见于设计、施工工艺复杂的或招标方有特殊要求的建设工程项目评标，因为工程建设投资规模大、工期较长、技术复杂、涉及专业面广，施工过程中存在较多的不确定因素。这种方法可以有效地将商务标和技术标中各评审因素采用打分的方法进行量化，由评标委员会计算出每一位投标人的综合评分分值，并由评标委员会计算所有的投标人的综合评分分值，只有“在最大程度上满足招标文件中各项规定的各项综合评价标准的投标人”才可成为中标候选人。

提示：综合评分法强调了投标文件对招标文件的响应性，它可以将商务评审和技术方案评审两个原来相互独立的环节有机地结合在一起。

在综合评分法的评标工作结束之后，评标委员会应制定一份包括投标报价、对投标报价所作的修正、对商务部分偏差和技术部分偏差的说明、对各评审因素的评分和最终评审结果在内的“综合评分比较表”。

7.1.2 给排水管道工程招投标阶段的造价管理任务

1. 严格审查施工图纸

审查施工图纸的工作内容主要是审查施工图纸是否存在施工工法描述欠缺及选用的材料设备。作为招投标双方，都应该尽量避免施工图纸中未能明确施工工法的情况（如非开挖施工中顶管法与定向钻法未能明确），研究表明施工图纸的准确性对工程量计算、工程变更的产生具有重大影响，因此在遇到无法避免的特定情况时，招标人理应在招标工程量清单中的暂列金额一项列支预计超额发生的费用，方便工程项目在后期实施过程中以工程变更的方式进行价格调整。

作为投标人要根据施工图纸的描述，结合自身获取工程所用辅材的渠道，提出具有竞争力的报价。

2. 加强施工现场勘察

在通常工作中，给排水管道工程的招投标双方往往都忽视施工现场的勘察及组织标前会议进行答疑。忽视现场勘查这种做法容易导致工程量清单漏项，增加施工过程中工程变更内容。在现场勘查过程中就发现诸如此类的问题，招投标双方达成一致后，就可提前进入工程变更环节，减少在施工过程中的停工损失。

3. 招标工程量清单编制工作内容的完善

招标工程量清单是招标文件的重要组成部分，也是投标人编制已标价工程量清单、进行投标报价活动的重要依据。研究表明招标工程量清单的准确性对投标报价有重大影响，因此招标工程量清单必须做到公正、合理、内容明确、避免漏项。招标工程量清单在编制过程中还应注意以下几点内容。

（1）全面了解建设项目有关资料，明确设计意图，熟悉施工现场情况，了解施工现场条件，方便计算实际工程量并减少后期项目实施过程中的工程变更和索赔。

（2）采用平行发包时，招标人应明确各单项工程之间的界限、内容、施工工艺和质量标准。如，建筑给水管道与室外给水管道连接部位、管道与泵房的连接部位的施工主体应当明确，建筑给水管道施工及验收、室外给水管道施工及验收则应严格参照规范要求进行。招标人这样做不仅便于工程量的计算，同时也便于投标人实现快速报价，以提高招投标效率。

（3）为了避免不平衡报价，工程量清单的说明内容应包含对工作内容的补充说明、对施工工艺有特殊要求说明、主要材料型号及规格、施工现场条件等内容，言辞上要概括说明。

4. 招标控制价编制工作内容的完善

招标控制价是指根据省级或以上建设行政主管部门颁布的有关计价办法，依据拟定的招标文件和招标工程量清单，联系工程实际情况，由招标项目的招标人或其委托的招标代理机构公布的最高投标限价。根据相关法律的规定，使用国有资产投资的或国有资产投资为主的建设工程招标，必须设有最高投标限价。

招标控制价的设定虽然有诸多优点，但若招标人未能准确编制则会导致如下问题。

（1）如果最高限价远高于市场平均价，就暗示中标的利润很大，在满足投标报价不超过公布的限额内就都是有效的投标文件情况下，会形成多位投标人进行围标串标的局面。

（2）如果最高限价远低于市场平均价，就会使招投标工作的效率降低，导致没有人参与投标。因为在此限额内进行投标几乎没有利润，超出此限额的又将被视为无效投标，最终会使招标人不得已进行二次招标。

5. 重视询标工作

询标是指评标委员会对投标文件内容描述不明确的部分向投标人进行询问，同时听取并记录投标人的对于询标的解释。在询标的过程中，评标委员会可以将存在的欺诈性、极端性及明显低于工程成本的不合理报价排除，避免出现投标人的错报、漏报情况的发生，便于招投标双方对特定问题、条款的相互解释，为确定合理的合同价格铺垫基础。一些企业的给排水管道工程的询标工作还不够完善，招标人及评标委员会成员往往对明显低于成本的不合理报价未能提出疑问，很多人认为投标报价的价格越低越好，未考虑质量成本及维护使用成本。

6. 慎重确定合同的类型

在工程量清单招投标中，由于工程量统一，当投标人发现招标人工程量计算有明显错误时，是否在答疑会议中提出，取决于投标人的投标策略和合同的类型。选择恰当的合同类型有利于招标人获得具有竞争性的报价，同时也可以合理分担施工过程中的风险。

合同类型选用的标准应参照建设工程施工合同（示范文本），对于一般性的建筑给水管道工程及室外给水管道工程一般多采用总价合同为主、单价合同为辅的形式。但对于规模庞大、技术复杂、工期较长的给水工程，如南京至溧水的引江工程，则优先采用单价合同。

7. 签订合同的注意事项

在招投标过程中，可能会形成一些书面答疑、询标纪要、补充协议等内容，这些内容应当作为正式合同文件的组成部分。此外在订立合同时还应注意以下条款。

（1）程序性条款。

程序性条款贯穿于合同订立后的所有阶段，包括了计量程序、变更程序、索赔程序、结算程序等，在合同中应当注明这些条款实施的具体步骤及时间期限。

（2）计量条款。

计量条款的约定应当符合国家制定的相关工程量计算规范，严格确定计量的内容。

（3）价格调整条款。

价格调整条款应当列明因招标工程量清单漏项而导致的综合单价缺失如何处理、实际工程量超出合同约定幅度范围时的综合单价如何调整等内容。

7.2　给排水管道工程造价管理关键环节

7.2.1　设计阶段造价管理概述

1. 设计阶段影响工程造价的主要因素

工程设计是建设项目进行全面规划和具体描述实施意图的过程，是工程建设的灵魂，是处理技术与经济关系的关键性环节。根据国内外相关研究资料统计，设计阶段所产生的费用占工程总费用往往不到 5%，但只要项目的决策不存在重大偏差，那么设计阶段将对工程总造价会产生重大影响，甚至可能达到 70%以上。根据工程性质的不同，建设项目可分为工业建设项目和民用建设项目，在设计阶段需要考虑的影响工程造价的因素也有所不同。

在工业建设项目中，对工程造价产生影响的主要因素包括平面图设计、流程设计、材料设备的选择、建设项目结构设计等。在民用建设项目中，对工程造价产生影响的主要因素包括：建筑设计标准、建筑结构形式、建筑物三维与二维布置和建筑群间相互影响等。

影响工程造价的其他因素包括设计单位和设计人员的知识水平、项目利益相关者、风险因素等。

2. 给排水管道工程设计阶段造价管理的主要内容

作为合格的投资方代表或监理工程师，在设计阶段还需做好以下工作。

（1）结合给排水管道工程的特点以及投资方的需求，收集并完善设计单位所需要的经济、技术资料。

（2）配合设计单位确定限额设计指标，并将指标分解到各自的专业上。

（3）应用价值工程等相关造价管理理论，配合设计单位进行经济、技术分析，提供优化设计思路供设计单位选择，如建筑给排水管道工程中供水方式的选择。

（4）参与设备及材料的选型，如给排水管道工程中的管材材质的确定、水泵型号规格的确定，并从经济合理的角度给出意见。

（5）在设计文件中的主要材料设备的数量以及价格审查结束的基础上，对施工图预算进行复核。

7.2.2　施工阶段的造价管理关键环节

当建设工程项目通过招投标程序，招投标双方书面合同的订立标志着建设工程项目由招投标阶段进入施工阶段，订立合同的主体虽未改变，但其名称却发生了改变，即由“招标人和投标人”转换为“建设单位和施工单位”。在这一环节，造价管理工作非常丰富，包括施工现场的工程计量、施工现场材料管理、施工现场的变更和签证处理、施工现场的索赔处理、进度款的支付等。对建设方而言，施工阶段的关键环节是资金使用计划的编制。对施工方而言，施工阶段的关键环节是施工成本的管理，而施工现场变更的处理、施工现场索赔的处理、竣工结算等环节则是对双方均有影响。

1. 建设单位资金使用计划的编制

施工阶段的造价管理通过建设单位编制适用的资金使用计划，制定合理总目标值和各阶段的分目标值，使得造价管理工作有据可依，实现了目标管理工作。资金使用计划的合理编制，有利于提高企业的国际市场竞争力，同时也有利于节约社会资源。

建设工程项目的性质和结构分解方法不同，导致出现多种资金使用计划的编制，在日常工作中最常见的是按工程造价构成、按工程项目组成以及按工程进度编制的三类。也可将三者结合起来，编制一套综合的资金使用计划。

1）按工程造价构成编制资金使用计划

国内目前实行的建设项目总投资结构，与工程有关的费用包括建筑安装工程费、设备及工器具购置费和工程建设其他费等；与之相对应的，可以编制建筑安装工程费使用计划、设备及工器具购置费使用计划和工程建设其他费使用计划。可以根据经验和原先的数据库或者建设方的实际要求分配三部分费用所占比例。

2）按工程项目组成编制资金使用计划

较为复杂的建设工程项目通常由多个单项工程组成，进一步往下划分，就是多个单位工程和更多的分部分项工程。

3）按工程进度编制资金使用计划

投入到建设工程的资金是分阶段、分期支出的，资金使用是否合理与工程进度有着不可分割的联系。

提示：一般情况下，虽然全部的工作按照最迟开始时间进行施工，有利于节省建设单位资金贷款利息，但是也会将工程按期竣工保障程度降低。因此，编制资金的使用计划必须合理和适用，才能既达到节约建设项目投资又能保证按期竣工的目的。

2. 施工单位的施工成本管理

施工成本管理具有市场性和动态性，是施工管理的核心。在建设工程项目施工阶段，施工单位的施工成本管理各层次之间是对立统一的关系。

1）成本预测

成本预测是施工单位的相关造价管理人员在运用统计学的相关原理和以往工程项目的经验和数据，对拟建的工程项目需要的施工成本和发展趋势进行的科学预测。项目成本预测的精确度对整个施工阶段造价管理有十分重大的影响。根据精确程度的不同，成本预测可分为定性预测和定量预测。

2）成本计划

成本计划是建立在成本预测的基础之上的，由造价管理人员对工期内建设工程项目的目标成本所作出的相关安排。根据编制的目的不同，成本计划可分为直接成本计划和间接成本计划。直接成本（如人工费、材料费、机械使用费等）计划主要反映建设工程项目直接成本的预算成本及预计降低额，间接成本（如企业管理费、利润等）计划主要反映建设工程项目间接成本的预测数额及预计降低额。

成本计划的编制方法主要有目标利润法、技术进步法、按实计算法、历史资料法。

3）成本控制

成本控制是指在建设工程项目实施过程中，对影响建设工程项目成本的人工费、材料费、机械费等在内的各项组成内容，采取动态控制理论、科学的方法进行监督和管理，确保工程项目目标成本的兑现。

成本控制的方法很多，常见的是成本分析表法、工期–成本同步分析法、绝对成本控制法、相对成本控制方法。

4）成本核算

成本核算是成本控制的核心，施工单位应从纵向上各层次、横向上各部门根据分解的成本目标，对成本形成的整个过程进行控制。成本核算是以会计核算体系为基准，施工单位对项目建设各阶段产生的费用进行统计，然后再对整体造价的总成本进行统计。实行成本核算时，对于计算期内不能直接计入的，如总价措施项目费，应采用建设工程工程量清单计价规范或合同约定的分配方式分摊到各成本核算对象成本中，然后汇总得出计算期内工程项目的实际成本。

成本核算的方法主要是表格核算法和会计核算法。

5）成本分析

进行成本分析主要是对项目成本变化及其原因进行分析，同时它也是进行成本考核的依据，在后期项目成本预测和计划的过程中也能发挥重要作用。

成本分析的方法主要有比较法、比率法、因素分析法（连环替代法或连锁置换法）、差额计算法、综合成本分析方法等。其中综合成本分析法是使用得比较多的一种方法，尤其是在多种生产要素的成本分析中使用得最为普遍；该分析方法也受到月、年度成本等多项因素的影响。

6）成本考核

成本考核是指建设工程项目在施工过程中或通过竣工验收后，按期对建设工程项目建设过程中的各级单位（班组、分包单位、项目部等）成本管理的成效或错误进行归纳和分析。

成本考核的分类标准有很多，最常用的分类标准是根据考核对象分类，分为对项目成本考核和对项目可控责任成本考核。

7.3　给排水管道工程中的变更分析

在签订给排水管道工程合同之前，发包人和承包人应该对价款调整进行协商，并写入合同，实行工程量清单招标的项目由订立合同的双方根据中标通知书中的中标价相关条款在合同中予以约定，未实行工程量清单招标的项目由订立合同的双方根据彼此同意的施工图预算总造价在合同中予以约定。

影响合同价款调整的因素主要有五个方面：① 法律法规政策变化；② 工程变更及现场签证；③ 物价波动；④ 工程索赔；⑤ 其他一些事件。如图纸与项目特征不符、材料等暂估价出现误差、赶工奖励、误期赔偿及不可抗力等因素也会使合同价款产生波动。

7.3.1 工程变更价款的调整方法

给排水管道工程涉及的工程变更价款的调整包括分部分项工程费的调整；措施项目费的调整；承包人报价偏差的调整；删减工程或工作的补偿。

分部分项工程费与单价措施项目费的调整类似，既有项目和类似项目的调整均以已标价工程量清单的15%为计算标准。未超过15%时，可以使用已标价工程量清单中该项目清单的单价；增加超过15%时，原综合单价调低；减少超过15%时，剩余部分的综合单价调高。当已标价工程量清单中没有适合使用的调整方法，且省级及以上工程造价管理机构发布的信息价格缺价时，应由承包人按照工程变更文件、不同单项工程罗列出的计量规则、通过市场调查询价等取得的有效市场价格向发包人提请该变更工程项目的单价或总价调整，并应征得发包人确认后调整。

工程任何部分的标高、基线、位置、尺寸的改变引起的工程数量变化而引起的工程量增减均可按上述原则来定价。

总价措施项目费中的安全文明施工费的费率不得有所变动，具体的费用计算应该按照项目实际发生的情况进行增减。需要注意的是，当发生工程变更后，承包人未向发包人提请计划实施的新措施项目方案，按照国际工程惯例，则视为该项工程变更不会导致措施项目费的增减或承包人已放弃向发包人提出调整新措施项目费的权利。

提示：在施工过程中应尽量避免工程变更，采用设计变更来抬高设计标准、增加工程内容或扩大施工建设规模是违法的。而由于发包人发出工程变更指令导致的工程变更，或由于非承包人原因（不可抗力、不利的物质条件）致使合同中原来某项工程的工程量减少或取消，并且承包人为该项工程进行的准备工作已经发生的费用不能被在其他已支付或应支付的项目中计取，该费用也没有被包含在任何可进行替代的项目中，承包人是有权向发包人提出合理的费用及利润补偿。

7.3.2 费用索赔和工期索赔的计算

1. 费用索赔的计算

由于不同原因导致的工程索赔，承包人可以提出的工程索赔费用的组成往往是有差别的。但是归纳起来，费用索赔的要素一般包括人工费、材料费、机械费、分包费、施工管理费、利息、利润、保险费等。其中，值得注意的是机械费并非单纯地指机械使用费，其包括完成未包含在原合同之内的额外工作内容产生的机械使用费、非承包人原因导致的施工工效降低所增加的机械使用费、由于发包人原因导致机械停工的台班停滞费（自有设备按照台班折旧计算、租赁设备按照台班租金及每台班分摊的进出场费计算）。

费用索赔的计算应以赔付损失方的实际亏损为原则，分为直接损失和间接损失。索赔的费用通常按照以下三种方式进行计算。

1）实际费用法

实际费用法按照在索赔时间内所产生的损失或成本增长，按工程量清单中各费用项目逐个计算并汇总索赔金额的方法。这种方法比较复杂，要求发包方、承包方双方在施工过程中准确、系统地进行原始记录的记载，但它能实际反映承包人的实际损失，易于被当事人接受，故在国际工程中被广泛采用。

2）总费用法

总费用法主要被运用于发生多次索赔事件的情况，这种方法的计算十分简单，是通过汇总的方式进行计算。总费用法具体表现为从项目发生的实际费用中减去项目中标时候的价格，将其定为索赔金额。但是在使用总费用法计算的时候没有考虑到由于项目或是承包人的原因造成的成本增加问题，而且中标的价格也有可能是承包人为了谋取中标而故意为之，在实践领域较少被采用。

3）修正总费用法

相比其他两种方法，修正总费用法的计算标准稍显复杂，具体内容包括将计算索赔款的时间段定为索赔事件发生至索赔事件结束这段时间，而不是整个工期；只计算受到索赔事件影响的某一项或多项工程量，最终得出修正后的索赔费用。

2. 工期索赔的计算

确定工期索赔成立必须具备以下两点要求：一是非自身原因引起工期延误，如不利的物质条件、不可抗力等；二是被延误的工作应当是处于施工进度计划网络图中关键线路上的工作。

通常来说，工期索赔的计算方法有三种，分别是直接法、比例计算法和网络图分析法。

1）直接法

当一项或多项干扰事件发生在关键线路上，进而使总工期产生延误，可以简单地将干扰事件发生的累计时间作为工期索赔值。这种方法即为直接法。

2）比例计算法

当一项或多项干扰事件只影响某一项或多项单项工程、单位工程或分部分项工程的工期，分析计算干扰事件对总工期的影响时，可以使用比例计算法。

比例计算法虽然简便，但往往不符合实际情况，如它不适用于删减工作内容、加速施工等事件的索赔等。

3）网络图分析法

运用网络图分析法进行索赔计算时，最重要的是要完成进度计划网络图的详细绘制，不能有丝毫偏差。如果延误的工作是关键性工作，那么延误的时间就可以视为误工时间，可以根据时间进行索赔。如果延误的并不是关键工作，但由于延误造成该工作转变成为关键工作，则索赔时间的计算应该根据延误时间与总工作差值进行计算。如果延误的并不是关键工作，也没有转化为关键工作，则不计入索赔时间。这种方法通过绘制分析干扰事件发生前的进度计划网络图及干扰事件发生后的进度计划网络图，计算两工期的差值并将差值作为工期索赔值，适用于受不同类型干扰事件和多项干扰事件共同作用导致的工期索赔。

参考文献

[1] 陈万乐．市政给排水管网布置设计研究[J]．低碳世界，2023，13（10）：106-108．
[2] 杜贵成．市政管网工程计价应用与实例[M]．北京：金盾出版社，2015．
[3] 葛来溪．市政给排水工程造价控制与管理措施分析[J]．工程技术研究，2023，8（8）：134-136．
[4] 公安部天津消防研究所，公安部四川消防研究所．建筑设计防火规范：GB 50016—2014[S]．2018 年版．北京：中国计划出版社，2018．
[5] 侯嘉欣．市政工程造价的影响因素与控制策略研究[J]．城市建设理论研究（电子版），2022（24）：142-144．
[6] 侯剑．市政给排水设计常见问题探讨[J]．工程建设与设计，2020（15）：105-106，109．
[7] 黄川．基于给排水管道工程的造价管理研究[D]．南京：东南大学，2017．
[8] 黄敬文，邢颖．给水排水管道工程[M]．郑州：黄河水利出版社，2013．
[9] 黄敬文，邢颖．城市给排水工程[M]．2 版．郑州：黄河水利出版社，2018．
[10] 黄胜娟．对市政给排水设计中污水处理技术要点的探讨[J]．城市建设理论研究（电子版），2023（17）：184-186．
[11] 季民，黎荣，刘洪波，等．城市雨水控制工程与资源化利用[M]．北京：化学工业出版社，2017．
[12] 李晨阳，张永奎．市政给排水设计中海绵城市理念的渗透策略[J]．城市建筑空间，2023，30（S1）：347-348．
[13] 林君晓，冯羽生．工程造价管理[M]．3 版．北京：机械工业出版社，2022．
[14] 刘昌宏．市政工程给排水设计存在的问题及对策研究[J]．居业，2023（10）：107-109．
[15] 刘宁，米秋东．市政工程计量与计价[M]．北京：北京理工大学出版社，2021．
[16] 刘振江，崔玉川．城市污水厂处理设施设计计算[M]．3 版．北京：化学工业出版社，2018．
[17] 倪宝艳，代齐齐，陈庆涛．市政工程计量与计价[M]．北京：中国水利水电出版社，2021．
[18] 钱磊．市政工程计量与计价[M]．2 版．重庆：重庆大学出版社，2021．
[19] 钱泫妤．市政排水管道造价控制研究[J]．工程建设与设计，2023（1）：246-248．

[20] 饶鑫，赵云．市政给排水管道工程[M]．上海：上海交通大学出版社，2020．
[21] 上海市政工程设计研究总院（集团）有限公司．室外排水设计标准：GB 50014—2021．北京：中国计划出版社，2021．
[22] 水利部水利水电规划设计总院，黄河勘测规划设计有限公司．防洪标准：GB 50201—2014[S]．北京：中国计划出版社，2015．
[23] 司马岩．提高市政给排水设计合理性的有效措施研讨[J]．工程建设与设计，2023（18）：83-85．
[24] 孙哲，许路延，张尹．市政给排水管材的选择及工程应用[J]．新型建筑材料，2023，50（11）：160-165．
[25] 王迪，崔卉，鲁教银．城市给排水工程规划与设计[M]．长春：吉林科学技术出版社，2022．
[26] 王玲．市政给排水管网优化配置分析[J]．建筑与预算，2023（8）：40-42．
[27] 王晓芳，计富元．市政工程造价[M]．北京：机械工业出版社，2021．
[28] 吴志华．市政工程计量与计价[M]．厦门：厦门大学出版社，2018．
[29] 谢颖，曲恒绪．给排水工程造价与招投标[M]．北京：中国水利水电出版社，2010．
[30] 杨娜．市政给排水工程造价风险性评价[J]．水利科学与寒区工程，2023，6（7）：153-156．
[31] 姚瑶．污水处理系统中的给排水设计分析[J]．工程建设与设计，2021（12）：43-45．
[32] 俞立红．海绵城市理念在市政给排水设计中的运用[J]．工程建设与设计，2020（19）：112-114．
[33] 张婷婷，刘伟荣．市政给排水工程的造价控制及其要点分析[J]．工程建设与设计，2018（22）：209-210．
[34] 张伟．给排水管道工程设计与施工[M]．郑州：黄河水利出版社，2020．
[35] 张文启，薛罡，饶品华．水处理技术概论[M]．南京：南京大学出版社，2017．
[36] 赵丙辰．城市污水处理技术研究[M]．长春：吉林科学技术出版社，2022．
[37] 赵政．市政给排水设计中常见的问题与解决措施[J]．工程建设与设计，2023（21）：101-103．
[38] 浙江省城乡规划设计研究院．城市给水工程规划规范：GB 50282—2016[S]．北京：中国计划出版社，2017．
[39] 浙江省建设工程造价管理总站，住房和城乡建设部标准定额研究所．市政工程工程量计算规范：GB 50857—2013[S]．北京：中国计划出版社，2013．
[40] 钟淳昌，戚盛豪．净水厂设计[M]．2 版．北京：中国建筑工业出版社，2019．
[41] 周方杰．市政给排水管网的优化配置与设计[J]．低碳世界，2023，13（12）：112-114．
[42] 周文波，苏海花，季春．工程造价基础[M]．南京：南京大学出版社，2022．
[43] 住房和城乡建设部标准定额研究所，四川省建设工程造价管理总站．建设工程工程量清单计价规范：GB 50500—2013[S]．北京：中国计划出版社，2013．
[44] 住房和城乡建设部标准定额研究所，四川省建设工程造价管理总站．通用安装工程工程量计算规范：GB 50856—2013[S]．北京：中国计划出版社，2013．
[45] 祝丽思，尹晓静．市政工程计量与计价[M]．北京：北京理工大学出版社，2020．
[46] 踪万振，于艳春，甘远，等．从零开始学造价：市政工程[M]．南京：东南大学出版社，2021．

后 记

随着当前我国城市建设规模的不断扩大，城市居民数量的不断上升，对市政工程给排水设计提出更高的要求。只有更加科学合理的给排水设计，才能有效满足城市发展对水资源的需求。设计不合理不仅较容易造成水资源的浪费，也较容易造成废水、污水的二次污染，使得城市可用水资源的整体数量下降。

面对当下市政给排水工程规划设计与城市发展规划不协调的问题，需要积极引进一些先进的科学技术，提升给排水管道布设的合理性，在设计之初需对施工建设的投入资金以及后期运行费用等做全面的估算，然后综合评估各种施工方案来选择最为合理的给排水管道设计方法；需要完善投资渠道，政府应积极鼓励更多投资者参与其中，共同推进现代化城市的发展建设；需要建立明确的责任机制，当给排水管道设计中出现一些问题时，能够根据这些问题找到具体的责任人，从而有助于给排水管道设计施工的优化改进；需要完善法律法规，对可能存在的矛盾和纠纷做出规定，让给排水工程设计人员在开展工作的过程中能够得到法律的保障，确保给排水工程能够顺利展开。

市政给排水工程是一项系统的工程，其项目实施过程涉及的内容非常多，因此需要对市政给排水项目进行全过程、全方位的造价控制，着重加强造价控制薄弱环节的管理，提高投资效果，从而节约国家在市政工程项目的投资资金，造福更多的居民。当前政府相关部门以及建设单位不仅要提升市政管道的建设技术，还需要从工作的各项环节出发，对给排水管道造价进行合理控制，以建设更多优质且经济效益高的管道工程项目。这要求在公开、公平、公正的市场竞争氛围中，在保证建设项目工程质量的前提下，由政府相关部门、设计单位、施工单位、工程造价咨询企业等各方共同努力，做好工程造价管理工作。